当代俄罗斯与社会主义

尤里·米哈伊洛维奇·奥西波夫，
谢尔盖·尤里耶维奇·格拉济耶夫 等著

胡 昊 姚晓南 等译

当代世界出版社

图书在版编目（CIP）数据

当代俄罗斯与社会主义／（俄罗斯）奥西波夫，（俄罗斯）格拉济耶夫著；胡昊等译. —北京：当代世界出版社，2013.01
ISBN 978 - 7 - 5090 - 0866 - 9

Ⅰ. ①当… Ⅱ. ①奥… ②格… ③胡… Ⅲ. ①社会主义建设模式—研究—俄罗斯 Ⅳ. ①D751.20

中国版本图书馆 CIP 数据核字（2011）第 276807 号

书　　名：	当代俄罗斯与社会主义
出版发行：	当代世界出版社
地　　址：	北京市复兴路4号（100860）
网　　址：	http：//www.worldpress.com.cn
编务电话：	（010）83908456
发行电话：	（010）83908409
	（010）83908377
	（010）83908423（邮购）
	（010）83908410（传真）
经　　销：	新华书店
印　　刷：	北京天正元印务有限公司
开　　本：	787×1092 毫米　1/16
印　　张：	14.75
字　　数：	250 千字
版　　次：	2013 年 1 月第 1 版
印　　次：	2013 年 1 月第 1 次
书　　号：	ISBN 978 - 7 - 5090 - 0866 - 9
定　　价：	32.00 元

如发现印装质量问题，请与承印厂联系调换。
版权所有，翻印必究；未经许可，不得转载！

目录 CONTENTS

后社会主义时期的社会主义 …………………… Ю. М. 奥西波夫（1）

第一章 社会主义：理论与实践问题

苏联模式的失败与社会主义新模式的可能性
　　………………………………………… С. Г. 卡拉—穆尔扎（11）
社会主义与文明理论 ……………………… В. А. 沃尔孔斯基（20）
社会主义在俄罗斯的困境：欧亚版本和市场版本
　　……………………………………………… М. И. 沃耶伊科夫（32）
社会主义之谜 ………………………………………… А·Г·杜金（40）
劳动者的经济所有权：苏联社会主义的虚拟联盟和时代的
　　绝对命令 ……………………………… В. И. 科尔尼亚科夫（53）
社会主义如同社会点金术 ………………………… Ф. И. 吉列诺克（64）
俄罗斯的社会主义经验 …………………… И. Р. 沙法列维奇（70）
通向社会主义的道路荆棘密布，但别无它途
　　……………………………………………… Н. М. 哈巴拉什维利（75）

第二章 社会主义在俄罗斯的前景

社会主义原则与俄罗斯经济的竞争力 ………… С. Ю. 格拉济耶夫（89）
社会主义的复兴（后工业时代的社会主义理论）
　　………………………………………………… А. В. 布兹加林（93）
社会主义——不属于当今的俄罗斯 ……… Б. В. 拉基特斯基（111）
保存价值的方式是判断社会主义与资本主义经济体制效率的
　　基本标准 ……………………………… В. Г. 别洛利佩茨基（128）

· 1 ·

俄罗斯能否按照后工业化转型的社会主义脚本发展
………………………………………………… Л. В. 列斯科夫（136）
社会主义出现和发展的规律性及俄罗斯的问题 ……… В. В. 卡希岑（148）
对 21 世纪社会主义的思考 …………… М. И. 格利万诺夫斯基（153）
作为多元转轨社会要素之一的社会主义 ………… В. В. 西蒙诺夫（162）
社会主义在俄罗斯：昨天，今天，明天 ………… В. К. 彼得罗夫（168）
作为社会历史中人口—生态循环中一个阶段的"共产主义"与
　　人类发展的前景 ………………………………… А. Г. 甘扎（175）

第三章　俄罗斯发展的社会参数

经济发展的主要趋势 ………………… А. З. 谢列兹尼奥夫（187）
从灾变论理论看俄罗斯的未来（对妨碍国家摆脱危机的主要障碍
　　及克服这些障碍的可能性的分析） ………… Б. С. 霍列夫（196）
社会主义理论在后工业化转型时期的变化 ……… Н. Д. 叶列茨基（202）
形成社会导向型经济模式的历史种族前提 ……… Л. А. 安东年科（206）
从对社会需求的宏观调控进程看社会主义梦想
　　………………………………………………… Г. В. 法杰伊切娃（211）
现代俄罗斯的社会发展概念和改革意识形态 ……… Г. Ю. 伊弗列娃（218）
关于社会主义的命题 …………………………… Ю. М. 奥西波夫（228）
我们的作者们 ……………………… 奥西波夫·尤里·米哈伊洛维奇（232）

后社会主义时期的社会主义

Ю. М. 奥西波夫

资本主义与社会主义之间的斗争以前者的胜利而告终，这是最重要的历史时刻之一，甚至今天我们已经找不到社会主义的任何痕迹。社会主义的失败和资本主义的胜利已经成为事实。当然，这既不意味着资本主义优于社会主义，也不意味着社会主义寿终正寝。历史总是按自己的方式作出决定，留下的不一定是最好的，同时在时光轮转中它又开始了新的探索过程。

重要的是要弄清过去发生的事情，弄清为什么社会主义在当时会让步于资本主义，实际上不仅仅是让步于资本主义，而是让步于拥有高效运行管理中心的、全球化的金融资本主义。为行文简洁，我有条件地使用"资本主义"和"社会主义"这两个术语。当然，我知道在这两个术语之下还存在诸多复杂的特殊实际现象，既不能把它们归结为资本主义，也不能归结为社会主义。

一切都表明，资本主义显得更强大一些，或许是这样。人们认为，资本主义更接近于人性——不仅仅是西方人的天性。正因如此它才胜出了。就其实质而言，资本主义并未向人提出任何特别的要求，只是要求遵守法律，而且众所周知，这一要求是有充分条件的，而且恰如其分。也就是说，资本主义在任何情况下都没有对所有人提出过多要求。这里已经预先做了很大的让步，因为资本主义本身不能始终建立在道德规范之上。对这些道德规范而言，根本就不需要法律。资本主义建立在为争取个人幸福而展开的个体竞赛之上，这当然不可能是特别道德的事情——因此，只要遵守日常生活礼仪的表面规范和社会生活准则所必须的表面规范。这一切就像是在所有对抗性体育比赛中一样：存在规则也应该遵守规则，但是……也存在破坏规则、受伤、骨折乃至永远退出体育运动。总之，这就是斗争。所以也应该以完全平静的态度对待人剥削人的现象：一方提供就业和工资，另一方则提供劳动，至于剥削到何种程度，始终是一个开放的问题。

社会主义显得要弱些，因为它向人提出了太多的严格要求——首先是社会和道德层面的要求。人活着不仅要以公共利益为目标，而且还要成为有道德的人——不仅要遵守法规，还要遵守社会原则高于个人利益的某种道德准则。显然，不发动政变和采取暴力，这种社会根本就不可能出现，也不可能存在，因为它太不符合人性。依靠无产阶级，即使这不是无稽之谈，也算得上平庸之论。重要的是，不仅美好的社会主义社会没有出现，也不可能出现，就连更切合实际的、顾及到人们基本需求的架构也没有出现。这就是国有化社会，即社会主义的基本原则与其说是通过大众来实现的，不如说是依靠国家和政权来实现的。某个地主或工厂主突发奇想，要在自己的庄园或工厂实现某种类似的社会主义生活方式，这种事情屡见不鲜。而在这里，类似的实现者则是国家，它已经不是在庄园或者工厂范围内，而是在全国范围内发挥作用。

　　总之应该弄清楚，是否可以将这种国有化社会看作是社会主义社会？问题并不简单，因为这种社会直接称之为"亚细亚"式的社会更好些（从"亚细亚式的生产方式"角度来看）。事实上，小团体社会主义、集体社会主义和市政社会主义的信奉者就是这样做的，他们不承认国有化社会是社会主义社会。当然，国有化社会可以具有、并且在原社会主义国家也具有过一些社会主义特征，但这是否就是社会主义呢？今天也许可以直接说"不是"和"没有出现过"，但是谁知道呢？……

　　但是，重要的是，这样的社会主义，确切地说，也就是半社会主义、不充分社会主义或者伪社会主义，它是不能与真实的人有机结合的——人们不想要社会主义，确切地说是不想要社会主义的这种现实体现。这时有人会反驳我们说，不是这样，社会主义出现过，但那是糟糕的社会主义。而我们要回答说："坚定的社会主义者所憧憬的'好的社会主义'更不符合人的本性，'好的社会主义'不可能实现而且从未实现过。"国有化的半社会主义、不充分社会主义或者伪社会主义可能或多或少更现实一些，它们既反映了人的突出优点，也反映了人的痼疾。而且就连这种"社会主义"也未能立足，至于说到"现实的社会主义"和为推行它而……不，最好还是不要社会主义罢了。

　　因此，作为某个自圆其说的完整个体，社会主义不符合或者说很少符合人性。因此，它注定或者无法实现，或者无法完全实现（总是与非社会主义方式共生），或者以完全走样的形式实现，且一旦实现就会遭到不可避免的失败。

　　考虑这些问题时不应该急躁，在这里要保持头脑冷静。这与好恶无关，与情感无关。应该平静并坚定地去弄清楚这一切。我们以苏联和苏维埃

（有条件的苏维埃）社会主义的经验为例。其结局如何呢？不管愿不愿意，完整的社会主义，而且还是符合理想的社会主义并没有搞成。何况社会主义也存在退化的现象，如庸俗化、资产阶级化和私有化，就像人的腐化堕落一样。是否应该称之为退化或者堕落呢，因为在现实中是否真的存在事物的退化和人的堕落呢？具有利他主义本质的良好原则和善良的人们始终存在，他们为什么要变样呢？起初这一过程进行缓慢，后来加速，战胜了苏联社会中存在的这种社会主义事物（也就是说，我重复一下，与其说是社会主义的退化和腐化，不如说是它被直接替代）。可以肯定地说，社会主义是无法战胜人的，而人——总的来说不太适合社会主义的人——却能成功搞定社会主义。

总而言之，与其说是社会主义还有资本主义遭到批判，不如说是人本身遭到批判。社会主义的崩溃和苏联的解体非常有力地证明了这一点。我们不应该对苏联人如此轻易地放弃了社会主义、同时也放弃了苏联视而不见；不应该对他们迅速迷恋上资本主义——客气的说就是所谓的市场经济——视而不见；同时也不应该视而不见的是我们的人如此平静地看着国家被洗劫，看着国家的财产被私有化，以及大众赤贫化、少数人暴富、企业停产和寡头狂欢。当我们在谈论社会主义以及谈论对社会主义历史、失败和未来的需求时，我们必须要注意到以上这几点。

我重复一遍，社会主义方案不太符合人的本性。世上不存在能够将社会主义方案得以实施的人。因此，作为不现实的方案，社会主义方案出现本身具有独特的精神层面的怪癖，这种怪癖来自于有缺陷的人，他们不希望通过现实的改变（很难也不可能）来解决问题，而只是依靠外部社会制度的改变。既然资本主义不好，那就应该按照科学理论建立社会主义。当一切像机器一样可以去设计和建造的时候，就可以启动实质上的西方方案。将人置身于迫使他成为另一种人——有社会责任感的好人——的环境中，一切会好到极致。这样就连革命也可以去设想了，还可以找到其推动力和客观规律，而真正让人们去改造的宗教却被抛弃了，结果人们的信仰方案成为反上帝的社会改造方案，如果这种方案改造不成或者结果适得其反的话，它本身又是危险的，就必须首先去改造它，去除其中最核心的部分，而后从头再来。而在社会主义根深蒂固之处，它会遭到革命性的葬送。这一切突然相对轻易地完全做到了，因为"现实的社会主义"并没有与社会有机结合在一起，也就是没有成为"有机的社会主义"，如果可以这样表述的话。

我们再回到苏联和俄罗斯问题上。社会主义在这里曾经是非常彻底的，但却是存在于明显的国家甚至是某种帝国的构造形式之中。在这里发挥作用的是国家社会主义的整个体系，群众性的中央集权政党，确切的说是拥有很多分支的国家和凌驾于国家之上的管理（等级制）机构必然被纳入到该体系之中。其中有多少社会主义，"俄罗斯化"的社会主义？——意思是说它适应了俄罗斯的社会特点，——是不是真正的社会主义？很难说。也许多，也许少。每个人都有自己的答案，我们找不到任何共识。这是很自然的，因为任何人都不确定，社会主义到底是什么。但是应该承认，在苏联（而不带引号的苏联意味着什么呢？）社会主义中毕竟存在大量社会主义成分，它们的确是和国家体制相互交织在一起的。应该说，在社会领域中社会主义成分更多一些。至于生产领域，就不这么简单了，因为不管愿不愿意，从事经营的是特殊的官僚阶层，它们建立在一长制原则之上，无条件地执行上级指令，而广大的劳动者阶层更多只是充当雇佣劳动力角色，如果算是半农奴的话。我认为，苏联曾经实行了经济和社会组织的国家方式，带有社会主义的一些特征和没有发挥实质作用的类似机制。因此最好是不说国家社会主义，而是说"社会主义的国家主义"，看来这更符合实际，如果不说"带有社会主义特征的国家主义"的话。

苏联时期形成的这个很难定义的制度的消灭，与其说是与它的社会主义特征有关，还不如说是与它的国家本质，相应地与其民族性（不同于民族）和帝国性有关。这种制度总是有内部和外部的反对者，制度内部也就不可能不存在几十年累积下来的厌倦感。此外，在人身自由（制度始终没有实现自由与非自由的有效结合）、个人生产效率、个人消费多样化、个人对积蓄、财富和纯粹物质幸福的意愿、个人对丰富的精神生活的追求，最后非常重要的是，个人对满足各种私欲的追求等方面，这一制度无法满足与其相关的人们最重要的需求。制度自始至终存在于它与个人之间无法克服的矛盾之中——实际上每个人都能找到制度难以令人满意的理由，每个人都憋着对它的怒气。国家—社会主义的共生体没有能够解决个人的问题，意味深长的是，资本主义或者我们所谓的资本主义正在非常有效地解决这个问题。无法适当地回应个人的各种需求：正面的和负面的，正当的和不正当的，社会主义的和非社会主义的，这正是在苏联曾经建立制度的致命之处（所有或者几乎所有最积极的和想得到些什么的人都在某种程度上对这种制度感到不满）。所谓的精英首当其冲，对它尤其感到不满。他们引发了历史性的政变——借助于国外"好心人"的帮助，这些好心人与其说是与苏联的社会主义作斗争，不如说是与苏联本身以及之后的俄罗斯（作为国家、民族和帝国的产物）作斗争。

苏联体制中的社会主义成分与该体制一起垮台。的确，没有完全消失。还留下一些社会主义的东西，主要是在意识层面。这就是集体主义、热爱集体、同心同德、社会互助、团结协作、社会公平，这不是一些空话，而是一种严肃的人类社会生活的价值。垮台暴露出过去建立的社会主义的、应该说是国家社会主义的弱点甚至是缺陷，但这次垮台与随后发生的反革新显示出真实价值观，其中主要是我们习惯了将社会主义成分看作不是完全理想化的事物，而是矛盾的现实存在。人们被迫陷入其所遭遇的不幸，在很大程度上是社会主义式的，其实也是传统的东正教式的。显然，在社会主义和东正教之间存在不少共同之处。就这样，社会主义最终在俄罗斯成为了并非虚构的现实，但也是并未完全固定的生活制度，它只是在维持并不断被修正。一种有机的，但恰恰是校正过的社会主义成为了现实。社会主义并不是为所有人准备的，而只是为那些渴望社会主义的人和被迫渴求社会主义的人。

资本主义——用其最普通的自由主义形式，也就是"自由资本主义"——非常蛮横地在俄罗斯占据了上风，现在也处于优势地位。这也可以理解：政治革命的实现对它有利，转变后的国家运行也对它有利。资本主义蓄意摧毁社会主义，也蓄意摧毁与社会主义有关的一切残余。资本主义还顺带摧毁了传统的国家机构、帝国特性和民族主义特性。在原苏联地区，除了被纳入"世界市场经济"和"世界社会秩序"的版图外，余皆不存。可能留下的国家机构残余只有内务部的一部分（《公民法》），仅此而已。在这里，任何重要组织机构的威严都不该存在。这就是"世界精英"的立场，确切地说，是精英中某些"强硬的"世界主义者顶尖人物的立场。经过蜕变和资产阶级化的"俄罗斯的"（和"独联体的"）精英们在他们的监护下试图顺从地站立起来。现在，他们反对的与其说是社会主义，不如说是独立的、伟大的（强大的）国家。

但是，考虑到大部分民众向往某些社会主义价值的倾向，从上至下可以搞一搞社会主义，甚至可以稍稍让社会主义启动起来，但是，当社会主义与国家机构结合起来才能更强有力一些。

社会主义当然是一种现象。我们不愿认为这种现象和它的出现取决于某些"客观规律"，更不用说取决于物质存在了。社会主义首先是一种精神层面的特殊现象，但是很遗憾，它通常被视为首先是一种物质层面的特殊现象（渴望普遍富裕和民众利益优先等等）。曾经出现过的社会主义的信徒恰恰最不关心物质层面的问题。社会主义，其实还有资本主义，都是一种思想，然后才是思想的物质体现。的确，社会主义与资本主义的不同是思想与思想的不同，尽管是为了物质，但资本主义是直接来源于物质和为了物质的思想。资本主义是完全现实和十分合理的思想，而社会主义则是在现实生活中没有真正根基的非理性的思想。资本主义来自于被正常人的正常实践所证明了愿望，社会主义来自于没有被生活标准证实过的愿望，确切地说，来自于超出标准框架的愿望，也就是来自于不合常规基础上的愿望。社会主义作为一种思想是宗教范畴的，不过是没有上帝（或者几乎没有上帝），它是一种灵感、想象和憧憬。社会主义作为实践完全是非社会主义，就像我们所指出的，是某种半社会主义、不充分社会主义或者伪社会主义。不管怎样，作为思想的社会主义和作为实践的社会主义是不同的东西，各有自身的特性。社会主义思想作为一种思想，就其本质而言没有实现，实现的只不过是"部分"思想，而且不是最好的部分。社会的、人的"材料"——请允许我用这个字眼——对社会主义的完全胜利而言还不合适。不合适，——切都不合适。众所周知，公社没有保持下来，也不可能保持下来。集体农庄不是公社。其它的集体和人民企业——不是完全意义上的社会主义基层单位，况且世界不可能完全靠它们来支撑（它们存在于非社会主义环境中和非社会主义原则之上——作为某种特征，仅此而已）。

我们认为，社会主义，也就是没有阶级和等级制度等等的社会模式是一种思想，一种宗教，一种乌托邦。思想家和观察家不能作出任何其他的假设。但这一乌托邦式的思想到底有没有客观的制约性呢？当然有。但不在于确定不移地引导我们走向社会主义的"客观规律"中（但不知何故这种"客观规律"不能以自然方式引导我们走向社会主义），而在于社会上部分人极力要摆脱其缺陷的愿望中……通过强有力的（甚至是军事革命式的）向新社会组织的跨越，在新社会组织中，不通过过渡时期和教育工作，人就似乎能变得非常舒适。向社会主义的突破能够成为也已经成为了切合实际的现实事业，而从这一点能得到什么呢？我们已从自身经验中了解得很清楚了。第一，得到的是除社会主义之外的其它一切；第二，请注意，这一切在我们称之为社会主义的体制自我放弃（或者是自杀）之前可以存在一段时间。

今天，大家对社会主义的兴趣，甚至是不断增长的兴趣从何而来呢？也许，这不是偶然的吧？当然不是偶然的。人的精神只要存在，他必然要否定部分人卑鄙无耻的行为，无论我们如何称呼它，对这种行为人性化的积极对立只有一个——社会主义。况且，当前对"疯狂的资本主义"不满的人还清楚地记得苏联（假定是苏联）"社会主义国家制度"很多好的方面，包括从纯粹的社会主义角度来看。尽管新的资本主义生活方式非常符合人的本性，虽然不包括所有的社会成员——可是我们谁又会拒绝收入和消费呢？——但这种新的生活方式还是引起了人们——比如后苏联人——不少厌恶情绪，这也是符合人性的，但是，可以这么说，符合的是其人性的另一面——道德的、利他主义的、集体主义的、极好的人性，由此产生了拒绝现实（包括个人现实）而转向非现实的愿望，但却是好的、被人向往的、有价值的非现实。对社会主义的渴望就是逃离现实地狱，试图取代地狱，即使不是以天堂取而代之，就是代之以小一些的地狱也好（从大不幸到小灾难）。当前，后苏联人的这种意愿没有任何令人吃惊的地方：这与其说是保守的回归（迎接过去），不如说是尝试冲向未来（即使是一小步）。由此很少有人想回到过去的社会主义，多数人当然是为新社会主义而奋斗。

当然，谁也不知道，而且也不可能知道这种新社会主义是什么样的。要知道这是又一次超越（我们指出，社会主义要远远超越资本主义——就其思想、任务、结果而言——这正是资本主义缺陷之所在）。然而愿望存在，信念存在，尽管暂时不是那么强烈，就像既存在正面的现实动机也存在负面的现实动机一样。看得出，这种渴望与其说是对社会主义的赞赏，不如说是对风行于俄罗斯和独联体大地的资本主义的排斥。

根据我们对社会主义以及对人们追求社会主义运动的理解，我们找不到可以预见社会主义实现的可能性——相当于愿望。我们只能找到社会主义方式部分实现的可能性。只有在这种情况下，社会主义才能与生活和谐相处，既没有把生活变为兵营，也没有把它变为公墓。由此我们认为，走向社会主义的道路应该意味着只是赋予现实生活以某种社会主义特征，这种特征否定了（至少是大大减弱了）非社会主义生活所特有的坏的方面。应该宣称的不是建设社会主义，而是生活的某种社会主义化，但它必须与生活本身相协调。为此有没有现实的可能性——就算是为此？有没有相应的社会的、人的"材料"（再次请您原谅我用这个词）？谁又应该具体去做这些事情呢？是个人、集体、民众，是精英、政党、领袖，还是国家、政府、总统？有人回答说，是整个社会。好，就算是社会，也绝对不是统一的社会，这是其一；其二，是受制约的社会，受"世界经济"、"国际秩序"、"世界金融中心"的制约，毫不客气地讲，是受"世界政府"的制约。那么，谁应该去做呢，应该怎么去做呢——是社会，是"客观规律"，还是"革命运动"？或者不过是某种进步力量当权后进行的社会经济改革？是什么样的改革？对这些改革会有什么样的现实反响？

一切并非如此简单。应该好好研究的不仅是国内和国际形势，还应该包括现代社会的性质、特征及其本质状况，它的期望与追求，它的价值目标等等。也要看到，一切都不简单，充满矛盾，众说纷纭，既是神圣的，又是朴素的，既是脱俗的，又是现实的，与此同时也会看到许多其它东西。还应确信，一切都很复杂，而走向社会主义的行动事实上是那么微弱、那么安静、那么不自信！

未来社会主义作为完全意义上的社会主义我们没有看到——或许会朝更好的方向发展。社会主义作为一种思想是好的，作为实践是相当令人不快的（它或者是不可能，或者是被严重歪曲）。不丧失对社会主义、对其崇高精神的信念，但不是沿着社会主义道路，而是沿着后社会主义道路前进，探寻未来人类社会的轮廓（如果人不彻底丧失其天性，这种天性恰恰激励他奔向作为一种思想的社会主义），探寻具有社会主义特征的社会，但它在整体现实中并不是社会主义社会。社会主义思想与社会主义运动——只不过是现代的、同时也是未来的一种超级琴弦，它无疑拥有引人入胜的美妙声音，但它不会盖过也不可能盖过人类和超人类生活方式所有超级琴弦的共同响声。这就是为什么我们不是简单地只支持社会主义，而是支持后社会主义时期的社会主义。

第一章
社会主义：理论与实践问题

苏联模式的失败与
社会主义新模式的可能性

С. Г. 卡拉—穆尔扎

"社会主义"的概念非常宽泛，至今没有被研究透彻。马克思和恩格斯论述过共产主义，但并没有将社会主义视为特殊的意识形态。在俄罗斯，资本主义在大革命前夕仍未成为占统治地位的意识形态，在非资本主义的社会制度下，生产力的发展显然必须经历很长的过渡时期。该制度是在俄罗斯的具体条件下以及来自外部的强硬制约下建立起来的。于是就出现了一种具有特殊政治制度和经济模式的独特生活制度。

由于苏联共产党作为"获胜的无产阶级"政党获得了很高的威信，而苏联成为了超级大国以及"摆脱资本主义"的所有力量向往的中心，苏联政治精英就有资本来宣布自己的体制是惟一正确的社会主义（胜利的、现实的、成熟的社会主义等等）。之后，通过教育体系和大众传媒，在社会中形成了对社会主义乃至整个非资本主义生活制度的狭隘观点。对于各种文化和各国人民在自己的土壤上探索并建立社会主义制度的丰富经验，我们不甚了解甚至几乎不感兴趣。况且，苏联利用自己的威信和大公无私的援助常常限制甚至压制了这种发展，将其塞入自己模式的框架中，甚至扼杀掉它。与此同时，我们自己也失去了最重要的知识和力量的源泉。

而且，将社会主义的一种表现形式、苏联模式看成是社会主义的本质，这使我们不能理解其真正的本质，最严重的是，我们甚至不能理解苏联社会主义本身，因此在很多方面我们都失去了它。甚至是对苏联体制"脱离社会主义"的批评（外部是欧洲共产党人，而内部是布坚科和齐普科式的马克思主义者）也没有道出任何有益的东西，更没有必要去骂那些自私的热衷于私有化的人了。

今天，当苏联体制遭受严重挫败并且因此造成俄罗斯恢复自己生活制度的具体条件发生重大变化时，我们有责任集中力量研究和理解两种结构：广义的社会主义和作为其变种的苏联体制，对此有着十分现实的、迫切的原因，而不仅仅是理论上的需要。

20世纪初和20世纪末的经验证明，资本主义方式在俄罗斯生活制度中占统治地位的情况下，俄罗斯作为独立的多民族国家不能生存下去。在这种情况下，其解体和全面衰退强有力地打击的正是俄罗斯人民，因此俄罗斯人民必然成为反资本主义（激烈的或渐进的）革命的核心[①]。可以预见，在长时间的混乱阶段过后，各种非资本主义方式在俄罗斯将占上风，尽管会模仿资本主义。在下面的讨论中，我们将进行抽象研究，不去涉及俄罗斯在国际社会中的困难状况。在俄罗斯，许多对于生活非常重要的领域正处于外部世界的严格控制之下，控制的目的在于不让俄罗斯作为一个强大的独立国家得以复兴，尤其是不能作为带有社会主义生活制度的国家复兴。而且在我看来，对未来社会主义非常抽象的模式进行研究也是有益的。在这条道路上，存在捍卫国家、文化和民族的良机。

分析问题时，我们应该从有关社会主义本质及其表现的广义概念出发。作为开始，我们将高度发达的工业化社会中的非资本主义生活制度视为社会主义，该类型的生活制度覆盖范围非常广，以致可以在其基础上模仿和复制社会。需要补充说明的是，要把社会主义同纯粹农业"残留"社会中的非资本主义生活方式区分开来，同样也要同作为"飞地"（"可供选择"的经济、宗教性质的公社、违法经营等等）存在于资本主义社会的过渡状态区分开来。

另一个必须这样努力研究的原因在于，苏联体制的失败绝对没有导致其所承载的结构的分解[②]。首先，这些结构的稳固程度看来要大大高于理论上的预期。其次，政治制度不敢消灭它们。因此，可以同样认为，苏联体制的某些基础将会经受住混乱阶段的考验，并且依然成为新社会制度的基础。应该认识并理解它们。

应该保留和更新经受住改革考验的苏联制度中的某些东西（即使是崩溃时期生命力极强的因素），而有些东西却变成了走出危机和更新社会制度（甚至是苏联类型的制度）的障碍。苏联体制的某些特殊产物对它来说已经成了致命的毒药。

---

① 不过，按照自由主义者的意愿，这可以看作是"反资产阶级的反革命"——热月政变、复辟、反革命暴动等等。

② 我仅列举基本生活福利——能源。在俄罗斯每千瓦时电的价格保持在1美分的水平，但在国际市场值13—15美分。

第一章

社会主义：理论与实践问题

苏联模式是村社式农民共产主义的产物

　　历史证明马克思论断的错误性。根据该论断，如果还没有完全丧失发展生产力的能力，任何一种社会制度都不会向另一种社会制度让步。更确切地说，被欧洲中心论者所熟知的这一论断只适用于一种文明道路的社会制度交替过程（比如说，就西方历史而言）。包括俄罗斯在内的农业国，向自身的"非西方"社会主义模式转变时，不是要"越过资本主义"，而是要排除资本主义。这些国家试图绕过资本主义，遵循本国文明轨道。

　　它们的确绕过了资本主义，因为当邻国有侵略性的资本主义文明时，现在已经不可能在国内建立资本主义了，因为，西方感兴趣的是，将位于其范围之外的世界空间变为"依附经济"带。这完全是一种特殊的社会结构，是世界资本主义的外围体系，不具备自主发展本国资本主义的可能性。

　　可以推测，从20世纪后半叶起，保持本国文明类型并且在文化对比中不变成退化的"依附空间"的惟一途径，就是寻找并捍卫适合本国文明的社会主义发展模式①。同时，利用资本主义国家创造的诸多制度和社会方法不会改变这个状况。这里说的是"社会文化基因类型"的两种不同形式，因此"社会主义—资本主义"的转变不是一个平稳的过程，而是一场深刻的运动。

　　目前还看不出有逆向的运动，看不出有"资本主义—社会主义"的转变。但是，在许多资本主义国家，社会民主主义制度成功地采用了社会主义的许多制度和方法。一些马克思主义者甚至称这种社会民主主义制度较之于苏联和中国模式是"更正确的社会主义"。出现了一个类似于"两性同体"的社会总体范畴——根据其"第二"特征不能断定，它们在本质上是资本主义还是社会主义的变种。这里需要类似于"染色体分析"的东西。

　　为不陷于对概念的徒劳争论，我们限定对象。既然我们认为，尽管运用了人为运动的摧毁性方法，俄罗斯向资本主义的"跃进"没有成功，所以我们要谈论的正是那些国家的社会主义，即在发展本土资本主义还存在可能的时期避免了资本主义"卡夫丁峡谷"的国家社会主义。

　　况且，无论是在马克思的论断中还是在马克思主义者（如托洛茨基）、变革和改革思想家对苏联体制的批判中，都存在一个重要的合理内核。没

---

　　① 在这里我们没有关注那些局部问题，即像西班牙或捷克这类相当小的国家被吸收到资本主义国家俱乐部。

有"吃下"足够资本主义、没有掌握一些资产阶级价值观的社会,在现代世界中是相当脆弱和不稳定的。在这种社会中,大众意识特别符合"原始逻辑",而国家不仅得不到被深刻等级化了的公民社会的支持,也得不到以被合理认识和期望的物质利益为表现形式的包罗万象稳定因素的支持。在苏联社会很容易实行的国家制度文化霸权的破坏在正常思维的个人社会中是不可想象的——甚至可以认为,所有这一切从未在公民社会的架构中出现过①。

从这个附带的论断中可以得出,如果我们能够从这种恶毒的"资本主义吞噬"中,接受对于当代充满活力的世界生活所必须的各种信息要素并将其置于自己的文明基因器官中,那么俄罗斯改革带来的当前严重的危机和破坏将不是毫无意义的。我从两点进行阐述。

作为苏联制度的文化模版,农民的("过时的")村社式共产主义阻碍了我们的人民掌握许多科学方法,而这些方法是西方社会普通人所掌握的。掌握并利用这些方法的功能被苏联人民传递给了上级——"领导"。众所周知,大多数苏联人的确是"受人抚养者"。他们甘愿忘我地劳动,完成对他们来说习以为常的或者愉快的工作,但他们将一系列公民的功能托付给了领导阶层,认为这些人能够尽心竭力并关心劳动人民。在这些功能中,我要提及的是维护自身利益,并与损害该利益的生活方式的一切改变作斗争。能够认识到自身利益并且维护它——这是典型的资产阶级价值观。俄罗斯还没来得及学会这一点,但是今天给我们提供了弥补损失的良机。

当然,由这些公民构成的社会是非常脆弱的。把社会团结起来的所有人都明显感觉到的"挑战"(外部威胁、加速发展的必要性等等)刚刚消失,公民就开始不知不觉地猜疑起来:领导关心不够,或者,更坏的是,领导考虑自己太多了。这种猜疑的根据总是充足的,而且它们会在群众意识中不断被夸大。这种潜在冲突在自我加速机制中不断发展,并且很快就给领导阶层以理由,使他们与那些怀疑他们令他们不快的下层公民脱离。在城市工业文明的条件下,这种伪等级制的社会是不可能存在下去的。甚至在世纪初的农村,在真正村社民主和明察秋毫的米尔(俄国的农村公社)条件下,劳动大众和"上层"之间的紧张程度已经达到了红线。

"过分国有化"社会和过分家长制国家的第二个特征就是在生活顺遂时

---

① 观察过1917年2月之后的农民生活后,М. М. 普里什温发现,准备在俄罗斯建设社会主义的那些人的最初的最主要的任务就是在大众意识中灌输资产阶级价值。他的说法与马克思的论断没有任何联系。甚至可以说,他是用文明的范畴、而不是用意识形态的范畴来思考。

期社会意识的急剧幼稚化。人们不再珍视上几代人努力创造的幸福，将这种幸福看作是"上天给予的"、永存的东西。社会丧失了自身的、稳定社会关系所必须的政治意志，它听从于国家当权集团，就像任性的孩子听从于父母一样。与此同时，对待国家也像是任性的孩子对待父母一样，公民对国家的奢望也越来越多。由于这种奢望与现实之间存在偏差，广大的公民阶层开始扩散不适当的抱怨和不满，这种不满非常容易破坏国家的正统性。

幼稚的社会意识为成熟的、负责任的个人所固有的法律意识的发展进而占统治地位创造了非常不利的条件。国家刚刚走出动员状态，刚刚变得更加宽容和自由，社会大部分人的目标与行为便开始急剧犯罪化。如果这一进程中再出现严重的经济危机，致使公民（尤其是青年）从事犯罪活动将变得大众化，并为道德所接受。犯罪制度就像恶性肿瘤一样复发并扩散，使得能够健康发展的社会难以实现再生产。

对于这些苏联社会主义的虚弱部位——各种疾病正是通过它们侵入到社会中，我们在最近十年的试验性体制中有了进行研究的机会。考虑到俄罗斯的社会主义生活方式是在村社社会主义基础上重建的，我们应该将克服这些薄弱环节纳入到重要任务之中。

在俄罗斯可能实现的后苏联社会主义的主要特征

我们再回到"我们可能实现的"社会主义的主要特征上。我再重复一下，这里所说的社会主义，并不是对耗尽全部潜能的资本主义进行革命性否定而发展起来的社会主义，而是作为摆脱资本主义入侵的出路的社会主义，这种入侵会整体摧毁民族文化和国家。这是"并非来自体面生活的社会主义"，这是在困难生活道路上的自发运动。该道路为摆脱实行种族灭绝的残暴敌人提供了良机。这种社会主义在俄罗斯的可能性显著下降，因为苏联和"社会主义阵营"消失、对国民经济的十年洗劫以及国家生活许多基本条件丧失。同时，如果十年中得到的教训有所裨益，那么作为思想上和精神上焕然一新的、摆脱了诸多偶像和教条的社会，我们将走出危机。由于经历了严峻考验，这样的社会内部将会极其稳定，正因为如此，它能够大大扩大自由的范围，同时减轻为维持一定信仰水平所需要作出的努力。

首先我要说的是社会文化基础的核心，该核心在改革进程中在本身基本特征方面没有发生变化，也就是所说的人类学模式。正如"改革的设计师"所设想的那样，在俄罗斯没有出现新教徒改革的新方案，也没有产生

"自由的个体"。个人保持了固有的（村社的）团结①。这一结论很难用经验来严格论证，我对它的表述是许多间接特征所支持的直观判断。这一结论可以引起许多政治体制机构和经济的后果。人类学模型——这是基本因素，其活动带有"分子"性质，不应用意识形态手腕、体制改革乃至镇压来消除它。关于人的概念既进入了社会的经济基础，又进入了社会的上层建筑，同时"吸收"了意识形态因素和社会制度，且为其充实了新内容。

与普遍观点相反，自身具备团结性的社会（"传统社会"）根本不会成为停滞的社会，它能够在政治和经济领域催生高效率的新办法。在社会中，在良好的条件下，例如日本，甚至富有活力和侵略性的（但不是"新教徒"类型的）资本主义能够得到发展。因此，保持俄罗斯作为传统社会的存在——人类学模型是归入此类社会的主要标准，绝对不会成为快速现代化和引进（进行必要的改造）许多西方制度和技术的障碍。

那么在"资本主义的吞噬"过后，俄罗斯的社会主义应该发生什么变化呢？我们将70年代末"成熟的"苏联社会主义时期作为比较的标准，尽管该标准只是在写实层面上为我们所熟知。

在可以预见的时期内，不会出现苏联模式的、集体、专制式国家权力的复兴。20世纪的后三分之一时期内，语言得到成熟并在很多领域产生分裂，这使得在以协商一致作出重大决议的集体类型政权下，国家有效运行成为不可能②。如果俄罗斯能够避免国内战争和在冲突时镇压弱方（该假设也会引发这种争论），那么国家体制应该从集体民主制转向代表制，不是苏联式的，而是议会分权式的。这个转变不是理想，而且在实质上与我们社会的人类学相矛盾。它是对各方势均力敌的社会冲突迫不得已的回应。

我想，转向议会制远非圆满，因此议会的"苏维埃"（或者"杜马"）特征在很多方面会保留下来。这就意味着，不会形成政党的均衡体系，尤其是在政治方向上的"右翼"（"资本主义的"）那部分。政治话语同样不具有完全合理和合乎逻辑的性质，其中还保留着对道德价值和对"民意"的强烈呼吁。如果社会意识最终克服了历史唯物主义（和自由主义）的欧洲中心论教条，完全领会了传统社会的文化规范，那么俄罗斯议会"过时的"集体特征将不再是累赘，而是其效率的源泉。

---

① 这不带有评价意义，爱国主义运动的思想家有时倾向于这一点（他们说，公有的团结是好的，而合理的、社会民主主义的团结是迫不得已的、不真诚的）。固有的团结是建立在许多反社会主义现象，例如固定的有组织犯罪的基础之上的。

② 相反，在地方政权和自治机关，市政机关和管理局类型等人为成立的机构还有可能转变成苏维埃类型机构。大量地方机关的决定由苏维埃及其执行机关通过和实施来得更好、更容易。

第一章

社会主义：理论与实践问题

与代表制民主一起，将出现独特的公民社会。这是有内在矛盾的假设，因为就其实质而言，公民社会是宗教改革和资产阶级革命的产物，其基础是个体公民。看来，可能会出现公民社会制度化机构向带有村社人类学特点的文化基础的转变。为了这种复杂运作的成功，既需要理解现代社会，又需要理解传统社会的构造与"生理学"。总之，在俄罗斯，恢复能够实现发展的生活方式这个宏伟规划的诸多方案成功与否，在很大程度上取决于这种理解。

因此，这两个进程将使国家更合理、更冷静，少一些家长制作风……。但这两种性质不会消失，俄罗斯也不会出现通过决议时的"技术统治型国家"。"女厨师"会挤一挤，但不会给"专家们"让出管理国家的舞台。

在掌握自由主义制度的这条道路上，国家可能会陷入某种诱惑，该诱惑对俄罗斯来说将是注定的——为操纵社会意识的新统治方法奠定基础。这种方法的高效率和相对廉价引领西方在这条道路上走进了死胡同，以至今天已经很难想象还会有不带破坏性的出路。操纵意识是麻醉剂，其剂量将不断加大。这种麻醉剂对整个社会发生作用，其中包括实行操纵的精英们，而不仅是大众，其行为应该严格控制。今天，在俄罗斯，我们"盗贼式资本主义"的高智商精英们不得不对社会采用最残酷的、处于犯罪边缘的操控方法，为的是将人民更长时间地置于茫然状态之中。这种有节奏的滴答声，这种电视带给人们的精神折磨，有助于开诚布公地提出问题并在不远的将来自觉地、断然地放弃使用操纵方法。不过，对于议会制国家来说，操纵不为国家所需要而且甚至是有害的。行为标准是通过伪宗教形式的讨价还价制定出来的（这里尚且不谈实行操纵的资本主义国家广泛使用的暴力——甚至都无法与70年代的苏联相提并论）。

应该强调的是，由于放弃了操纵并且消除了对抗性的社会矛盾，社会主义（在产痛过后）为人提供了较之资本主义更多的自由，资本主义的生活空间充满了警卫和禁令。较之于资本主义制度，在社会主义制度下的自由和非自由的结构是另一种情况，这是另一回事，但别人嘴里的糖块总是更甜。但这是幼稚意识问题的一部分。只不过孩子想的是可以得到邻居那块甜食，而又不失去自己那一块。

在可以预见的将来，俄罗斯看来不会以苏联式的、普遍的"极权统治"意识形态为依据。转向议会制民主与这些难以兼容，文化和社会差异在社会中急剧扩大，俄罗斯正经受着伴随民族臆想理论强烈冲击的民族起源浪潮——这一切都排除了产生政治—精神统一的可能性，而这种统一对于形成整体意识形态来说必不可少。此外，工业文明总体上正经历着与世界科学深刻变化相联系的自身意识形态危机。世界局势的变化意味着意识形态混乱和大而新的意识形态建设阶段的来临。

但这是普遍的大背景，在此背景下我们应该解决特殊的自身问题。缺少普遍认可的意识形态绝不意味着社会和国家可以在这样的情况下存在，即：缺少对善与恶、人与国家、以及它们之间的相互权利和义务等等的集体观念的核心——缺少被意识形态薄膜更加密实包裹和覆盖的某种思想体系和"信念宇宙"。我们社会中这种结构正在遭受震荡和破坏。我们应该认真清理，以便开始修整和新的建设。新建筑的区别将会体现在哪里呢？

首先，要解决苏联社会上层建筑中一个最重要的内部矛盾。在该上层建筑中，集体观念的核心被硬塞到并不适合它的某种历史唯物主义机器结构之中。从19世纪科学的机械决定论，以及有关"正确"取代资本主义结构和资本主义政治经济学的欧洲中心论基础上发展起来的历史唯物主义（与马克思相比被严重庸俗化了），既不符合苏联社会及其文化、经济的现实，也不符合工业化普遍危机的复杂性，这种工业化遭遇到了历史唯物主义没有研究的一些障碍。苏联人不了解自己生活的这个社会，这也是这种社会遭遇失败的最重要原因之一。

重建以及通过社会主义建设新规划的必要条件是产生新的社会认知，其方法论的基础要符合世界现实的复杂性、我们社会的本质和正在发生的进程。从庸俗者阶层脱胎换骨而来的马克思主义辩证法、其全人类性、人道主义和解放的热忱将重新回到这种社会认知中来。但这已经不再是苏斯洛夫或齐普科式的马克思主义了。

在已经城市化的"中产阶级"社会中作为农民弥赛亚学说的一种表现，苏联模式失败了。浓缩于"减少痛苦"思想中的（苏联体制在贯彻这种思想上取得了瞩目的成就）苏联模式以专横的方式强制划分"需求结构"。"信念宇宙"和需求结构在都市化进程中急剧交替（尤其是在年轻人中间），与法定的意识形态标准发生了冲突。在各种需求剧增的情况下，这种标准的狭隘造成几乎大多数公民的"部分赤贫化"。对社会体制的反叛性不满已经成为大众现象。尽管这种不满并不意味着反苏维埃主义，也并未导致要求取代它的根基，但对废除苏联体制（首先是为了攫取财产）感兴趣的社会群体还是可以有效利用这种不满情绪。

如果我们能够顺利地摆脱危机，那么新社会主义将由复杂城市社会的人们来建设，他们理解多样性在社会生活中所发挥的作用。既符合道德、又有经济保障的需求不仅能扩大，还将由更灵活的准则来调节。这不会引发与社会主义基础的原则冲突，而与文化标准的紧张关系也会在传统社会的框架内得到消除。苏联生活方式的强硬是因为长期生活在动员条件下（村社制农村，之后是"兵营式社会主义"）而产生的，而不是从社会主义原则或文化类型中产生的。改革成了摆脱动员状态的破坏性方法，但它还是通过打破惯性的方法解决了这个问题。

这种社会主义经济制度应当以自身的多样性与苏联制度截然不同，我认为，在各种有利情况齐备和充分的社会条件下，这种社会主义在俄罗斯有可能出现。"计划—市场"的两难选择是谎言，在复杂而庞大的国民经济中，没有单一类型的企业或任何单一类型的监管能够保障足够的稳定性和适应能力。苏联经济的过分国有化给用经济手段完成许多重要职能带来越来越多的困难，由于诸多原因，过分国有化也成为不满情绪的源头——对于具有非常发达"企业家嗅觉"的很大一部分人，它没有给他们提供自我实现的机会；它赋予国家过多的家长制特性，也过高设置了所有民众对它的要求。

很不幸，非资本主义经济制度的理论（例如，A. B. 恰亚诺夫）没能被列入苏联的马克思主义中，而且在苏联的党的知识分子界形成了一种固执的意见，即生产资料私有制命中注定就是资本主义的经济类型。看来，这是严重的错误。当前存在一个广大的企业阶级（工业和服务业中的小企业，农村的农户），这些企业在资本主义制度占统治地位的条件下，在"资本主义的牢笼"下可以成功地适应环境。在俄罗斯未来的社会主义生活方式中，在这些企业里将生产出大量的商品和服务——同时它们可以不遗传资本主义并且不会破坏建立在团结基础之上的社会体制。

这一切不过是该体制的某些特征，俄罗斯具备建立该体制的文化环境和社会基础。重要的是，要让那些设计方案来恢复完整的、再生产的俄罗斯生活方式的"富有创造性的少数"了解他们生活的社会，在这个社会现实的"解剖学和生理学"与自己的学说之间找到可以接受的一致性。对于领导精英们来说，在比1920年更困难的条件下，建设新社会主义应该成为"分子的"进程和群众的创造。

社会主义与文明理论

B. A. 沃尔孔斯基

世界是否需要社会主义？ 马克思主义者如何理解社会主义？大部分西方社会民主主义者和与之接近的俄罗斯马克思主义者们会回答：资本主义社会经济体制转变成如下社会的所有趋势，即以强大经济实力和和谐社会关系为特征的社会。他们并没有把苏联时期（至少开始于30年代）和其他"现实社会主义"国家的发展看作是规律性的、"客观的"历史进程，而是看作变了形的官僚主义或是政治错误的后果，即"主观"原因的结果。他们顶多建议将这些国家的社会政治制度定义为要么是国家资本主义，要么是国家社会主义，要么是封建社会主义，要么是"突变的"社会主义——社会历史趋势发生突变，而这种趋势并没有纳入理论框架（还记得吗，正如维尼·布赫所说："这是群没有方向的蜜蜂"）。

目前，有一种公认的观点：在欧洲，社会民主主义者的政策实际上与新自由主义者们的政策并没有多大区别。大多数了解资本主义文明的文化危机（B.梅茹耶夫这样的人）或者精神危机的左翼哲学家和社会学家们看到，如果占主导地位的资本主义体系没有发生改变，这种危机就不可能被克服。

共产主义学说在19—20世纪取得了重大胜利，当然也遭受了痛苦的失败。目前，这一学说需要更新。可能，暂时还没有足够详尽的理论，能够回应近一百年来因世界发生巨大变化而带来的挑战，以及掌握人类在社会学、历史学等领域中所积累的基本理论观点和主张。其中一个理论观点就是文明理论（H.达尼列夫斯基，A.托因比，Л.古米廖夫）。

看来，在这种环境下，应该经历一个重要阶段——积极的理论探索、辩论以及新的理论综合，这样的阶段具有极为重要的意义。

经济文明的挑战。 在共产主义运动中，革命马克思主义（"俄罗斯共产主义"）与修正主义的分裂（在俄罗斯是列宁与孟什维克之间）主要发生在19世纪末20世纪初。从这时起，社会民主主义（欧洲的或者思想上接近于欧洲的）和"俄罗斯共产主义"就开始了独立的而且本质上不同的发展。

第一章

社会主义：理论与实践问题

这种分裂在苏联时期表现得尤为明显。如何定义这种分裂呢？能否由此定义呢，也就是苏共与苏联官僚主义合并后成为国内的统治政党而不再仅是一种思想流派？然而，整整20年里，俄罗斯并没有发生令人可笑的思想斗争。在苏联存在的70年里，世界上一半国家都有过由其信念坚定的追随者组建的政党。苏联崩溃后，俄罗斯联邦共产党成为实力最强的政党。俄共承认多元主义和市场（可控）经济的价值观，但是从思想方针来看，俄共与西方社会民主党有很大的区别，它仍保留着苏共的很多纲领主张。

显然，这是一次很明显的思想分裂。这种分裂不能用某些思想家或者某个政治集团的偶然胜利来解释。这种分裂是沿着"东方——西方"路线进行的。11世纪基督教会的分裂也是沿着这个路线进行的。在20世纪，世界发生了翻天覆地的变化。社会主义两个分支中的任何一个分支都是在回应世界经济社会变化的过程中按照自己的方式发展。然而，这两条道路的区别证明我们正在同其灵魂深处的文明差异打交道。这种差异在很大程度上比不断变化的经济社会生活条件变得更快。

最近五百多年里，人类历史最重要的因素毫无疑问是这一精神、经济和社会运动，该运动以西方或者欧洲文明的形式体现出来。作为一种新文明和一种超民族共同体，该文明的精神性基础形成于欧洲，大概在第二个千年初期（公元11——12世纪）。稍后，产生了经济标准和活动准则，更具体些说就是商品货币关系，按照Ю. М. 奥西波夫的恰当说法，即产生了"经济文明"，这种经济标准和活动准则成为了该文明的重要组成部分。经济文明在技术、科学和生产力发展方面比其他文明更成功。在经济文明框架内建立了最丰富的文化。作为人类发展的主要目标，形成了进步的意识形态（大体上是科技进步的意识形态）。

渐渐地出现了经济文明进步和统治的消极方面。这首先是逐渐加剧的不稳定性，无论是国家间还是国家内部，出现了社会结构和联系的不稳定性，由于影响世界进程的绝大部分机会掌握在极少数的人和组织手里而出现的不稳定性，产生了经济社会、生态和其他方面灾难的威胁。其次是精神限制和人们之间联系的减少以及形成的精神（宗教）和文化共同性的解体，导致这些社会（国际金融财团和跨国公司以及与之并列的犯罪组织和黑手党徒）无法控制的结构日益增加。第三是当货币成为成功的主要标志，而按照"金十亿"标准生活的理想成为动力的时候，由于地球上大多数居民已经具备与经济文明相符的生活条件，现实存在的各种各样的经济社会制度、精神和文化纲领及其行为类型（"经济极权主义"）在逐渐减少。

在经济领域取得巨大成功的可能性开始冲击社会其他领域的各种联系

和限制，并用经济领域的原则和标准取而代之。换句话说，所有的价值都开始变成价格，质量的差别变成数量的差别，个性自由变成买卖自由。经济原则和标准向社会生活其他领域的扩展明显跨越了理性的界限，就像各种"达到荒谬的程度"那样，引发了严重的社会疾病。如果说苏联的国家扩张导致社会愈发封闭并压制经济创新的话，那么世界上经济原则和目标的扩大正在引发生活各个领域的犯罪化、社会联系的脱节以及很大一部分人类的退化。官方的自由意识形态实际上已经逐渐将道德从生活的经济领域排除出去了，而只剩下（在最好的情况下）遵守法律准则："所有被允许的事情，就是不被禁止的事情"。

由于经济文明的社会经济发展和精神发展产生了资本主义社会。社会主义和共产主义运动的蓬勃发展成为了对资本主义体系矛盾尖锐化的回应，之后出现了以苏联为首的社会主义阵营。

马克思主义理论创立后世界发生的变化。随着马克思主义理论的创立，世界发生了根本改变。19世纪初期，西欧国家和美国先后进行了科技和工业革命，并在19世纪中叶进入工业稳定增长的阶段。1800—1877年间，这些国家的人均国民生产总值增长了近一倍（尽管居民人数呈大幅度增长）。在这一时期，主要的外围国家（后来称为"发展中国家"）成为欧洲国家的殖民地或半殖民地。它们无法抵挡欧洲人的扩张，遭受了掠夺性的剥削。很多外围国家都出现了非工业化进程，发生了独立战争、军事政变和反对殖民者的起义。1800—1870年间，巴西、墨西哥、中国、印度、印度尼西亚和埃及的人均国民生产总值下降了10—15%。从19世纪中期起开始变得逐渐清晰，所有决定人类历史的主要事件都发生在欧洲国家和美国。就在这一时期，在领先的资本主义国家里，资本家和雇佣工人之间社会经济状况的差别日益加深，阶级对抗日渐加剧。

马克思和恩格斯在创立共产主义意识形态时，既重点回应了发达资本主义国家的问题，又以欧洲历史素材为基础，构建了历史的结构模式，这并不足为奇。很明显，下面一个事实可以说明这一点：即生产力和生产关系（历史唯物主义）的发展以及构建以欧洲历史素材为基础的结构模式是他们理论中决定所有历史发展的主要因素。

从这时起，西方主要大国及其外围国家的情况都发生了变化。世界科技和工业的发展、争取独立的斗争以及社会主义意识形态的影响唤起非西方文明（中国、印度、伊斯兰和拉美等国家）的"觉醒"。很多国家都走上了经济稳步增长、社会和文化快速发展的道路。随着经济和文化水平日益提高，这些国家就愈发意识到自己是历史的独立主体。外围（"发展中世

第一章
社会主义：理论与实践问题

界")和中心（欧洲和美国）的关系也成为了历史的决定因素。

20 世纪上半叶，主要资本主义国家财富和权力的不平等使社会遭到了破坏，就像在亚洲和美洲国家发生的那样。当前（特别是战后数十年间），民主和社会主义意识形态的成功、相应的社会运动和政治运动的斗争、同社会主义阵营发生意识形态斗争的必然性等等导致了主要资本主义国家中阶级矛盾的紧张性已显著降低。

社会主义运动分裂的含义。如果欧洲 19 世纪社会主义运动的发展（包括产生马克思主义）可以视作西方文明内部出现意识形态分裂的话，那么列宁同西欧社会民主以及孟什维克的决裂及其在俄罗斯并未"按马克思模式"建立社会主义国家，标志着不同文明面临的问题及其战胜途径的不同。对所有国家而言，接受人人都应遵守的马克思的发展结构模式使所有资本主义发展较弱的非西方国家的社会党人陷入理论上两难的境地。他们本应该不同资本主义作斗争，而是帮助它发展（可能在数十年间）。但是，这种发展对劳动阶级而言，无论如何都不是顺利的，而且还不可避免地导致社会分裂，分成有产阶级和无产阶级。

20 世纪初期，以 П. 斯托雷平为代表的国家主义者们，后来是自由主义者们曾试图带领俄罗斯走欧洲资本主义国家发展的一般道路（组建了俄罗斯议会——国家杜马，尽管杜马起初并无实权，并建立了立宪民主党），但是没有获得成功。斯托雷平的改革还在战争与革命开始前就进行不下去了。

列宁以正统的马克思主义者的形象出现了。但是他偏离了（至少在实践政策上偏离了）正统的马克思主义学说的路线，而这种偏离远不受国家落后这个因素的影响，也远不受俄罗斯与其他国家一样的特殊情况的制约。列宁关于资本主义尚不发达的落后国家走社会主义道路可能性的结论，实际上是放弃了对社会民主党人和自由主义者而言人类发展共同的、单一的而无可替代的模式。此前，讲的都是工人阶级参加资产阶级民主革命，以促进俄罗斯资本主义的发展。

实际上，列宁从资本主义那儿"拉出"了社会主义。他承认，经济社会发展不仅可以发生在资本主义分裂的框架下——社会分裂成资产阶级财产所有者和失去财产的无产阶级。他认为，走欧洲式的资本主义道路（对人类而言唯一的道路），就意味着放弃了非欧洲国家（用现代术语就是发展中国家，或是"第三世界"国家）的巨大革命潜力。

按照对俄罗斯革命有着最为深刻研究的现代历史学家之一 T. 沙宁的说法，俄罗斯成为 20 世纪初期社会综合特征具体化的第一个国家。这种社会综合特征的具体化今天被称为"发展中社会"，或称为"第三世界"。

列宁建立"东方马克思主义"的最重要的步骤,就是得出一个结论:俄罗斯无需等待资本主义培育好生产力和生产关系并以此使国家具备建立社会主义所需条件的那一天到来,以及将注意力集中在夺取国家政权上。这首先是由俄罗斯资产阶级的政治软弱性以及国家的作用在俄罗斯无法与其在欧洲国家相比这两点决定的。

很明显,提出将俄罗斯的共产主义作为非西方或者发展中国家社会主义样本的假设,具有重要意义。在这些国家中,经济社会和政治结构特征相近的亚洲国家尤为突出。这就是马克思将其经济社会体制称为亚细亚生产方式以及马克思主义者长期徒劳地尝试在结构更替中为其找到位置的那些国家。研究中国、印度及其他亚洲国家的历史发现了这种有别于马克思结构模式的体制的特征。主要区别是国家在履行全社会所需职能方面发挥更重要的作用(因此在很大程度上独立于各个阶级),以及主要经济联系体现为"生产者与国家财产"。

在一千多年的历史中,亚细亚生产方式国家中最为典型的代表是中国。中国的私有制和市场关系并没有发挥实质性的作用。而私有制和市场关系的快速发展,无论在哪一个阶段,通常都是国家和社会机构作用弱化的征兆,也是破坏它们的因素。

与此相适应,经济利益、经济的联系和对立从来都不是决定性的因素。与社会、个人的联系相比,与国家的作用和支持这些因素的意识形态(哲学宗教、道德文化、政治社会的意识形态)的作用相比,上述因素都是次要的。

根据稳定性来判断,这种构建社会的新形式比过去的模式更为有效。因此,在埃及,这种模式在波斯人占领(公元前6世纪)之前一直存在,且没有发生任何改变。国家组织的有效性可以用其为建立灌溉设施、指挥各个季节周期工作及应对自然灾害建立大量储备等等的经济必然性来解释。对稳定的国家政权而言,国家政权与精神政权的联合具有关键意义。法老同时也是最高宗教领袖,这是他的基本职能。

其中一个最有效的国家体制样本就是中国古代政权(在儒家和法家思想基础上建立的国家),它建立在致力于寻找乌托邦理想并体现国家、社会、集团高于个人的社会统一意识形态之上。存在两千多年的国家—社会体制不止一次地经历国家、道德和经济基本结构的退化阶段,最后以毁灭性灾难结束。农民起义或者蛮夷入侵消灭了历代王朝和帝国官僚,以及所有复杂而有效的官僚、经济及其它体制。然而,这种体制很快又恢复了那种面孔。

在中国社会，建立在像资本主义或封建主义一样"神圣私有制"基础之上的社会结构一向都只能发挥次要作用。

人类对平等的要求和团结问题。"第三世界"国家的状况以及发达国家俱乐部与其他国家之间在收入、生产效率和自我实现机会等方面的差距逐渐拉大成为大多数贫困国家和少数富有国家对立的最富戏剧性的方面。这些差距可以用下面的数据说明：90年代初期，全世界20％最富裕者的人均收入是其余80％人口人均收入的20倍。

尽管科技进步获得巨大发展，但仍有三分之二的人生活在贫困之中，有15％的人遭受饥饿。事实上，在"生活的主人"和"受歧视人"之间竖起了一道墙，墙两边的差别丝毫不比资本主义之前等级和地位的隔阂差，区别只是现在是借助于经济、信息等其他方式。

根据联合国专家的统计，1960年，世界上20％最贫困国家GDP的总和占世界GDP的2.3％，而20％最富有的国家占70％。1991年，相关指标分别是1.4％和84.7％。换句话说，1960年，20％最富有国家和20％最贫困国家的GDP比例是30∶1，而1990年则是60∶1，到90年代末期，这一比例已经提高至74∶1。

大多数贫困国家和少数富有国家在经济领域的差距不断扩大成为越来越尖锐的问题——维护人类团结的问题。

马克思的阶级斗争理论，特别是工人阶级通过无产阶级专政战胜资产阶级及其压迫的理论成为破坏社会团结的意识形态。事实上，这种团结已经被破坏，并且由于反人道原则——"总体经济主义"原则——它仍在继续遭受破坏，现在的社会正是建立在这个原则基础上。马克思的原始哲学及其以共产主义运动为目标的理论正好将人类从导致阶级对立的私有制统治中解放出来，建立无阶级社会。

卡尔·马克思在自己的早期著作中就已经指出了共产主义对抗当代欧洲资本主义的重要意义，如"人作为社会的人回归自己"、"私有制是对冷淡的人类生活的物质而感性的表达……因此，明确废除私有制就是明确消除一切冷淡，即从宗教、家庭、国家回归到人类自己的，即社会存在"。

通常认为社会主义学说的一个主要原则是要求财富和消费的平等。这项要求同样也是很多宗教教义的特征，而且还被写在法国资产阶级革命的旗帜上。但是，这项要求的主要含义是防止破坏公平和道德原则，否则将不可避免地导致社会冲突和社会解体。

为了形象地证明自由主义和社会主义取向的区别，可以将未来人类的活动比作部队（或车队）。第一种情况是，先进部队只顾向前行进，忽略了跟随其后的较弱且装备较差的部队。第二种情况是，将两个部队整编到一起，并为它能更快速前进创造条件。

社会主义——将人类从总体经济主义中解放出来。基督教思想家经常批判社会主义，指责它使人变得贫乏，忽略了人生活的精神和唯心主义方面，指责社会主义的理想和目标是物质的、经济的。

H. 别尔嘉耶夫准确地指出"经济主义"的全面攻击性。经济主义"具有穿透一切和决定一切的功能。没有什么地方可以躲避"。他把"经济主义"同当代人的精神空虚视为同一，但是"经济主义"能否与人的精神性归并到一起，如何抵御世界的衰退，他对此却什么也没说。H. 别尔嘉耶夫对待共产主义运动的惯常态度，确切地说，是肯定的。然而，他在1918年写的《不平等的哲学》一书中，只强调共产主义意识形态的负面作用，拒绝承认共产主义意识形态与资产阶级意识形态的区别。他的这些话完全没有说服力。这里列举两段引文："社会主义者们并不呼吁来养活饥饿者以及把自己最后一件衣服送给亲近的人。他们怂恿饥饿者去抢夺，他们使穷人产生这样的思想，财富是美好的、令人向往的，以此来毒化穷人的心灵"。"社会运动仅仅建立在阶级斗争的基础上，培养的不是人类高级的，而是低级的本能。这种运动不是自我牺牲学派，而是利欲熏心的学派"。

未必要提及许多苏联人以自我牺牲的精神投入战争及和平劳动的例子。而所有即便是表面上熟悉马克思主义的人，也用不着向他们解释，共产党人恰恰主张建立这样的社会，在这个社会里没有饥饿的人群，他们不需要从吃饱的人那里进行抢夺。共产主义思想对于人类精神发展的贡献正是在于，社会应该变成这样：不仅僧侣，而且所有人都能不去考虑自己的财富和贫穷，在这样的社会里资产阶级和小市民阶级的关切和目标失去了意义。思考全社会的生产和福利的增长，相对于关心自己的个人利益来说，完全是精神文明的另一高度了。这怎么也不会"培养人类低级的本能"（H. 别尔嘉耶夫指责社会主义者的正是这点），而是超个性的价值观，即最高级的心理功能。

马克思写道："所有物质和精神的情感都被对这些情感的简单疏远所取代——也就是占有的思想。因此，消灭私有制意味着完全解放人类所有的感情和本性"。

必须承认苏联建立的"早期社会主义"的崇高思想和历史功绩：这表明，建立在上述原则基础上的社会能够存在并且能够成功发展。在我们生活的苏联社会里，对庸俗的物质财富的关心确实并没有在生活中占据重要地位。许多因素在摧毁这个社会的问题上都有责任，但不是那个共同的

第一章

社会主义：理论与实践问题

思想。

尝试以社会主义思想对抗"现实的社会主义"不如以基督教对抗"历史的基督教"思想那样富有成效。

阶级斗争和文明对立。西方文明对其他文明的影响是强大而多样的。他们中的一些人找到了应对这个"挑战"的有效"答案"（A. 汤因比的术语）。其他文明没有能力适应这个挑战和新环境，它们在世界上不断地失去自己的阵地，甚至在逐渐消失。

促使非西方国家"觉醒"、强化文化中的智力因素，以及晚些时候开始工业化进程的有效答案在于它们理解了西方国家在保持传统精神价值观、保障社会团结和国家领导作用中的某种强大的内核。稍后，"接种"西方进步的意识形态开始称为现代化。成功现代化的第一个例子是俄罗斯彼得大帝的改革和日本的明治维新。

在很多没有牢固精神基础的国家，如俄罗斯和日本，西方文明和文化标准扩张的后果使这些国家的社会和经济结构变形并处于从属或半从属的地位。

"全世界无产者，联合起来！"的口号正在失去明显的标志作用（这个口号现在需要进行解释），也正在失去在其他任务面前的优先性。没有社会主义意识形态的深刻更新，不把地缘问题和文明间问题有机地纳入社会主义意识形态，这种意识形态就不可避免地会与现代社会不相适应并且不能重新成为引导政治社会改革力量的一极。

20世纪证明，国家间的和文明间的矛盾不会随着资本主义的发展甚至社会主义的诞生而消失，反而会比过去更为尖锐。穷人和富人之间的阶级、社会（以及世界观）差别更加尖锐。问题的核心从国家的内部移至国家之间。社会和阶级的冲突关系基本上是一些穷国的特征，它们在这些国家同时也具有文明间矛盾的特征：富裕的亲西方的少数和贫困的大多数，这些贫困的大多数没有能力或者不希望将自己转变到西方的经济、文化行为标准上去。因此，现在不得不用两种语言来讨论意识形态问题：阶级理论和文明理论。

A. 汤因比将异己文化入侵健康的文明机体同生物机体的病态相比较："不同部分之间的相关性和彼此的责任维持着所有机体的健康、平衡状态。只是当发生故障或机体的一些细胞开始不可控地生长时，机体才面临致命威胁"。

在富有侵略性和前所未有的高效的西方文明的压力下，不仅俄罗斯，而且其他非西方国家都面临着生存问题，都面临着失去自身文明和民族价值观以及自我认同的威胁。这里说的是数百年来一直发挥作用的，混合所有文化和传统、并按美国模式把世界变成类似于"熔炉"的趋势，这种趋势已经成了理想的体现。

与世界主义者方案对立的多极世界方案，需要汇合各种非西方文明的意识形态。共产主义希望发挥这种意识形态的作用。列宁意识到了改变世界局势及共产主义运动在其中发挥的作用。

社会主义和自由主义。社会主义极为宽泛且内容丰富的概念是与经济和资产阶级的意识及个人自由主义相对立的。在"社会主义—资本主义"、"共产主义—自由主义"的对立中，与局部利益和个人权利等价值观相比，社会主义和共产主义象征着整体利益（社会、集体和大多数公民的利益）的优先价值。在历史实践及理论和精神学说中，无论哪一极都含有肯定和否定双重成分，无论哪一极都不能简单地看成善良的一极或邪恶的一极。

对于这个高级的抽象概念，每一个意识形态的基本特征在某种程度上对任何人的生活都是必须的。区别只是在于强调的侧重点不同而已，即强调的是整体价值还是局部价值，集体价值还是个人价值。因此，把任何一种结构、生活方式、按某一或某些特征划分的具体经济模式归类成社会主义或资本主义的，就像把国家体制划分成民主或寡头的一样，都不是单一意义上的。

这里说的是涵义和目标的定位。社会和国家的崇高价值并不意味着个体一文不值（诚然，历史上曾经有过这种错误），而是指在个人价值观和目标的结构中，社会和集体的价值应该占据优先地位，个人愿意为了祖国和国家的繁荣、稳定而生活和劳动，他不仅仅重视自己的权利，而且重视自己所承担的义务、对社会的责任。社会主义思想包含着社会和国家对每一名成员的责任，为每一名成员创造保障其发挥才能的条件。自由主义并不强调个人和社会的责任，而是强调权利和自由。国家只是一种手段："建立政府只是为了保障每个人能够使用其自然的而不可分割的权利"（《人权和公民权宣言》，1973 年，第 1 页）。

历史造就了管理经济的两种类型：一种以商品货币关系和"神圣的私有财产"原则为基础，另一种以国家行政关系为基础。马克思能够用什么与市场和私有财产的统治地位相对立？"以一间办公室和一座工厂为单位的全社会的"工作。"所有公民都成为一个全民国家辛迪加的职员和劳动者"（列宁阐述的马克思的立场）。

社会主义最重要的成果是解决了非西方国家的"觉醒"，并使这些国家意识到有可能获得资本主义展示出的经济和科技发展。为了使国家能够走

第一章
社会主义：理论与实践问题

上工业稳定增长的轨道，应该进行深刻的社会、意识形态和政治改革。正如研究这个问题最著名的专家之一 B. 罗斯托乌所说的，"鉴于壮大了的新民族主义要反对封建地主阶级的传统利益及殖民政权，创建统一的国家政权和实施有效的管理是具有决定意义的政治创新和……进入上升阶段的必要条件"。

俄罗斯早就被贴上了"奥博洛莫夫习气"（懒散、无为）的形象标签。有一项任务摆在俄罗斯共产党人面前，这就是改变人们处事态度根深蒂固的观念，使每一个俄罗斯人都能成为像美国人一样精明强干的人。不，强一百倍还要多！让我们回忆一下 M. 高尔基对改变世界的资本主义者们的钦佩，让我们回忆一下列宁是如何痛恨俄罗斯人的惰性、"亚洲支那人"和以空谈代替实干的知识分子倾向。成为精明强干的人，而不变成资产阶级个人至上主义者，不变成小市民（对于俄罗斯知识分子来说，这更遭人鄙视！）。共产主义能够解决这项任务。为个人的（或家庭的）事情服务已经被为共同的事业、为国家服务所取代。

共产主义也解决了积累财富和创造舒适生活的问题。每一个俄罗斯文化人都有一种托尔斯泰式的非公正对待自己财富的感觉。俄罗斯直到现在都能完全感受到一种道德标准，根据这个标准，有太多的收入就不体面，不符合道德规范。这种禁欲的道德可能成为（对，也曾经是）发挥经济积极性的障碍。共产主义宣布：雄伟的宫殿和公园不应该属于个体、个人，而应该属于全社会。如果是为了未来全体人民福祉的话，将大量的开支用在教育和科学上（甚至在半饥饿的人当中）是公平的。共产主义完成了俄罗斯改良主义的作用。

自由主义宣传的基本方法（在这方面用不着说服当代俄罗斯人）是将"普通人"与政权、国家相对立："他们"——官员、杜马代表，"我们"——所有剩下的公民、社会。好像社会就是对抗国家的一个整体，国家不是社会的代表，也不是在与反政府力量和团体关系中社会利益表达者。共产主义者在他们与自由主义意识形态的斗争中证明，"我们"——是包括国家（应该是社会利益的代表者和维护者）在内的全社会，而"他们"是寡头、买办、资本主义者。这些人企图领导社会、贪污受贿以及使国家臣服于自己。

在 20 世纪，人类在经济社会制度领域解决的主要问题是探索适合每个国家的社会主义与资本主义制度成分的优化组合。

非西方国家的大多数成功发展模式是俄罗斯新经济政策模式的方案：依靠国有成分的强大国家，确定经济和社会发展及其他经济（市场和私有成分的）运行环境的目标。苏联的新经济政策创造了20世纪经济奇迹的第一个先例。在最近几十年里，亚洲国家展现了令人印象最为深刻的成就。

对苏联实施的俄罗斯共产主义和社会主义进行批评的一个主要方向在于探索其与东方专政以及俄罗斯专制制度的本源联系（H. 别尔嘉耶夫，K. 维特弗戈里，И. 沙发列维奇）。他们未必能够认真辩论这种本源关系。但是，答案在于这无需争辩。在苏联时期形成的社会主义理论，是取代资本主义的新发展阶段学说。相应地，学说本身的出现被认为与马克思主义的诞生如出一辙。社会主义空想家发挥了先驱作用。与此同时，事实上在人类社会存在的所有历史中，社会主义和共产主义的趋势不仅以原始共产主义形式体现出来，后来还以古老的东方国家以及在某种程度上以很多民族国家和随后一个时期的帝国形式体现出来，还在宗教和世俗的学说中有所体现。社会主义和共产主义是人类历史发展的内在规律，这是其不可分割的、永恒的元素。应该说，社会主义的反对者提出并证明了这一点。他们还使用了一则引文，该引文称，对于当代一种爱好自由的思维而言，社会主义作为一个鲜明而具妥协性的事实，主要起源于"东方专政"。然而，对于社会主义和国家主义起源的拥护者来说，自由主义价值观不是最高且最终的价值观。正相反，这个事实证明社会主义原则的永恒价值及其在现代条件下更新和完善的巨大潜力。

当然，古老的东方国家所具有的极权主义和停滞因素，不能成为现代社会的理想。但是，除了这些消极的因素外，带有社会主义意识形态的国家体系有很多其他方面，破坏了这些方面会使人类走向灭亡或退化。

参考书目

1. Ю. М. 奥西波夫：《经济文明和科学经济学》，参见 Ю. М. 奥西波夫和 Е. С. 佐托娃娅主编《21世纪之交的经济理论》第三期，莫斯科，2000年版。

2. В. А. 梅利扬采夫：《第二个千年的东方与西方：经济、历史与现代性》，莫斯科，1996年版。

3. Т. 沙宁：《作为真实瞬间的革命。俄国1905—1907年，1917—1922年。》，莫斯科，1997年版。

4. Л. С. 瓦西里耶夫：《中国国家的产生与形成》，参见《中国：历史、文化和史料汇编》，莫斯科，1997年版。

5. 联合国开发计划署：《人类发展报告（1990—1994）》，纽约。

6. К. 马克思、Ф. 恩格斯、В. И. 列宁：《关于共产主义社会形态》第一卷，莫斯科，1987年版。

7. Н. А. 别尔嘉耶夫：《不平等的哲学》，巴黎，1970年版。

8. А. 汤因比：《历史研究》，莫斯科，1991年版。

9. 《列宁文集》第四版。

10. В. 罗斯托乌：《经济增长的阶段》，纽约，1961年版。

11. Н. А. 别尔嘉耶夫：《俄罗斯共产主义的起源和涵义》，莫斯科，1990年版。

12. И. Р. 沙发列维奇：《社会主义作为世界历史的现象》，载《俄罗斯有没有未来？》，莫斯科，1991年版。

社会主义在俄罗斯的困境：
欧亚版本和市场版本

М. И. 沃耶伊科夫

今天，世界社会科学有两大类社会发展观点：自由主义观点和社会主义观点。也有很多过渡的和中间的社会理论，但是最终，在连续发展或者是展开任何一个中间理论的情况下，比方说，在"纯剩余"中只有以上列举的两种观点。这些观点都有大量的学术著作及或多或少的实践经验。

还有一种被称为社会发展的民族主义观点。这种观点在某种程度上是以对文明的态度为基础的。的确，为独立而斗争且发展民族自觉意识的国家，经常使用民族主义观点。然而，随着这个国家的独立和该观点的成型，它要么退化到经常导致法西斯主义和种族特权理论的民族主义，要么再次被上述列举的两种观点中的一种取代，这两种观点都是解决国家发展的社会问题的。要知道，文明观点把问题的解决转向地理或心理层面，这不能解释很多社会（阶级）问题是如何产生，也不能解决这些问题。这些问题归根到底决定着社会的发展。

因此，只留下两种社会发展观点：自由主义观点和社会主义观点。在这种情况下，我们不研究自由主义观点，因为这种观点已在19世纪进入鼎盛期，而且直到今天还有很多详细阐述其不足的学术著作。主要的是，今天这种观点描述了"历史的终结"，这经不起任何一种学术批评。如果谁的思维过程停下来了，这并不意味着历史的进程停下来了。

历史发展的社会主义观点引起大家特别的兴趣，因为只有这种观点是最现代的社会理论，并且围绕该观点正进行着尖锐而有趣的学术讨论。众所周知，该观点在20世纪初分成两种观点：社会民主主义观点，主张社会发展渐进走向或进化到社会主义；革命社会主义观点，主张彻底建立新社会。这种划分构成了俄罗斯社会主义的两难困境。

俄罗斯1991年事件，俄罗斯新政权放弃了社会主义（共产主义）和正统的马克思主义，由此产生了很多问题。1991年，俄罗斯的社会主义是否真的垮台了？1991年发生了什么情况？1991年之后俄罗斯发生了什么？是

第一章

社会主义：理论与实践问题

否回到了资本主义？俄罗斯1917—1991年都发生了什么？什么导致了90年代初的危机？为什么"社会主义的垮台"发生在1991年，而不是1937年或1953年？俄罗斯是否有自己的发展道路，或者它是否应该模仿发达国家的经济和文化发展模式，包括欧洲国家？问题很多，而且是接连不断的问题。实际上，在当代俄罗斯的社会学中几乎没有针对上述问题的详细和全面的答案。

我们社会知识的贫乏产生了相当普遍的立场：试图抹煞所有这些问题。作者们认定，"资本主义"和"社会主义"这些词语已经过时了，应当超越这个二分法，而去寻找更为现代的术语。当然，这一立场是可以存在的，但从本质上说，它意味着放弃现有理论而转向实用主义立场或者建立一种全新的理论。然而，该立场的作者们到目前为止没有提出任何一种新理论，而是干脆拒绝对这些问题进行理论研究，或者是使用"资本主义"和"社会主义"的旧范畴。

我们不得不关注至少两种情况。一是上述两个范畴在学术著作中有详细的描述，已进入社会科学领域，并进行了旷日持久而内容丰富的学术讨论。使用上述范畴能够立刻让人明白问题的涵义是什么。引用新概念（例如，"混合社会"、"开放社会"、"社会市场经济"等等）没有那种宏篇巨著为依据，自然需要很多解释和预先声明，使最终摆脱"资本主义"和"社会主义"的概念。然而，这不排除出现新概念范畴体系的可能性，这种新概念范畴体系将旧的、熟悉的概念纳入其中。但是，这一范畴体系目前还没有。二是世界各国成百上千万人使用的正是这些概念。欧洲最有声望的一些政党（其中大部分都执掌政权），都将社会主义作为自己的政治目标。

此外，超越"资本主义—社会主义"二分法的范畴，在政治上会使社会科学变得没有意义，也就是说，这种超越将渐渐消灭社会科学。我们可用下列推论解释这一重要内容。"资本主义"和"社会主义"的概念本身就具有众所周知的政治涵义，理论上可以简单归结为社会主义是比资本主义更加公平、人道和民主的社会。占压倒性多数的劳动大众的政治利益正是与社会主义社会相联系。在现代社会中，群众性的、积极的政治运动都指向社会主义及其最为重要元素的方向。例如，今天已经听不到某种以自由贸易为目标的群众性运动了，而这种运动是早期资本主义的特征。相反，例如生态、消除贫困、失业、保持现有福利水平等运动，云集了成百上千万支持者。当数百万计的公民赞成保护自然时，这种斗争就具有政治含义。任何国家的执政当局都不得不重视本国民众的政治利益。

因此，公民组织成阶级、集团、阶层、政党、运动，在社会发展中把自己的利益表达成政治利益。这意味着，公民的政治（广义上的范畴，即像经济、科技、道德等等）利益构成了社会发展的动力。可见，在研究社会时，社会科学应该首先研究这些政治利益，并利用表现其组成部分的相关范畴。看待社会就像看待蚂蚁堆一样，不需要诸如"资本主义"或者"社会主义"的社会范畴，就是说要把社会学变成机械学或生态学，从这个角度来研究这个社会。社会科学应该运用社会范畴。

还有一个重要的问题要说明。往往补充解释会使围绕社会主义问题的讨论面临一种情况：人们往往把不同的内容放入"社会主义"概念中。例如，И. 沙发列维奇将社会主义理解为"废除私有制，消灭宗教，破坏家庭"。上个世纪末，这种理解曾在小市民阶层中大为推广。今天，对社会主义有更为成熟且复杂的解释。这种解释离当代人更近，更容易被理解。例如，在我们看来，А. 布兹加林把社会主义成功地描述成一种过程：1）消除商品关系；2）"形式上"解放劳动；3）消灭阶级对抗；4）形成国际一体化的新模式。可以强调一下，社会主义是比之前社会发展的各个历史阶段更为复杂、更为多角度的现象。由于历史发展变得复杂，其外在形式自然也变得复杂。自然地，在相应范畴的学术探索过程中会出现更加多种多样的概念。

今天，若做一下概括，对我国经济社会发展可归纳出四种观点：自由主义、保守共产主义、欧亚主义和市场社会主义等观点。让我们看看，哪种方案更为实际。

自由主义观点不会引起学术兴趣，就其本质而言，会遭到今天国家经济实践和大多数居民的拒绝。

保守共产主义观点也不现实。这种观点在极端条件下对于动员社会潜在力量有益。但是，目前有理由认为，俄罗斯还没有处于这种状况。况且从长远看，落实这一观点会给这个模式带来本质上的缺陷，归根结底会导致1991年情况的再现。

能认真进行学术探讨的只剩下两种观点：欧亚社会主义观点和市场社会主义观点。

由此，让我们关注一个问题：也学应该运用"俄罗斯社会主义"或民族布尔什维克主义的理论？或者再委婉点儿，欧亚社会主义观点？尤其是，这种观点作为"文明论方法"，在很多善于思考且有前途的社会主义者们中间备受推崇。特别是，俄罗斯很可能正是在很多方面依赖这个方法才成为20世纪世界第二超级大国。然而，一系列情况阻碍着我们对这个问题作出

第一章

社会主义：理论与实践问题

肯定回答。

首先，"俄罗斯社会主义"理论——这是理论，而不是实践。在现实生活中，解决问题时没有根据这个理论。除此之外，无论斯大林，还是赫鲁晓夫等，都没有公开宣布这一理论，他们真诚地信仰马克思列宁主义，并且把这一理论按照自己需要的方式进行塑造。今天，可以在他们的意识形态实践中看到某些被称为"俄罗斯社会主义"的体系。还有一个重要方面：这一理论远不能总是反映现实。这一理论常常把俄罗斯的社会主义实践遮蔽起来，因为这种实践更接近于表面上具有平等特征的封建官僚主义体系。

苏联社会尽管具有很多优势并且取得很多成就，但它总体上仍不符合社会主义理想。而根据经济和生活指标，甚至还没有达到欧洲资本主义国家的水平。在"俄罗斯社会主义"制度下，劳动生产率比西方发达国家还要低。

1991年，"俄罗斯社会主义"体系出现了崩溃，这是不争的事实。我认为，这一体系的崩溃不是因为苏联准确地实施了马克思主义所设定的模式，而是正相反，苏联更加远离了这一模式。在这场马克思主义与现实社会主义的竞赛中，胜者当然是前者。第二种模式不复存在。

马克思主义是解释社会发展规律的学术理论。如果将其抛开，历史发展将用什么来解释？用什么理论来解释？一些人提出用文明理论替代马克思主义发展阶段理论。换句话说，他们认为，每个国家都拥有不同于其他国家发展模式的特殊文明。例如，Γ. 久加诺夫认为："从经济观点来看，俄罗斯是一个自主经济体，根据自身活动法则，它完全不同于西方的'自由市场'模式。俄罗斯作为独特的体系，有特殊的发展规律"。强调一下，这里指的不是简单的特点（自然和明了的特点），而是"原则性"区别，"特殊的发展规律"。可见，价值规律、供求规律、货币流通规律和其他客观经济规律都没有发挥作用，或者没有像西方那样发挥作用。根据这一逻辑可以得出，每一个国家都可以探索自身历史发展的规律，探索自己的发展阶段。况且，近期的规律已经不是历史发展的特点，而是社会结构的特征。

然而，在此种情况下，我们正在逐渐丧失学术方法，社会科学作为一种科学正在日渐消亡。众所周知，科学对所有国家而言都是统一的。比方说，印度的物理学和英国的物理学是一样的。一门物理学在任何国家都得到平等运用。社会科学也一样。经济法则（价值规律、供求规律、货币流通规律等等）在所有国家都平等地发挥作用。历史发展的规律也一样。例如，很难列举出这样一种情况：一部分国家的历史发展从奴隶制过渡到封建制，而另一部分国家则从封建制过渡到奴隶制。这是胡说八道。在保留所有国家特点的情况下，民主制度彼此相像，专制国家也彼此相似。

因为当代一些理论家经常运用文明论的方法，而这样或那样国家的历史特点造就了其存在的基本原则，所以说该方法从本质上否定了统一的学术方法。社会科学只对本国有益，实际上，它在逐渐消灭科学。科学的地位已逐渐被宫廷思想家或领袖本人的宣言所取代。但是，在这种情况下再去理解什么已经不可能了。剩下的只是相信首长并且成为守纪律的公民。

请注意，爱好把每一个国家历史发展的民族特点造就成无论何时何地都具有独特"历史法律"的独一无二的"文明"的做法，在以政治经济学早期历史流派为代表的学术论著中已有所阐述。这一流派的代表认为，每一个国家都按照自己独特的发展道路发展，政治经济学因此也成为具有国家属性的科学。例如，该流派的俄罗斯学者 Н. Я. 达尼列夫斯基在1871年写道："科学应该是有国家特色的……最具有国家属性的（最低限度，应该是对于自身成功发展的）是社会科学，因为该科学的客体就是国家。"有趣的是，Н. 别尔嘉耶夫在本世纪初评价这位现在突然在某些圈子很受欢迎的学者时就已把他当作斯拉夫派的追随者，称他的理论研究就是伪科学。因此，根据这一逻辑，今天可以期待出现特殊的乌克兰、摩尔多瓦、车臣哲学或政治经济学了。

如果遵循严格的学术或马克思主义观点，在这种情况下，应该承认分阶段的（结构的）方法：俄罗斯进行无产阶级夺取政权的革命，导致在俄罗斯出现开始建设社会主义的可能性。但只是开始。如果认为，俄罗斯已经建成了社会主义（甚至是"变形的"），那么必然需要重新审视马克思主义关于生产关系是否与生产力相适应以及是否从发展阶段方法转向文明论方法等状况。换句话说，在这种情况下，应该认为，俄罗斯就是这样一个国家、一个社会，在这里，俄罗斯民族和历史特点可以偏离马克思主义刻板公式或任何其他学术理论，可以更为自由地建立这样或那样的社会制度。归根结底，不得不同意这个国家的领袖所选择的其社会制度的定义。这种例子在现代世界中，很遗憾，有很多。而恰好这些国家的社会科学发达程度较低或者本质上被阻滞。

除此之外，实际运用这一理论原理（俄罗斯就是由其自身所处的地理位置决定走向社会主义的）会导致民族国家利益占优势，并且把国家所有居民看成是统一国家的构成体。这种观点消除或者压制了阶层的社会问题，这一问题在社会主义定义中是主要的而且起决定性作用的。不可能实现民族社会主义。这是胡说八道。在正常情况下（战争年代除外），宣布实现民族团结会自愿不自愿地掩盖社会矛盾，给社会富有阶层继续剥削劳动大众

第一章

社会主义：理论与实践问题

的机会。要知道，在内战期间（1918—1920年），白军就打出了全俄罗斯人民"兄弟团结"的口号。比如，П. 弗兰克尔在一条命令中（1920年8月1日）写道："忠于祖国的儿女们已准备从红色桎梏下解放俄罗斯人民，并建立自己的幸福。将在全俄罗斯人民会议中相聚的既有哥萨克人，又有山里人，既有城里人，又有农民。俄罗斯人民会用自己的话讲述新俄罗斯是什么样"。然而，俄罗斯人民在1917年已经说出了自己的话。这句话就是"社会主义"，旧社会的特权阶层自然不会同意建立这样一种体系。

与此同时，在整个苏联时期，当权者都没能将国家从资产阶级包括市场关系中解放出来。因此，今天出现了市场和社会主义兼而有之的问题。这个问题首先是理论层面的问题。

在市场社会主义中，市场总是被作为现代社会的必然特征。众所周知，市场不仅存在于资本主义私有制中，而且存在于其他形式（如集体劳动所有制和个体所有制）中。主要的是，在现代社会中，在物质生产发展的现代条件下，不可能从商品生产和市场关系中解脱出来。

然而，很多人提出许多反对市场社会主义的意见。格拉斯哥大学教授X. 吉克京写道："对于马克思主义者而言，社会主义主张消除贩卖劳动力，因此，劳动者对经济和企业的监督意味着，市场已经不能监督劳动，不可能出现资本市场了。价值和货币停止存在。简单说，市场社会主义对马克思主义者来说完全是毫无意义的东西"。Ф. 科洛茨沃格教授同意他的观点，即"市场社会主义"概念毫无意义，简直是一块被烘烤的冰。

如果进行抽象讨论或者从长远看，X. 吉克京的观点当然是正确的。但是，今天俄罗斯该怎么办——诚实的人们会问。要知道，今天俄罗斯还没有这样的生产力，在它的作用下，市场能够自我消灭。用人为途径进行反市场吗？但是这样会导致出现类似斯大林时期的情况。剩下的只有两种方案：或者同俄罗斯资本主义妥协，等待战胜市场的经济基础成熟，或者促进今天的市场社会主义发展。这实际上意味着国家对市场的积极调控、保障实施一系列社会纲领帮助青年人、老年人和残疾人。在市场的监督下，凸显现代社会医疗、教育、文化、科技、环保等等重要的领域。自然，在这种情况下，经济发展的效率会有所降低。但是，今天对于人类来说主要的是，全社会和每个人的和谐而顺利的发展，而不是一小部分人无休止地追求利润的增长。如果从俄罗斯社会主义运动中取消"市场社会主义"的口号，那么大家就理解不了，应该为什么而奋斗。市场不是什么理想，但是，受国民经济计划和大多数居民社会保障需求的制约，市场是损害最小的。

市场社会主义问题整体上遇到了计划和市场相结合的难题。计划和市场结合的问题在60年代经常被讨论，但是由于种种原因，当时没能解决这个难题。今天，这种可能性出现了，只是远超过学者和专家善良的意志之外。

我们认为，计划和市场非但完全不矛盾，而且还相互补充。它们有不同的作用范围。市场成分基本上服务于小生产和批量生产，国家成分（最好称为联合成分，因为这里不仅有国家企业，还有大的股份制企业、集体企业、租赁和合作社企业）服务于大中型生产，特别是个体化生产。况且，市场成分也以一定的方式作出规划，社会主义成分也按照商业原则运作。

还有一个反对市场社会主义的论据，即市场社会主义"不能存在，因为它包含了通过保障最低工资和参加保险防止大规模失业等限制方式，阻碍市场的促进作用"。这很正确。市场社会主义应该规定给予每一个有劳动能力的人强有力的社会保障。毕竟这是社会主义啊。从赤裸裸的经济效益角度看，市场社会主义应该让位于自由市场经济。但是今天，世界范围内几乎没有纯粹用市场观点对待社会现象的国家。比如说退休。从纯粹的市场效益观点看，退休是无用且无效益的支出。但是，社会法则迫使哪怕是最大的资产阶级政府也要发展退休保障。而这就是社会主义化的明显成分。因此，市场社会主义的经济效益比纯市场经济效益低，这并没有什么可怕的。毕竟，人们要活得更好些。市场社会主义因为是社会主义，所以市场效益原则并不占主导地位。

与此同时，还有第二条讨论市场社会主义可能性和必然性的线索。不要认为社会只有通过限制市场作用和物质生产领域才能获得发展。就是在这个领域也可以进行偏离严格市场关系的原则性改变。这里指的是通常所称的参与管理、发展合作制以及与股份经济有关的所有事物。股份经济的实质在于，在按市场原则运作的旧经济成分中，就业者渐渐开始积极且实质性地参与重新分配产品、参与管理。

这一成分渐渐朝社会主义化的方向"褪色"。这里可以指出一个争议：很多人认为，可以把发展自我管理的企业作为社会主义的绿洲。当然，可以并且需要发展自我管理的原则，但是这里产生两个疑问：一是甚至有了很多自我管理的企业也不会变成社会主义社会，因为市场只有依靠这种方式才不会萎缩或弱化；二是不能把事情想象成只有经过绿洲的发展，社会主义才会来临。以各种形式表现出来的自我管理原则可以而且应该在所有生产形式中获得发展。这就是参与管理、生产队组织、租赁关系等等。主要的是，所有就业者在这里都以股份形式参与到生产过程并且渐渐成为了

"联合生产"。

因此，根据两条线索看，市场社会主义正在到来，即无市场成分的粗放式发展和劳动者以股份形式参与市场成分的集约化发展。

参考书目

1. И. Р. 沙法列维奇：《障碍下的出路》，莫斯科，1991年版。
2. А. В. 布兹加林：《共产主义的未来》，莫斯科，1996年版。
3. Г. А. 久加诺夫：《俄罗斯—我的故乡。国家爱国主义意识形态》，莫斯科，1996年版。
4. Н. Я. 达尼列夫斯基：《俄罗斯与欧洲》，莫斯科，1991年版。
5. Н. 别尔嘉耶夫：《阿列克谢·斯捷潘诺维奇·霍米亚科夫》，编入《全集》第五卷，莫斯科，1997年版。
6. Н. 罗斯：《弗兰克尔在克里米亚》，法兰克福，1982年版。
7. 《替代选择》，1997年第一期。

社会主义之谜

А·Г·杜金

对立两极暗中相吸

在政治学说史中，存在着一个非常奇怪并再次引起政治学家和意识形态研究人员惊奇的情况。这就是政治光谱的相反两极难以解释清楚地相互吸引，它们不仅十分活跃地相互表现出兴趣，而且还经常联合起来与中间力量斗争。这种情况是如此地扎眼，以至于成为日常的老生常谈，它断言，在政治上，相反的"极值将相合"。这种极值相合的论题经常被认为是明显的道理（这对不希望介入有关自己对手的逻辑细节，只限于指出其相似性并具有实用主义倾向的中间力量来说特别典型，似乎这样就可以解释某种现象）。可以认为，尼古拉·库赞斯基关于"对立面一致"（coincidentia oppositorum）的论题不仅适宜于神学的边际领域，而且适宜于政治光谱。实际上，这种现象值得进行深入研究。在具体政治中，极其经常遇到的那个事实也并不意味着，它就是理所当然的事情。要知道，库赞斯基谈的是上帝中的"对立面一致"，形而上学边际点中的"对立面一致"，绝对中的"对立面一致"，自然，政治领域与绝对的东西扯不上任何关系。因此，在这种情形下，我们不是与某种老生常谈的东西打交道，而是与某种难以捉摸的、怪异而且令人不安的现象打交道；与某种最需要进行最认真研究的现象打交道。

因为这个题目极其宽泛，我们在这里将只研究政治上的"对立面一致"这一点。最使我们感兴趣的是那种与各种不同而且有时还相互排斥的意识形态趋势相关的社会主义学说的模棱两可观点：一方面是极其保守的、传统派的、"反动的"、职位等级制度的、权威主义的、富有乡土气息的和唯神论的；另一方面，极其现代主义的、进步主义的和财产平均主义的、技术治国论的和唯物主义的。或许，社会主义正是这样一种意识形态，它包含着彼此最为遥远而且彼此最为对立的趋势。

在最初的社会主义者中，有启蒙时期的继承者——机械论者和无神论者（路易·伯朗、蒲鲁东、马克思等）——充满激情的神秘主义者（康波内拉、莫尔、皮耶尔·列鲁、路易·康斯坦［后来成为了埃利法斯·列维］、法布尔多利维、桑特·伊维德·阿里维德尔等）；关心社会结构合理化的实用主义者（圣西门、傅立叶等）和高雅的唯美主义者（维廉·布莱克和阿斯卡尔·维尔德等）。索列尔后来成了列宁和墨索里尼的导师。拉萨尔与俾斯麦走到了一起。极右翼的、传统派的和古风派的与极左的、"进步的"和超现代的结合在一起。

我们在其他意识形态光谱中相当清晰地观察到的政治逻辑是，右翼的就是右翼的，左翼的就是左翼的，左右互不掺合，它们按照相当明确的标度清楚地划分自己的色彩和选项，为什么在社会主义意识形态中对这一政治逻辑如此蔑视，其原因何在？

解读第三条道路

在我们看来，对这个悖论可以做出解释并最吸引人的一个假设是，原则性地并模式化把所有意识形态光谱划分为不是左右两个阵营，而是三个，并且这三个阵营相互非常独立。引入第三条道路构想作为独立的意识形态观点，在相当程度上使得对社会政治结构的惯常看法复杂化了。我们下面对此作出解释。

左派和右派的双分法是假定存在着一个中间，其中各派政治力量通过放弃自己最初明确划分的一些人是右翼而另一些是左翼的最激进立场而达成妥协。在这个政治对分法中，这不是某个第三方，不是独立的，只是把右翼和左翼最萎靡和微弱的方面相互累加而已。换句话说，在这种模式中，中间没有任何独立的意识形态基础，完全取决于右翼和左翼立场的质量。右翼向右和左翼向左的任何运动都会自动地引起中间立场的改变。

政治学由于考虑到不是两个、而是三个政治立场而急剧地改变着这种图景。第三种立场，或者说第三条道路就是这样的意识形态因素，它在各个方面是与中间的立场截然相反。如果中间总是妥协的产物，那么，第三条道路就赞成无限的非妥协（无论是左还是右）。如果中间敌视一翼的极端性（极端主义），那么，第三条道路则相反，欢迎所有的极端性，而不管它们的政治取向。如果中间派在原则上取决于左翼和右翼，那么，第三条道路原则上是独立自主的。如果中间派作为中介并延缓边际立场，那么，第三条道路将会使其尖锐和激进起来。如果中间派为了生存而必须要有政治标尺的两个方面，而且它非常希望保留这个二元主义，那么，第三条道路则相反，竭力摆脱二元主义的框架，克服双重性，实现日常政治体系的综合和"跨中间化"。第三条道路——它是反中间的，但是同时它也可能被视为激进的中间。

这种相互关系的模式应该是《启示录》中耶稣基督对老底嘉教会的使者所讲的话："我知道你的行为，你不冷也不热；我巴不得你或冷或热。你既如温水，也不冷也不热，所以我必从我口中把你吐出去。"政治中间派既不冷漠也不热情。第三条道路不是站在"热"的一边或"冷"的一边。它站在"热"和"冷"的一边反对"温"的一边。

第三条道路的构想起初是一群星光耀眼的"保守革命者"或"30个新派人物"（奥斯瓦尔德·斯宾格勒、恩斯特和弗里德里希·容克、马丁·海德格尔、弗里德里希·里舍尔、阿尔图尔·缪勒·王德·布鲁克、西里维奥·格泽里、恩斯特·尼基斯、亨利·德·曼、威尔涅尔·佐穆巴尔特、恩斯特·冯·扎拉蒙、罗伯尔·布拉吉亚科、霍拉·舒尔岑—波依森、阿尔诺尔德·布连涅尔、德里耶·良罗舍尔）创立的。今天有许多著作都在研究这个趋势，其中包括以色列的历史学家和政治学家泽耶夫·斯特尔涅尔，他对此进行了详尽的研究，其书名就很有特色，叫《非左非右》（《Ni droite，ni gauche》Paris，1985年）。这个流派的各种活动家在传统的政治学家中时而被视为非典型的右翼，时而是非典型的左翼，时而是"革命家"，时而是"保守分子"。实际上，他们本人把自己的政治和世界观体现为某种统一且不可分割的独立的意识形态纲领。俄罗斯的民粹党人、社会革命党人以及后来的欧亚派和民族布尔什维克党人（路标转换派）都可以归入这个类别。

研究这个政治流派并不是仅仅要对其进行相应的历史分析。接受这种立场就可以改变我们通常分析的方法论，促使我们重新审视所有政治学实践的准则。实际上，传统政治学的出发点是推定，在符合反中心的点上的政治学的边际被扩大了，臭名昭著的"对立面接近"只是混乱地交换边缘化的成份（见图1）。

但是，在考虑第三种立场的政治本体论的政治模式中，图景发生实质性的改变，在脱节的地方将出现某种现实的和自足的世界观立场，它能够不仅仅成为反对派的极端（总是难以达到），而且能够成为过渡性的并或多或少完整的政治学说，此外还能够在一定情形下推转常规中间派的圈子，并占据其位置（见图2）。

第一章

社会主义：理论与实践问题

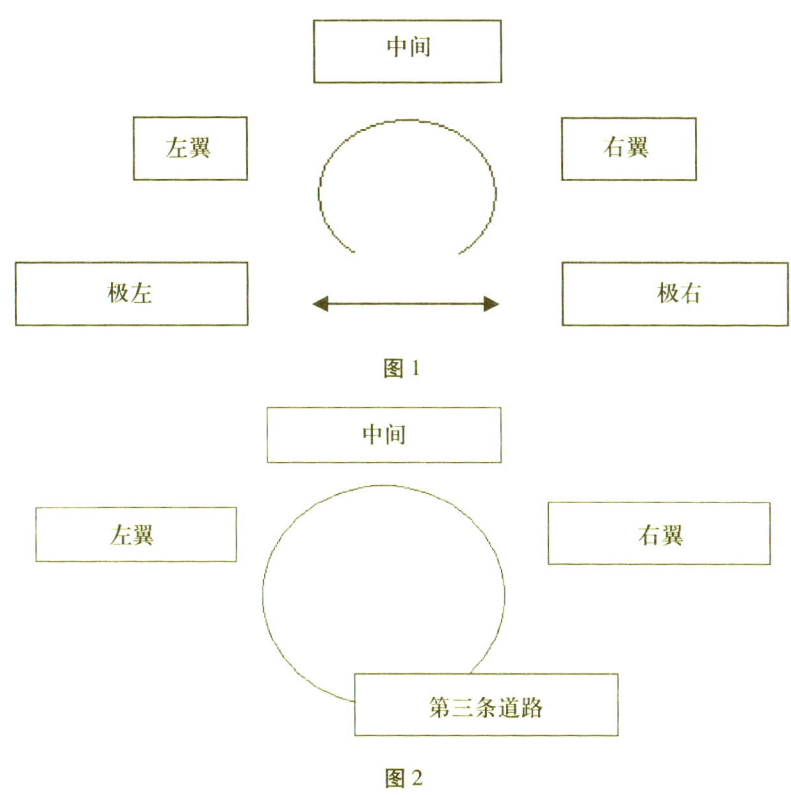

图 1

图 2

"社会主义"概念的初始语义学

通常把首批社会主义者归类为"左派"，但是应该追根溯源并记住，这个术语起初是用来标示某种更加模糊不定的现象。弗里吉奥弗·卡普拉在其《变革时期》著作中提到，起初人们不是把某种具体的经济纲领用"社会主义"这个术语来称呼，而多半是指有别于诸如"经济主义"的广泛的观念，经济主义是资产阶级社会力图把主要价值学说归结到建立在英国古典政治经济学公理基础上的合理的经济结构。换句话说，"社会主义"最初的产生就意味着是有条件的和范畴非常广泛的观念，而这些观念是出于对可以被称为资产阶级的中间立场的仇视而概括出来的。当然，社会主义思想一般都伴随着进步主义和现代主义，对资产阶级制度的批评也波及到了在资产阶级社会中惯性保留并能够适应的其他制度。但是，如果我们专注并不偏不倚地看待19世纪初被人们称为"社会主义"的光谱，我们就会惊讶地发现，这个流派的许多政治家曾是神秘主义者（埃里法斯·列维、奥

· 43 ·

古斯特·布朗基），十分有信仰的人（圣西门），忠实于道德和乡土价值的人（让·卢梭、让·蒲鲁东），具有强烈民族感情的人（雅各宾派、米·巴枯宁、俄罗斯的民意党人、让·索列尔）。换句话说，反经济主义和反资产阶级的情感把各式各样的人们联合在一种共同的起点下，他们的意识形态在相当大程度上是自发的，并且是某种遥远的原则的近似表达，在那里，改变现状的愿望与所提供的广泛选择方案结合起来，而这些选择在相当大程度上是很古老的。

阿尔图尔·缪勒·王德布鲁克指出，"有多少个民族，就有多少种社会主义"。从这个判断出发，可以说，社会主义的具体支脉体现出特别的民族精神。同时，这种民族精神与反资产阶级的感情结合，与对个人主义、机械主义、精于计算和靠经营发财致富逻辑的厌恶结合起来。当然，马克思在相当大程度上促进了社会主义（和共产主义）彻底与完整的左派学说等同起来，他明显地力图把广泛的直觉变成一个系统，变成正统和教条。（所以，蒲鲁东就被迫使用"第三条道路"的术语来描述更广泛、不系统和不正统的社会主义；蒲鲁东准确的话语是这样："人类应该找到第三条道路，它既同私人所有的资本主义保持等距离，同时与共产主义的社会主义保持同样距离"，这指的是马克思主义。）

这样，在马克思之前的社会主义思想中，在人们所能最广泛了解到的社会主义中，明显地发现具有"右的"、"古代"的成份，就此可以作出推测，社会主义和第三条道路之间是有某种形式的联系的。

斐迪南·滕尼斯和社会主义神话的结构

为了更好地理解社会主义作为第三条道路立场的实质，我们求助于这样一种历史模式，该模式以这样或者那样的形式预先定义社会主义对待社会、政治和经济现实的逻辑。在这个问题中，我们转向斐迪南·滕尼斯的观点，他的思想为德国社会学的所有学派奠定了基础。

滕尼斯理论的整体特征是这样的。所有完整的人类集体——人民，国家，部族，民族等——可以归结为决定其质量的两个基础性范畴之一。这两个范畴是共同体（Gemeinschaft）和社会（Gesellschaft）。法语中类似的术语是 communnaute 和 societe。德语中的术语极其明确地体现了这两个概念的实质，因为从词源学上看，Gemeinschaft 来自于词根"共同的"（法语是 commun），而 Gesellschaft 一词来自于词根"关系，羁绊，桎梏"（法语类似语义学的词是 societe）。（遗憾的是，在俄语中，不存在类似的一对术语，

第一章
社会主义：理论与实践问题

为了准确地理解滕尼斯的学说，应该使用德国的语义学概念）。根据滕尼斯的理论，共同体——这是人类集体的传统类型，它建立在其所有成员之间有机的血缘关系上。共同体的原型是家庭及其成员。滕尼斯强调，在家庭怀抱中，其成员之间的联系不是严格彼此区分的不同个体之间的联系。的确，一家的男子更多地把自己的妻子、自己的孩子和自己的亲戚看作是自己本人的延续，而不是与自己不相干的个体。他们的痛苦是他个人的痛苦；他们的欢乐是他的欢乐；他们忍痛挨饿是他的忍痛挨饿；他们的健康是他的健康。这同样可以适用于家庭的其他成员。由几个人组成的家庭在同一时间是统一的有机体，它在完整的体力、心理和道德相互关系中运行。甚至在满足最起码的直觉——吃饭、性嗜好等层次上——家庭成员不能彻底彼此分开，不能对自己的亲人有所冷遇。按照家庭模式也形成了更大规模的有机的共同体——氏族，部落，村落直到整个民族。滕尼斯断言，各种共同体有统一的社会经济和道德尺度，它在成为共同体存在基础的传统中体现出来。这个传统可以有自己的教堂和神学表达，但是也可以没有这些，通过神话，通过道德和经营规则的继承性，通过典礼和仪式来代代相传。无论如何，在全民族范围内，共同体首要的特点是对个人作为集体的基础组成部分缺乏认识。相反，共同体的成员被看做其个人和不完整的反映，如同在统一的现实、共同的存在被打成许多碎片的镜子中的影像。

滕尼斯集体的第二个类型是社会。社会与共同体不同，它不是建立在有机的血缘关系和统一的原则上，而是建立在集体合同之上，它人为地把原子结构般的个体联系起来，并调节他们以共同生存。社会不是由其成员统一血缘关系组成的，因为理论上它可以由任何个人集体组成，他们为了生存，被迫彼此之间建立成为社会准则基础的"联系"。社会作为集体的特殊类型建立在个体自我主义的原则之上，这种主义认为，实现人的所有需求，包括最起码的东西，是他个人的事情。毫无疑问，为了达到个人的目的，社会成员可以并应该协助，但是任何的联合注定在达到个人目的时是排他的，而且作为可能的后果，将导致大家的福利的提高（但也可能不会）。

根据滕尼斯的理论，共同体总要存在，它正是人类生存的最自然和最正常的类型。社会则是在历史发展晚期由于共同体的有机联系瓦解而产生的。人类社会的历史可以看做是从共同体到社会的经常运动。如果在古代和中世纪世界，这些趋势是循环性地表现出来的话，那么从资本主义出现起，社会对共同体的胜利变得无所置疑，共同体带着它所固有的传统准则被排挤到文明的边缘。

在滕尼斯看来，资本主义体制是原子结构集体的完全胜利，它把自己的存在建立在人为契约准则之上。

滕尼斯的术语学中所确定的社会主义是社会产生的自觉反应，它已经意识到被异化，力求回到生存的有机形式，回到共同体，回到有机联系的集体生存兄弟关系和团结。对共同体的渴求正是共同体制度的最后残余在"契约文明"面前消失时成为"自觉的"和"被意识到"的。这样一来，社会主义是一种趋势和保守的趋势，同时又是革命的趋势，因为它旨在将来实施过去的理想。在社会主义社会中，辩证的因素被突出出来，因为在资本主义社会摧毁共同体之后回归共同体，与其说应该是另一个完全不同的进程，不如说是共同体按照惯性的一种存在。所以，社会主义目的论的取向以后不单是以共同体为前提，而且不是建立在兄弟们的兄弟关系基础之上，而是以建立在"普天之下皆兄弟"基础上的绝对共同体为前提。事实上，社会主义者想回归的不是昨天，而是前天，回到黄金世纪，回到源头。这里也就时而产生出社会主义乌托邦形象的怪异性，在这个乌托邦中，不仅有机的现实的共同体关系得到歌颂，而且伊甸园式的理想和原共同体受到赞美。

实际上，各种生生不息的社会主义在逻辑上应该以共产主义、全球共同体的胜利和黄金世纪的伟大复兴为终结。用任何理论观念都不能体现出基本的社会主义神话——从马克思的经济计算到康帕内拉或傅立叶的神秘幻想，它是原则统一的，其基础是保守革命的，"第三条道路"、"英雄的"、现代的同时又是修复性的。在对共产主义社会的描述中，这些奇异的乌托邦细节，诸如共同的妻子，管理自然，没有劳动，没有所有制等，它不是别的，而是天堂的简单化和世俗化的概念；那是原始的状态，其中没有许多个体，只有唯一一个社会化主体，它处于大量本体之中。

如果现在从援引诸如社会和共同体这样的范畴转到对历史——既在那些线性地思考（基督教、犹太教）历史的传统中，也在循环地理解（印度教、佛教、伊斯兰教和多神教等）历史占主要地位的传统中的宗教理解，我们就看到历史观精准地类似。而且，渴望回到源头，渴望把祖辈们曾经失去的天堂状态找回来，但是意识已经得到更新，了解到了被驱逐的不为人知的秘密，成为各种宗教伦理、对时代问题的一切宗教态度的基础。社会主义仅仅把这个聚合体归结到社会现实的水平，在社会政治术语中提出同样的问题。富人进天堂要比骆驼穿针眼还要难，从人类学的象征范畴转到了社会阶级。在最不幸的阶级中，可以找到精神贫困的人们——被资本家压迫的工人。但是工人并不总是残酷机器的社会螺钉。他们曾经是"土地的忠诚者"，他们曾属于共同体，曾掌握传统。他们不是从动物变成了无产者，而是从尊贵的劳动者变成了无产者。就是说，他们起义反对剥削者具有深刻的修复意义。他们沦落到了社会长夜的底层，将带给世界新一天的曙光，恢复共同体、兄弟关系和正义。

革命反对演变

革命原则奠定了对历史的社会主义理解，奠定了对社会主义存在主义激情的理解，它是社会主义思想的实质性要素之一。从词源学上看，"革命"一词意味着"旋转"（意思是"车轮"，"太阳"等）或者甚至是"回归"。这个术语与旨在国有化阶段后辩证地回归到源头的社会主义神话具有直接关系。革命——它是英勇战胜本体论和社会之熵，它是起义反对无情的命运，这种命运腐蚀共同体的有机细胞，产生最终阶段为资产阶级体制的不公正社会王国。社会主义斗争的全部力量集中在革命关头，因为正是在这个事件中，英雄意志的自发性充分地发挥出来，它在这一刻彻底地把自己与社会惯性的自发性分开，证明其本性的不同，并发现自己深刻的品质——直接地对待惯性历史潮流。

革命——这是整个社会主义末世论的最高阶段，该理论最纯粹的形式不是谋求发展，不是谋求演变，不是谋求逐渐完善和"进步"，而是相反，谋求急剧地从最低级跃升到最高级（谁一无所有，谁将拥有全部），谋求英雄的夙愿，谋求超级获胜，谋求伟大的起义，反对社会历史的内在规律。我们在这里再次遇到了悖论：社会主义对历史理解的实质建立在这样的基础之上，即把它理解为衰退，不断完善和剥削资料集中化，理解为对有机的共同体联系的破坏，理解为脱离"山洞共产主义"，同时习惯把社会主义者视为"进步"的拥戴者，正是"社会进步"必然性思想成为社会主义者对革命必然性学说信仰的基础。这点需要做出解释。

如果社会主义作为学说的悖论性、它与"对立面一致"思想的深刻亲缘性促使把其归入第三条道路的意识形态或者把它等同于这个意识形态，那么，事实是，非常传统的政治学经常把社会主义归入左翼意识形态的行列，这如何解释？显然，在"社会主义"的同一个术语下掩藏着两个不同的学说体系，它们彼此的区别不在于激进的程度，而在于其实质的本体论取向。

仔细地审视现实存在的社会主义运动，我们毫不费力就可以辨别"第三条道路的社会主义"（或者就是社会主义）与"左翼社会主义"（或者是伪社会主义）之间的区别。左翼社会主义被纳入两极政治学图解中，就是说，它不对只力图影响中间派使它尽可能偏"左"的体系的合法性进行置疑。在历史哲学观念层面上，这意味着放弃作为社会主义行动顶峰的革命，意味着用演变和进步的原则取代这个革命。进步对于真正的社会主义革命者来说是飞跃，是社会历史的同一亲缘流派的创伤性脱离。社会、"旧世界"、"暴力世界"，根据真正的社会主义学说，应该不是"改良"，而是"取消"、"毁灭"、"消灭"。取代它的应该是出现"新世界"，"我们的世界"，"共同体的世界"，但是不是那个被资本主义社会摧毁的共同体，那个不完善的，不能保存自己异化和不公正腐化影响的共同体，而是新的共同体，绝对天堂般的共同体，本体论和社会之熵根本难以触及到那里的共同体。旨在实行演变的社会主义把进步不是理解为英勇的飞跃，不是理解为领导无家可归群众的革命精英们的功绩（这些群众注定要被社会精英带入极端立场，使他们理解历史决定论的戏剧性），而是把进步理解为对社会进程本身的催化，该进程会产生作为特殊集体现实的社会。这样一来，革命社会主义与演变社会主义之间的区别不仅仅在激进的程度上，而是在其本质。前者把社会历史视为实质性的退化并旨在阻止它，直接地对待它。第二种与这个历史一致并力求使它加速。

社会主义与灭亡

对社会主义世界观作为一种"社会嗜死症"（渴求死亡）存在着相当有趣的诠释。保守派和自由派对这个内容写了不少东西。在欧洲作者中，诺尔曼·科恩的著作《等待千年王国》很有意思。在俄罗斯的研究人员中，伊戈尔·沙法列维奇最使人感兴趣，他在《作为世界历史现象的社会主义》一书中概括了最严肃的反社会主义论据。原则上，社会主义的批评者们首先发现社会主义的"嗜死症"在于其"非现实性"，在于其愿望的"难以实现性"，在于许多社会主义者荒诞的愿望，这些人希望把共同体原则，包括共妻，包括缺乏一切个人的生存形式——个人住房、日常用品甚至是孩子，推行到极致。社会主义者的狂热接近于仇视自然生活规律，接近于要求这些规律服从于社会主义意志，接近于力求最终摧毁"旧世界"，直至摧毁其生态和矿物根源。社会主义作者们的确存在所有这些情况，但是我们认为，光提出这些方面还是远远不够的：它需要解释，但是，在社会主义批评者们的著作中通常都不包含这些内容。在这个虚假的或真正的"嗜死症"后面隐藏着什么呢？

社会主义对历史理解的逻辑也可以在生死范畴中体现出来。起初有生命，有天堂，有完满，有共同体作为统一机体存在的自然的、有机的形式。共同体的毁灭，有机联系的崩溃和社会的逐渐出现则是转向死亡。最后的革命意味着生命获得新生，但已不是它曾有过和结束的生命，而是站在死亡另一边的新生命，不受它的腐朽和熵影响的新生命，——超级生命，"超生物"的新生命，不只意味着活力的最大化，而且意味着它的"超验性"。新人不只是"恢复过来的老态龙钟的亚当"，而是被拯救过来的亚当，他原则上脱离了甚至连天堂都难以摆脱的致命的退化规律。古代希腊人十分清楚这些，当时他们断言，甚至不死的上帝都难以摆脱命运的最高规律。资产阶级社会的出现对社会主义者来说是有机生命的死亡。但是当资本主义灭亡来临时，那么将产生某种其他的东西——它既不像生命，也不像死亡。正是这个另外的事物，其他存在，世界末日，永恒的幻想世界被社会主义批评者们视为"嗜死症"的特征，这些批评者们的视野或者只限于怀念古老的和一去不返的史前社会的固有生活，怀念"洞穴共产主义"，或者完全病态地把资产阶级的"温暖"（既不热也不冷）理解为"正常的生活"。

关于社会主义在新历史阶段再确认过程的语义学（哲学观点）①

我们目前的任务是重新定义社会主义。历史已经做出了修正。

在不久前曾有过康庄大道的社会主义（马克思主义），一种正统思想，偏正统思想（被作为资产阶级偏向来揭露）和类似于欧洲社会民主和凯恩斯这种体系的国家资本主义的伪社会主义。

今天，整个图景都发生了变化。曾经是最有说服力的正统理论，并由苏联社会主义实践证明了的东西已经坍塌。因此，该术语的语义学被根本改变。理论上，马克思类型的正统社会主义不是唯一可行的，它过去曾以苏联的历史胜利作为支撑。这个支撑不单是有害的因素，而且是经验论的证据。这个经验在社会主义的哲学图景、定义和标准解释等方面发挥了最为重要的作用。

今天，我们面临的历史问题是"重新定义"社会主义。这个"重新定义"不可能是某个思想家或学派的一次性行动。这应该是具有历史意义的思想过程——它是人类相应的历史反思的共同方向之一。我们今天生活的

---

① 再确定意味着重新确定的过程还没有结束（编者注）。

世界，作为其架构的实质面之一，正发生"社会主义"的大规模危机，它的失利，它的退却。如果没有发生丧失社会主义这个悲剧，世界会是另一个样子。因此，反思社会主义的实质，我们要反思我们时代的实质（A propo：我把关于社会主义问题的这个会议视为这个过程的一个组成部分）。

今天，我们应该用另外的眼光看这个图景。我们有苏联社会主义，大规模的意识形态和历史怪象，但是却缺乏最重要的论据——其必然的、无可替代的现实。它是历史事实，是先例，引申至未来它就是"可能性"，但已经不是现实。今天，这个现象属于另外一种模式，该模式在极大程度上依靠自身的非存在，并且决定了20世纪和21世纪的区别。苏联社会主义的地位、职能和语义学在今天已经不明显了，只有对于自由主义正统思想来说它们才是明显的，这种自由主义正统思想只不过是延长了其"冷战"时期的宣传烙印——例如弗·福山的《历史的终结》。这是今天的"不为人知晓"——不是完全不知道其规模，而是半知半解——我们粗略地知道它，却不能完全知道或不正确地诠释它。

第二个现象，也可以把它看作是社会主义——这是非苏联的和非正统的社会主义模式。这是亨利·德·芒的"布朗主义"，民族社会主义，社会民族主义，无政府主义，新左派思想，弗洛伊德马克思主义，索列尔，工团主义。这些流派曾被视为不成功的，没有说服力的，站不住脚的和无法实现的。与已经实现的和站得住脚的比较，那里的历史经验已经在理论上证明了其前提。今天，当没有证明事实时，应该从新的方面来看待区分偏离正统的社会主义与正统社会主义之间的那个缝隙。这个缝隙令人感兴趣——其基础经常是批评正统社会主义和预言其注定要遭到历史失败。今天我们可以来检验这些预言，来证明它们。从一定意义上来看，偏离的社会主义与正统社会主义是等同的——至少它们概念性论战的理论空间被急剧地改变了。

社会主义的第三个概念可以指出的是，它不是自由资本主义，即大部分偏左、脱离了极右派的中间经济金融思想。这包括对计划、调控主义和在更加全球化条件下运用宏观经济因素的所有涵义。在这种情况下，社会主义概念实质上被拓宽了，并且变得模糊不清了：这里包含了用任何手段控制金融危机的思想——民族的、宗教的、意识形态的、阶级的和地缘政治的，也包括学说上的——不是在事实上的，而是在法律上的。在最新自由资本主义选择形式化的地方，在今天一般称为涡沦资本主义（来自Э·路德瓦克同名著作的术语）的地方，可以带着很大的限定去谈社会主义。因为今天苏联的现实已经声名狼藉，这样的定义有可能被更广泛的接受。所

第一章

社会主义：理论与实践问题

有比古典自由主义更左的东西从民主主义到生态主义、托洛茨基主义和宗教整合主义——都受到了社会主义的影响。

如果追根溯源，我们就会看到，在19世纪，曾经把所有不受经济主义、经济重商主义影响和建立在纯粹个人基础上的态度之外的一切称为社会主义。我们忘记了这个初始的思想，它远远地退居于一大堆集成概念的方法论和考据之后。但是这个思想是极其重要的：可以把社会模式称为社会主义，某个与线性逻辑和古典政治经济学不同的社会理想在其中起了轴心作用。

社会主义起初意味着集体的努力、方案，具有社会理想。它与个人主义、赖瑟—费里主义、经济自发主义——缺乏理想相对立。

今天，可以勾勒出"社会主义"的范围——它至少在重新定义过程的初期应该是极其广泛——涵盖了所有这三个现代概念和一个历史概念。

这样一来，关于社会主义的这次会议我们能够谈些什么呢？

我们想弄清楚，以"历史的终结"、金融文明、新非本体论经济中以及在逻辑上达到极致的自由主义正统思想的全面化和全球化所体现的历史过程，两者择一的可能性究竟如何？

这个理论上的选择性能够根据以下原因大致地称为社会主义：

——历史上左翼运动和政党（其中包括最大的左翼架构——苏联）对抗自由主义的事实；

——社会体制和经济的社会概念与个人概念的理论对立；

——精神追求经济上和社会上实现超脱个人的理想；

今天难以说，

——是否可以从这个极其模糊和朦胧的概念中结晶出对新社会主义合乎逻辑的概念，正统思想的下一个阶段是怎样的？

——是否会要求大体上形式化的正统思想或者是自由主义后现代反对派同样也是后现代主义的，即混合主义的？

——社会主义这个术语本身还会不会流行？

——苏联模式是否会在新重奏曲中被边缘化或占据重要位置？

——这个理论的排他性选择命运将如何发展？

这是些我们应该给自己和其他人一再提出的问题。今天对许多人来说已很明显：仓促和全面地否定社会主义及其各种表现——极右分子的立场——是错误的。从直觉上可以理解，站在这个立场，我们将摈弃自己历史的有机部分，摈弃自己的民族道路，换之以我们将得到"新世界秩序"和"蒙德主义化"的令人怀疑的补偿。但是，惯性地抓住我们曾遇到的社会主义，也是难以令人满意的，实际上也是难以实施的，精神上也是不负责任的，尽管在伦理上是十分明白的。

马上就可以得出结论：我们对"社会主义"术语的语义学负载量理解得越深，未来成果将越来越丰富。我们既不应该在某些方面——从社会主义最激进的形式（马克思主义、列宁主义、托洛茨基主义、无政府主义、弗洛伊德马克思主义、波尔布特主义、主体思想）到相反的远离阶级正统思想的（不收利息银行的以色列构想、民族布尔什维克、生态主义、新宗教流派、布朗主义、社会民主派和凯恩斯主义）的现象。社会主义——这根本不是弗里德曼，也不是芝加哥学派，即不是极端自由主义。

今天，我们正处在这样的历史立场上，从这里可以轻易地辨别出那些不久前还难以结合和相互排斥的现象之间的关系。我深信，现在正是社会主义概念混乱的时候，不单是混淆视听，而且要融化理论、思想和世界观，哪怕其中有对在"冷战"中取得军事、世界观、地缘政治和意识形态胜利的那个现实的选择成份。我们现在需要使社会主义后现代化，需要把一些古怪的、被弄混乱的内容注入到社会主义这个概念中。那时，混乱将是新生的。正如尼采所言，"只有在自己的心灵中带着混乱的人才能够生产出舞星"。

新社会主义的这个"舞星"可能成为将来的形式化的正统思想。也许，人类生存指标的某些方面还要变化。无论如何，这个任务有两个敌人：

（1）自由主义正统思想，它今天仍然是唯一占统治地位的正统思想；

（2）世界反对派残余的宗派主义精神，它企图在今天如此完备和无所不包的正统思想上仍然坚持自己的非自由主义选择。

可以说，新世界秩序的"反社会主义"和"旧社会主义"阻碍着"新社会主义"的诞生。在这种情况下，应该再次遵循尼采的公式："推一下就会倒"。马克思主义曾一度如同春风一般新鲜和充满悖论。在苏联的最后几年，它像是腐臭的水，并散发着蔬菜基地的气味，它是如此平庸无味和一目了然，失去了内部的支柱，所以它倒了。

我不是波普尔的拥护者，但是"证伪主义"原则是有吸引力的。思想、世界观是活的，当它们不是显而易见的，而是有争议的，引起批评的，当它是一种过程，可以参与其中，在其中精神可以运动和发展，当有斗争的时候，它就是物体之父（赫拉克里特的话）。我确信，新社会主义决不会从那一边到来，也就是按照事物逻辑它应该来自的那一边，例如对苏联的怀旧和马克思主义残余等等。

我认为，它还会从某个别处到来。

劳动者的经济所有权：苏联社会主义的虚拟联盟和时代的绝对命令

В. И. 科尔尼亚科夫

"金十亿"世界和俄罗斯的社会化与社会主义

在 19 世纪，几乎直到其末期，当时远非从每个窗口都可以看到社会主义的特征。然而在整个 20 世纪，都伴随着波澜壮阔的社会主义化进程以及与这一进程相适应的建立社会主义社会大厦的革命性尝试。然而，历史对 20 世纪社会主义的牢固性提出了严峻的考验，结果到世纪末大部分社会主义没能保留下来。但是，科学现在占有大量的经济、历史和社会资料，它们可以对这些社会主义发生了什么，对包括俄罗斯在内的未来做出分析和预测。

由于这个概念（在宏观和微观层面上）的内涵雪崩式地增长，我不会对社会主义化的全部内容做出评价。但是我认为，经济和社会关系的社会化过程的总和，用协调的、整体的和越来越开放的方式来取代分散、封闭地管理和调节经济和社会进程，把宏观经济体系变成整体上由中央集中调控的结构的趋势，是社会主义化内容的最基本点。

我们就拿生产来看。在发达国家里，生产由相互转化、相互增长并组成更大的与国家交织在一起的非正式机构的现代超级集团的国家共同体来进行。超级集团及其非正式联合体的"俱乐部"事实上（不管"市场"的招牌）把整个经济整合在一起，包括成千上万的大中型和小型的农场。已经形成了某种类似于全国性经济（几乎没有法律手续）的"所有权代表"。早在 80 年代，П. 萨姆埃尔逊就格言式地对既成局势做了总结："私人所有权变得越来越不私人，而自由企业变得越来越不太自由"。这应该理解为：实际上私人所有权在经济上越来越共有，私人企业的经营越来越更有指导性。И. 斯塔文斯基追随他的理论，提议放弃利润，把现代资本主义国有化，而且没有丝毫的粗野地剥夺的特征，弗·伊·列宁就曾表达过类似的思想。

然而，世界被分割为"金十亿"国家（"北方"）和"其它国家"（"南方"，中等发达国家）。"金十亿"国家依靠高技术壁垒，越来越积极地与"其它国家"拉开距离，难以企及地超过了它们。5%的贸易商品从经合组织的29个成员国流出，而从发展中国家进口的商品和服务的数量只超过它们国内生产总值的1%。这至少也把社会主义化的进程切成两部分。

"金十亿"世界的社会主义化——社会主义不属于这个世界，而在可预见的将来也不会[①]。这种社会主义化已经被植入"金十亿"国家及其占主导地位的精英的崛起过程。所有的社会化过程，其经济和社会效率在这里都是为加深与其它世界的差距及对它们的剥削效劳。这不是真正的经济、社会和精神自由的崛起（"压迫其它民族的人民是不会自由的"）。也有其它的类似的社会主义化的"非社会主义性"的原因，例如，毁灭个性的消费崇拜等。那里不可能脱离这种崇拜，因为它为康采恩创造内部市场。换句话说，"金十亿"国家的社会主义化在使社会主义化变形过程中发生。

"金十亿"国家之外国家的社会主义化——在许多中等和部分欠发达国家——具有趋向社会主义的意义。它在这里不是作为上流社会的仆从出现，而是否定占统治地位的社会机构的具有其他选择的范本来出现。

在俄罗斯，社会主义道路具有更多的替代方案。Б. С. 霍列夫的著作令人信服地证明，对这个靠近极地的国家来说，社会主义——是唯一的拯救途径（在物理的、国情的、人口和文明的意义上来说）。Б. С. 霍列夫的论据是如此有力，以致自由市场道路的拥护者们不敢同他进行严肃的辩论。

苏联社会主义的历史悖论

事实毕竟是事实：苏联社会主义的大船已经破碎。其生存的道路和死亡是存在悖论的。

数十年来，国内的社会主义不断地克服了紧急情况的障碍（多年的战争，巨大的技术和社会经济改造，严重的破坏等）。类似的情况对西方的任何社会来说都是力所不及的。在各种考验中，新制度得到了大多数人民的支持。但是当苏联社会主义似乎更加顺利地航行时，严重的紊乱开始迅速和病态地增多。苏联社会主义之帆被低垂下来：它实质上是被那些不止一

[①] 《在西方，生产社会化的社会主义思想已经过时》。（尽管在文献中我国有时把瑞典及其社会相近的国家称为发达的社会主义国家）。

第一章
社会主义：理论与实践问题

次地拯救它的劳动群众掀翻了，对于劳动人民来说，帆已经固定了，飘扬了。而且尽管在提高生活水平方面取得了成就[①]。绝大多数人民今天也在怀念苏联时代曾有过的社会保障和最重要社会福利的普及性和免费制。

国内社会主义的悖论有唯一的解释。当社会主义诞生和克服了最严峻的考验，劳动人民"支撑"了它，并且希望它最终能够实现他们的夙愿。但事实上恰恰相反。在当时所处的局势下，这个制度的潜力本来能够及其充分地发挥，但是，在苏联社会主义中看到了与大多数人民群众格格不入的东西。

是什么把人们拉走了？对这个问题的答案不少。对它们要与各种不同的社会认识水平，与不同的意义程度的问题进行比较。作者只限于自己用经济本身去探索，并且用经济基础性初始根源去探索。主要的"肇事者"应该是出现在每个劳动者所有活动中的普遍态度。而且不是作为"看不见的手"。把劳动人民推离社会主义的态度应该是当时他们每天和每时首先从他们的生活水平和方式都能够感觉出来的东西。当然，认识到作为苏联社会主义制度的核心成份不应改变。这种意义在构成所有权的那些人中的态度也是显然的。历史教导说，正是所有权决定着更多劳动人民在改变社会制度时的立场。

但是苏联社会主义被看成是明确的理论构建和观念的摹本。其最重要的特点，包括所有权关系要与理论对照，首先要与马克思、恩格斯和列宁的科学论述来对照。这里自然就产生了问题：苏联社会主义的崩溃是否是马克思的社会主义所有权理论不完善的必然后果，或者是对其运用的错误的必然结果。

我认为，苏联社会主义的悖论与苏联马克思主义者解读、运用自己的（马克思主义的）所有权理论的悖论一致。

苏联运用所有权理论的第一个悖论

马克思主义的奠基人警示说，权利的根据不应该与现实的对于任何社会制度具有决定性意义的经济所有权关系（为了简约，称为经济所有权）混为一谈。理论家们的主要精力似乎应该集中在经济所有权的研究上。然

[①] 声称苏联与西方国家在生活水平方面差距"巨大"，达4—5倍，这是不客观的。根据当时政府的数据，1990年，就苏联公民人均食品的质量超过了大多数发达国家，在世界排名第8位，而今天，世界上有约10亿人挨饿，15亿人没有足够的饮用水，生活在绝对贫困的条件下，只要记得这些就够了。1990年，俄罗斯的食品质量指标已经处于世界的第67位。

而，在苏联许多所有权问题的马克思主义理论家的著作中，实际上缺乏对苏联经济所有权的分析。在一本接一本的评述经济所有权的著作中，作者们引用权利概念时，最经常引用的是拥有、支配和使用的全权。还未能找到一项研究成果，其中一定程度上准确地确定：现在从法律关系，其中包括从拥有、支配和使用的全权必须转到实际的经济所有权。苏联时期的任何一部著作都没有重点地评价，十分明确地分析经济所有权，特别是没有与法律的（时而是法律规则，时而是实际经济关系）所有权比较，没有与它们之间的适应不适应区分开来。

这是让人惊奇和匪夷所思的。不克服这些不完善的地方，新制度就不能发展。但是在苏联制度及其伟大科学的智力水平上——对基础之基础，对经济所有权则漠然置之，事实上甚至禁止对其予以关注。苏联的对手和敌人不可能希望其做得更多。后来，1994年，作者试图使社会舆论对我国的科学既没有集中对某些关系归结到经济所有权的尺度，也没有接受用法律的所有权来偷换经济所有权的概念予以关注。然而，尽管对发布的看法有不少反响，所指出的问题（还有作者提出的解决办法）引起的兴趣仍然太小。其实，不对经济所有权弄清楚，不对苏联发生过的情况弄清楚，就难以谈到任何社会主义。

经济所有权和经济所有者

为理解经济所有权，可以"摆脱"用现代经济所有权权利理论的诠释。人们认为这些理论是社会首肯的一个主体排除任何其它主体接近某种资源的各种可能的总和。在这种诠释中，所有权的权利成为市场经济自由方案的基石。经济被视为一些人买卖转卖给第二者和第三者等的权利的市场运动。

所有权权利成为"超经济"的权利。这里其它主体有一些合法化的放弃（对资源、生产），非所有者的国有化。这里没有对生产及其因素的非生产性影响。当然，在不同的主体那里，实际的作用（根据程度和结果）在同一个所有权权利是不一样的。它（对生产的实际作用）也构成经济权利（与法律权利不同）的范围。怎么能不看到，别人对生产的放弃较之其操纵生产的性质则是另一种关系。

当然，针对全球历史进程，可以从所有权的法律关系总体符合经济所有权出发。但是，在具体情况下，名义上的法律关系不会必然符合实际经济关系。法律形式和经济内容可以是相互对立的。例如，佛马·戈尔杰耶夫之类的人物贯穿了整个成文的历史，在他们那里，所有权与经济的反所有权、滥用资源和财富结合在一起。

今天，买卖的所有权正经历着变形，它们越来越与经济所有权脱节。这是所有权（法律所有者排挤自然所有者）的非人格化，拥有权转移到外来投资者手里等。而且，当非常猛烈、非常直观和令人信服地揭开纯粹的法律自由市场对经济（例如，根据 P. 科乌兹的理论：各主体对权利的购买；它们对实现权利的另一种形式的探索；出卖权利；集团获得权利，对它来说，进一步的市场交易太昂贵，所以它转向采取行政行动，从事此类商业活动）理解的非真实性。根据 В. Л. 伊诺捷姆采夫的话，今天经济飞速转向智力阶级——站在经济的前列，没有所有权权利的任何市场流转并在所有权权利方面甚至不控制这个经济的人们来支配。

苏联经济学家盲目地崇拜所有权的法律结构。在他们的著作中，我们可以区分同一个潜台词：有了这样的权利，合法权利——那你们还要什么？在西方，这样的权利劳动人民是不可想象的。总归要认真关注权利的根据：而在那里运行的经济中，根据其创造者的想法，是否利用了法律招牌？是否在后面隐藏着另外的关系？合法的所有者——是真正的所有者吗？

似乎已被遗忘：在社会冲突中，现实的、真实的、真正的经济所有者只是名义上和法律上的。譬如说，资本主义取代封建主义。商品货币资本主义关系的主体曾是真正的经济所有者。贵族曾是封建地租的挥霍者，自己产业的法律拥有者。

在个体方面，真正的经济所有者动员和集中个人的所有可能和能力（个人的劳动潜力）来最充分地利用、运行、发展所有权的对象，直至上述对象的设计和相互联系能够允许，最完全地在这种活动中积蓄的创新潜力将得到实现。日常经常谈到主人翁的态度，主人翁的意识，谈到 NN——不是主人，而 MM 是主人等等。这里有了所有权对象的人格化，有其经济上最佳运动（作为可能性包含在这个主体中）。这种人格化越来越充分和接近绝对——真正的所有者就越体现出来①。在社会主义所有权的"真正性"的最高水平上，特殊的经济"社会所有权"应该不比在资本主义者个人的资本更小的程度上铭刻在每个相应活动的参与者个人中。

所有这些都未曾得到苏联经济学家的关注。劳动人民（根据固定在宪法中的权利准则）大家一起当然是真正的经济所有者——企业和整个经济

---

① 马克思的资本主义者作为人格化的资本——是完全的、真正的资本主义经济所有者。

的主人①。这些劳动人民（相当大的数量或大多数）不曾是生产上、自己的工作地点的真正的经济所有者，只不过没有说出来罢了。尽管许多工人和集体农庄庄员对劳动和对似乎是"自己的"所有权对象完全不加区分的大量事实比比皆是。很少有人弯下腰拿起甚至是命运所系的企业正在腐烂的财产或者试图阻止令人发指的无人管理。就法律地位而言，所有权的社会对象真正经常是没有主人的。其中包括在最高的管理和规范方面，那里允许名义上的共同资源悄然和不受监督地大量流失。

决定经济所有权的态度

当然，经济所有权不是由权利的根据直接形成的，不是对它所计算的付款所形成的。对于绝大多数人们来说，它不可能没有经济所有者的收入。直接在工作人员的眼中，（"实实在在地、大概地和看得见的"）一点也不掩饰地，他的付出（附着在资源上）全部100%地成为他的（也只是他的）收入，马上进入他的（仅仅是他的）腰包。经常是完全和不受侮辱地进入。工作人员为了保证自己，保持这样的收入，将竭尽全力关心所有权对象及其使用，即成为真正的经济所有者。在主体（例如，收入的计算取决于其付出）的经营活动中，缺乏这样的过程，从哪里来的主人翁的感觉，主人翁态度②。

特殊的真正的所有者——在 B. Л. 伊诺捷姆采夫的"智力人员的阶级中"。对他们来说，生活的意义——就是产生、发展和实施最先进的现代生产的最新科技思想——与参与生产一致。这本身使他们成为生产的主人。所以，我以后将提大多数人的经济所有权——通过保证经济所有者的收入。

在苏联，后者遭到系统地破坏。在大量现金和工资之间的宏观经济比例得到保证，在其它措施之间，则用定期扣除和强制拉平工人的部分报酬

---

① 即使今天在科学的武库中未必找到这种确定的社会经济形态（这样的研究对象），诸如真正的经济所有者得到承认的理论成果。而且也没有形成（尽管在十月革命前就已产生，革命后马上就被列宁的"事实上生产的社会化"作为标志）从所有权关系的体现、"顶点"的角度来分析它的传统、用现实的所有者的内容来充实的措施；缺乏术语，衡量的工具。不仅苏联的灭亡，而且后苏联俄罗斯"改革"的失败要求更广泛地集中理解：话题谈的最主要的是经济的健康，是否实施，是否运行所宣布的所有权，如果实施了，有多充分。几十年来，问题猛烈地敲击着科学的大门，最近几年似乎仍能听到。现在越来越经常提到"现实的"、"有效的"所有者，甚至是"有效和品行端正的主人"。但谁是这样的，"不现实的"、"没有效劳和品行不端正的"？是否应该对此划上句号，明确地区分法律和经济的所有。

② 在这个发言中，我不会涉及对形成主人的态度，国家所有权和集体企业所有权的法律形式之间的区别有什么意义的问题。

（通过重新制定规则和定价）来保证。为了使真正的所有者的经济人物士气开始低落，只要对经济所有者的收入给予一次类似的打击就够了。这种动员性的做法不停地实施了数十年。对工程师、管理人员的劳动报酬支付得不是最好的。这种经营方式起初是由历史局势迫使国家这样作的，随着时间的流逝，成为了"现实社会主义"的不可变更的属性。劳动人民不能把它接受为别的，只能是疏远。这种感受也落到了针对整个苏联制度。

在苏联，口头上赞美，但事实上不接受马克思主义关于所有权不转化成法律外壳，关于实际经济获得的决定性意义总则的悖论不是唯一的。它还得到一个悖论所支撑。曾对马克思向社会主义者关于经济所有权，社会主义经济中的经济所有者收入的直接呼吁，令人无法理解地置之不理。在国内还是根据马克思主义理论在发展，与它对照，没有什么可以不安的。

所有权理论的第二个悖论

我要谈及《哥达纲领批判》——马克思的著作，它在苏联显然已经得到普及，比其它著作阐释得更多。我不会竭力对过去进行指责，不会对值得尊敬的活动家们进行指斥。我当时也没有反对对马克思的著作的内容占统治地位的评价。但是，真相的自我评价和独特的历史经验有责任这样做。

对工作奥秘的反思，可以从马克思对未来社会主义社会宣布的至少三个基本的建设性建议开始。毫无疑问，这些建议构成了某个完整的"包"。包括的建议有：（1）分配由对所有社会成员收入形成所完成的整个产品的总图式；（2）每个劳动者的收入等于其劳动贡献的原则；（3）社会成员收入的法律保障。在社会主义的文献中，所有这三个思想作为统一的"包"没有得到审视。

苏联把注意力集中于第一个观念——集中于从劳动者的产品中社会需求所决定的扣除的图式和清单。轻一点说，第二和第三个建议未被突出出来。经常所指的是，第二个建议——不是别的，是第一个建议的另一种表达。的确，劳动者的全部劳动最终表现在他所必需的福利和服务上的面貌上，得到等价的东西①。然而，马克思的第一个和第二个建议的合并未被证明是正确的。不难确认，马克思著作的文字中，对劳动贡献的收入等价物

---

① "扣除部分产品，决不是代表对工人支付的报酬不足"，1959年人们这样写道，"所有扣除的部分归根结底要返还给那个工人"。但是从工作岗位看则完全是另外的情况。马克思似乎预见到了在日常活动中形成的变形的危险性，试图用自己的第三个建议做出补偿。在这个意义上，类似于财产，也审视了从工资中的直接扣除：你为自己劳动，所以不应反社会式地全部得到所挣的东西。

要与个体需求的一个基金的分配来对照。但是主要的论据，我觉得，是在第三个建议（相对于第二个的法律外貌）的建设性内容中。

显然，人们不喜欢深入思考它。某些作者当他们有机会接触到问题时，似乎皱起了眉头：你们看到了吗，资产阶级的权利，范围多么狭隘。其实，多亏第三个建议，根据马克思的学说，工人和社会关系的等价物应该以何种形式存在。从法律上保护每个工人的劳动收入只有在个体上分配劳动对象时才有可能。在马克思这里，第一个和第二个建议是不能合并的，而第二个和第三个建议可以合并。

马克思的第二个建议——是占主导地位的原则或者是对上述分配的态度。上面已经审视过的劳动贡献和收入水平等价应该占主导地位。我认为，事实上谈的是经济所有者的收入，它形成了对生产的主人翁态度。在马克思的模式里，劳动人民在该词的最直接意义上为自己工作：耗费的努力直接变成所得到的收入。对劳动者来说，实现"劳动—收入"的流动的全部条件因此应该成为"自己的"，他本人在这里作为真正的经济所有者而工作。在苏联经济中，不遵循马克思的这个建议，产生了根据"自己一无所有"，所有的东西都是"别人的"的经营行为。

许多劳动者在经济上认识到的只是他们的劳动被剥夺。下一步的扣除是在他们的直接经济行动之外进行的，社会消费基金被认为是无偿的和应缴纳的。所以，工人在生产中的直接经济利益集中在少一点被扣除，不要出事而增加扣除额。显然，这里主人和真正的所有者是没有的。亚罗斯拉夫的工人曾向作者解释道："我，当然看到和知道如何增加产量。但是我不能也不会提出建议①。我自己在某个时间获得额外收入。然而，我的同志们则得不到这种额外收入而且还交给了新任务。在他们的眼里我成了什么人？然后他们就从我这里切去一块"。数十年来，这种荒唐现象一直占主导地位。

马克思的第三个建议将排除这种荒唐现象，因为占主导地位的原则将得到加强。没有这个原则，第二个建议是无法实施的。"工人—社会"关系的等价物得到了保护，而且得到国家和社会的全力保护。在马克思那里，个人的社会主义经济所有者关系是不可侵犯的。马克思好像预见到了苏联的经验并试图做出解释：有没有真正的所有者，社会主义的命运就取决于它。在始终不渝和严格地执行法律保护的条件下，将保证"付出—收入"的现实的所有者关系的形成和保持。除所有者外，无论是谁，都不应该涉

---

① 而在当时，日本公司的工人每年平均数十个建议，下班之后自愿地留在"质量小组"中。

及这种关系,即所有者严格成为真正的具有主人翁行事的所有者。

苏联的社会主义在这里又与马克思产生了引人注目的矛盾。苏联经营的实践曾固有硬性地捍卫、强调和过分突出工资的"扣除性",它的"不可侵犯性",它从一开始就予以扣除,不受权力的规定的保护。

这样,科学社会主义关于个体所有权的思想在苏联没有被认识到,仍然没有被看到和估价不足。马克思的"包"里的三个原理中的两个曾得到精确的实施,但是是以相反的方向。社会主义的动员方案,其实施直到60年代被认为是正确的——它也是动员的、行政的和强制发展的。由于苏联领导人(同时还有社会科学)理论上无所进取,在个体的经济所有者理论领域也没有着手建立应有的社会主义。苏联社会主义在所审视的关系中是非马克思主义的,甚至是反马克思主义的。

社会主义运行中增长的紊乱现象使社会各界焦虑不安。经济学家、经营工作者意识到了矛盾,它的破坏性,其人数增加并寻找出路。在倡议的基础上进行了试验,并产生了承诺的效果,形成了建议,出现了理论成果。然而,大船仍然沿着以前的航向前行("前进,去死,前进!"),航向了没有谁能够预见到的对马岛。

在上述阐释的基础上产生出结论[①]:社会主义的瓦解发生了,首先是因为,社会主义革命没有解决在它面前提出的某些理论任务。在特定的发展阶段上,为了苏维埃制度的存在,它们应该是解决的。尽管已经进入了历史,它提出的问题是:保持和加强劳动人民支持的社会主义是否可能,就如同劳动人民的基本(像呼吸一样)需求。或者是:在形成这个社会的个体的经济所有权意义上的社会主义所有权是否可能?

全球性问题和俄罗斯的问题。解决的途径

不能知道马克思的解决问题的方法:马克思没有清楚和明白地指出,为了实施他所提出的占主导地位的"个体—社会"原则,社会应该采取什么行动。

其实,问题并没有随着苏联社会主义的灭亡而消失。首先,它得到了现代资本主义社会主义化的响应,而资本主义也遇到了苏联遇到的耗费经济的同样掠夺。目前发达国家的生产也原则上取决于协商,取决于劳动者真正有效地工作及充分地运用自己个人的劳动和创新潜力。专家们知道:

---

① 我不会涉及到某些政治领袖,某些政策。

他，劳动者，内心的"我将—我将不"，"我接受—我不接受"，"我想—我不想"是个哈姆雷特式的问题。他们也知道，现代劳动者发出"我将要"的声音之时，他深信，他是为自己在工作。这里研究和运用了日本的个人嫁接对生产态度的成果，他们就像对待自己的一样劳动，门德拉宫运动和发展的其它尝试（尽管是模仿的），我认为，运用了生产领域劳动者经济所有权的经验。但是我们这里所有这一切预先决定了问题依然存在。

而且，问题存在也是由经济"改革"所决定和造成的。研究成果已经揭示，再也不能"完全摆平"盖达尔的那个市场了。在臭名昭著的"改革"的"干货"中，是第三世界典型的"相当持久和稳定的经济体系"，其特定是效率低下，停滞不前，数十年来保持着同样的面貌。民间俗话说："怕什么来什么"。媒体以渲染停滞的怪物来与社会主义斗争，结果得到了它，得到了怪物。"所建立的经济结构的效率低下毋庸置疑，其发展与科学技术和经济进步的要求相矛盾"。或者说得更具有情绪性："俄罗斯社会现实地面临着成为文盲和蒙昧状态的威胁"。

因此，我们已"改革后"的国民经济注定要下滑到全球化的底层。但是，在国内恢复现代伟大强国的方针正在得到集中体现。在这条方针的道路上——是停滞和不能进步的经济的瓶颈。

А. 伊拉里奥诺夫、Г. 格列夫、А. 乌留卡耶夫就像盖达尔一样，又在寻找19世纪的破冰船。这些尝试注定不需要证据：毫无道理地浪费无价的历史时间。有责任要求真正的解决办法。

我们，经济学家是些随性的人。我们将改变变化表、方向和构想。但是让我们同意：最后的话，应该是他们，是劳动人民来决定的。如果工作对他们来说仍然是令人厌恶的，是生存手段，我们在任何问题上非常精心的策划（甚至在管理上）依然将是徒劳的，在他暗中的"我不接受"，"我将不"和"我不想"的袖手旁观或者抵制的环境中枯萎。眼前要做的是，苏联为什么摔了跤并跌倒了，西方正在凭经验实施什么东西？我们没有别的出路，除了认真回忆劳动的人，唤起他内心的"接受"、"想要"、"这么做"，将劳动者放在这样一个环境，使他的工作成为他自己的"饭匙"，使他成为经济所有者的环境。我们将解决问题——"饭匙"将闪现。

我国的科学大大延误了为劳动者制定经济所有制的理论。尤其是已经有一些这方面的成果。比如劳动消费价值理论（В. И. 西斯科夫、С. С. 古巴诺夫、В. Я. 叶利梅耶夫和其他人）；И. М. 阿尼金、В. П. 帕诺夫的经济优化运行理论。在即将进行研究的领域我想强调两个交叉的"分支"。

第一个：搞清楚经济中什么是开支，在哪些方面，什么是收益，又体现在哪里。如果继续混淆，那么劳动者在需要踩油门的地方将踩刹车。基本的例证——成本和利润的地位。从当今关系的视角应以成本最小化和利润的最大化为目标。但根据自身的深刻本质，这不是收益，而是支出。

长期的研究使我确信，支出和收益问题不是简单的问题。这方面有一堆有待研究的客观依附关系和机制。我认为同它们对比、校正研究领域的第二个分支是有意义的。

其实质就是在工作中找到在企业和社会中各种关系的结合点，在这里工资是有保障的静电火箭发动机，该结合点对社会是无利的——无论是工人还是企业都难以接受。以前为论证这一点而发表过长篇大论，晚了①，现在已到了要求无条件执行的时候了。不应该在一个又一个理论面前吞掉问题，而要让理论服务于问题。无论我们是否愿意，国家经济社会发展的螺旋又回来了，并将我们返回到社会主义自身发展的本原——劳动者经济所有制。

---

① 这里的实践可能比我们这些理论家更超前。在遥远的第拉斯波里电子机械厂总经理把让集体成为自己企业的真正主人定为目标，培育工人拥有所有者和真正主人的感觉。

社会主义如同社会点金术

Ф. И. 吉列诺克

比富人差的就只有穷人了。伊索曾这样说过。我喜欢古希腊人说过的话。但我也喜欢俄罗斯人的套话,它是这样说的,贫穷不是过。如何在一个头脑中同时接纳两种观点?我理解,人的大脑很小,而世界很大。要使小的头脑容纳下大的世界,应当简化世界。简化图构成可以称为意识形态的事物。在意识形态的空间里产生观察不到的事物,思想的本质。在回答"为什么"这个问题时你会引用这些本质。它们也会利用你,牵着你的鼻子走。这就是说社会主义和资本主义是两个意识形态的本质。两种相互斗争的理想。它们在争斗,而我们遭殃。资本主义是虚拟的。它充斥着很多蛊惑、伪装和金钱。社会主义与之相提并论。其中天真的决定令人失望。它的单调和一成不变令人恼怒。无论是资本主义还是社会主义都需要自己的巫师,需要社会炼丹家,让他们以实事充实空洞的生活。人的位置总是闲置的,从未被占据过。这一发明属于考古冒险者。而且这一空白靠社会素养和制度无法填补,只能靠教堂和挤在一团的体温来弥补。所有弥补空虚的社会模式都类似于炼丹术。把希望的说成是事实。现在我对我所欣赏的A.恰亚诺夫观点进行分析的同时,就上述谈到的内容进行评述。

恰亚诺夫在大学期间发表第一篇文章《意大利的农业合作社》。在这篇文章中他引述了一个俄罗斯农民对莫斯科统计官员说的话。这个农民说,"我拿草料来卖,而它在哭,我安慰它,瞧着吧,冬天就要来了,我要花三倍的高价把你买回来"。换句话说,付款的时间到了,而农民手里没钱。所以他就在规定外的时间把草料卖出去。这个故事的道理很简单,也很有教育意义。农民需要解除中间人和商贩的压迫。那么他该如何去做呢?恰亚诺夫的答案是:利用合作社的帮助。合作社本身并不好,它是用来帮助农民绕开中介的。为此他需要重新组织土地耕作,使这样一些可以社会化的职能公有化,"但我们将超级作用赋予合作社纯属白费",恰亚诺夫这样写到,"它只给那些能够自立的社会中产阶级提供良好的条件……"。如果农民能够自立,合作社可以帮助他。那如果农民不能自立呢?"对于社会底层，合作社还不能提供通向天堂的钥匙"，恰亚诺夫这样回答。合作租赁适合那些不能自立的人。

恰亚诺夫1912年在自己的两篇文章《瑞士的农业》和《劳动农民经济理论概要》中提出自己的主要思想："劳动经营的任务——向经营农户提供生存手段，因此他经营活动的方向应以满足获取生存资料的繁重劳动为目标，而不是探求资本的高利润或是劳动的高额回报"。晚些时期，恰亚诺夫赋予这一思想一个数学公式，公式以"恰亚诺夫曲线"在学术界闻名。

农户经营不是寻求利润，而是面向总收入。收入性的经营并不总是产生利润，而产生利润的经营并不总带来收入。农民更倾向于选择高收入、小利润，而不是高利润、低收入。但如果恰亚诺夫发现农民劳动经营的特性是对的，那么以此种经营模式为代表的资本主义在扩张过程中就会遇到强烈抵制。最令人惊奇之处在于，经营劳动在商品货币关系体制内保留了对这种关系的内在依附。遵循市场游戏规则，劳动农民在直接生产过程中退出游戏规则，表现出家庭劳动的成分。农业经营资本化导致了农村的非农民化，乡村的农民化促成了资本化。"1928年恰亚诺夫就指出，乡村生活是人最自然的状态，是资本主义的魔鬼使他脱离了这种生活"。我们过去一直全面否定农场主道路。

理解了农民劳动经营的自然属性，恰亚诺夫发现了不加思考就实行集体化的危险性。他说，认为可以由一个中央管理整个国民经济是幼稚的，"单纯的发号施令、将经济置于自己管理之下、国有化、禁止活动、下发任务单，总之，国民经济生活计划通过没有意志的执行者来完成"。看来，正如曼彻斯特大学社会学教授杰奥多尔·沙宁所写那样，在我们这个时代把恰亚诺夫称作"创建新政治经济学理论的新农民马克思"不是没有根据的。但众所周知，没有人可以成为自己国家的预言家。

1917年4月建立了农业改革联盟，A. B. 恰亚诺夫担任了该联盟指挥委员会的成员。他在联盟的发言中称，"劳动经济应成为俄罗斯农业建设的基础"。

恰亚诺夫还指出，"我们不需要转变现有物质财富的数量，我们需要重新分配国民收入"，恰亚诺夫这样表述自己的观点，必须扶持需要雇佣劳动的经济，而且扩大经济也完全有可能。最重要的是记住，农民劳动经营是有度的，不可能无限扩大。"农业生产耕作的自然属性为农业经济企业的扩大确定了自然界限"。如果"空间内的"农民经济不能横向发展，但它具备所有纵向发展的可能，也就是说通过合作社和合作联合体使自身的功能社会化。这样的扩展允许利用技术进步的成果，在不破坏农民和土地联合的传统模式同时，保持单个农民经营的个性。

1918年恰亚诺夫在《组织农民合作社的主要思想和形式》一书中总结了自己的思想。1917年十月革命后，公社的思想广泛传播，这一思想包括将农业经营生产的全部过程社会化。恰亚诺夫认为，劳动公社总是要比劳动合作社经济弱，劳动公社在内部经济联系中难免失败。恰亚诺夫证明，不能从技术的角度认为，从局部的合作社向全面的合作社及公社过渡是进步的现象。

"是否可以向农民灌输社会主义，需要多长时间才行？"这个问题对恰亚诺夫毫无意义。他清楚，除了土地和意志，农村什么也接受不了。根据恰亚诺夫的观点，资本主义这不是一个时代，也不是一个阶段，而是国民经济一个畸形的附属品。它消亡得越快越好。社会主义是作为资本主义，而不是农民的对立面而产生的。为何要让农村接受它呢？社会主义是在哪里诞生的呢？在德国的资本主义工厂里。它是由那些饱受折磨、被强迫工作的城市无产阶级思考成熟的。无产阶级是什么概念呢？有人回答我们说，这是霸权者，也有可能如此。恰亚诺夫的小说《我兄弟阿列克谢到农民乌托邦国度游记》一书中的主人公这样说，这首先是世代远离各种个人创作工作和思想的人。无产者可以思考理想的模式来否定他们周围的模式。而国家——这当然不是组织社会生活的最佳方式。应当解除它的所有社会事务，瞧着吧，到那时我们大家遇到它的机会要少得多。难道这不好吗？

1917年的革命使农民和农民思想家萌生了希望，俄罗斯的农业问题终于将得以解决了。不仅"俄罗斯土地耕作的长老"，代表19世纪60年代民粹主义思潮的 И. А. 斯捷布特，还包括自认为是新民粹主义分子的新一代农民劳动经营理论家，都抱有这样的希望。无可争议，他们中占主导地位的是 A. B. 恰亚诺夫。随着时光的流逝，更确切地说，已是革命的第四年，但没有任何征兆预示着农业问题会朝着有利于农民及国家整体经济的方向得以解决。对于许多新民粹主义者来说，革命的理想渐渐暗淡。虽然他们中的一部分人掌权，并参与了改革农村计划的制定，但不能不看到，他们的努力得不到年轻共和国领导人的支持，付之东流。A. B. 恰亚诺夫经常思考事态的原因。因为他抱怨新俄罗斯领导人的怠慢是一种罪过。"别打扰恰亚诺夫，我们需要聪明的头脑"。列宁的这些话也适用于恰亚诺夫。革命给了他农业经济科学研究所所长的工作。他是教授，在声名显赫的斯维尔德洛夫共产主义大学授课。他最终成为土地耕作人民委员会委员，实际上成为俄罗斯合作社社员的领导人。很多著名的布尔什维克都认识他，和他保持交往的有 В. П. 诺金、М. М. 利特维诺夫和 Л. Б. 克拉辛。尽管如此，还

第一章

社会主义：理论与实践问题

是⋯⋯

"党的主要文学家"瓦茨拉夫·沃罗夫斯基1919年秋天做了一个关于赫尔岑的报告，后来在1920年初又发表了一篇题为《赫尔岑是否曾是一名社会党人》的文章，开阔了恰亚诺夫的眼界。当然，赫尔岑依然是远离群众。但他，А. В. 恰亚诺夫，一个农民的儿子，以农民的办法支持经济的人，似乎没有这个不足。那么为什么沃罗夫斯基，一个官场上的人抛出这样一句话，称他很欣赏恰亚诺夫，但却说恰亚诺夫没有前途，没有前途⋯⋯这是什么意思呢？

恰亚诺夫《我兄弟阿列克谢到农民乌托邦国度游记》一书的序言回答了这个问题。序言的署名是 П. 奥尔洛夫斯基，讲了很多精彩的内容。瓦茨拉夫·沃罗夫斯基给自己起了这样一个笔名，是要纪念自己被流放到奥廖尔的经历。沃罗夫斯基凭借自身的文学天赋勾勒了一条线，线的一端是革命和马克思主义者，另一端是恰亚诺夫和小生产者们。任何一个马克思主义者都不会怀疑，无产阶级引领农民走向社会主义。问题在另外一方面。为什么呢？沃罗夫斯基恰如其分、但坚定地解释说：因为农民自己不会走向社会主义。经济会干扰他。应当把农民从这个经济中解放出来，而像恰亚诺夫的一些人，会影响事情的进程。恰亚诺夫称：好，你们把农民解放出来，那就让他安守自己的利益，何必将他引向它处呢。现在，他自己也会朝某个方向走去。

在评述恰亚诺夫观点时，沃罗夫斯基解释科学意识形态的基本知识，不知何种原因，新民粹主义者无论如何也不能够遵从。难道是难以理解到这种程度，以至于农民无产阶级化是变革性的，如果你们反对无产阶级化，那就是反对革命。而"无产阶级化"这只不过是假定的一种剥夺农民土地的表述，这种表述本身也是具有变革性的，如果有人不能想象农民没有土地，那他很有可能是反革命分子。比如，恰亚诺夫。要知道马克思本人写过，小农不仅不能够想到失去土地，他们就像儿童不能设想自己身处议会一样。他们应以某些人为代表，这个代表应和他的主人一起出现。沃罗夫斯基解释这个思想时指出，党员—知识分子可以代表农民并替他们做主，但不是恰亚诺夫所想的身为合作社社员的知识分子。给恰亚诺夫们以意志吧，他们可以保留"园地作物"。难道这种作物能增加劳动强度？在回答这个问题时，沃罗夫斯基得出结论，认为这是（恰亚诺夫和其他人）不愿意将农民从万恶的劳动中解放出来。人的劳动应由机器来替代，难道机器在田里能摆放得开吗？不，放不开。所以农民和整个农业经济都在自我剥削。关于机器能够取代人的劳动但不能取代农民个体的言论，在事实上掩盖了坚守"受尽折磨的农夫"的愿望。即使是在对他进行社会主义改造时。

沃罗夫斯基说教式的思想坚守一个立场：恰亚诺夫将农民推向自我剥削的道路，使他的机体不再从事繁重的体力劳动，而革命将农民从死亡边缘拯救出来。为了让农民过上好日子，需要剥夺他的土地。农业经济企业越多，农民的后顾之忧就越少。恰亚诺夫无论如何也不能理解，国家需要大量附加劳动，而这大量的劳动用于保存公有制度。小型经济是为农民本身工作的，而且也不可能给它大量附加劳动。在某一时刻，国家将被迫强行取消小型生产并创造建立在机械技术和雇佣劳动基础上的经济。只是现在是由掌握就业职位的国家来雇佣。

而且，沃罗夫斯基讥讽恰亚诺夫反动的原因还在于，他使农民失去了波蒂切利的画作、莫扎特的音乐和高尔基的小说。要知道恰亚诺夫主张的小经济，"与钟、白色衬衣、性、女人相互交错在一起"，不是高尚的教授文化。拉斯托夫斯基的钟声与"我们将建成我们的新世界"的歌词很不和谐。十年后，E. 雅罗斯拉夫斯基回想起钟声："拆除钟对于恰亚诺夫是极其惋惜的，因为他已习惯听钟声向他诉说，什么才是可近可亲的。"恰亚诺夫并没有掩饰这一点，借用他小说中主人公的话，"在人的头脑中还存有对往事模糊的惋惜，还不会被资本主义的精神之网所捕获"。

沃罗夫斯基向恰亚诺夫道出了善意友好的忠告。他还解释了新民粹主义者的思想误区。两年后，A. 克里茨曼更加详细科学地再现了这一责难。他的阐述更加清楚明确，他的声音中充满了思想的金属质感。当然了。恰亚诺夫纲要中的理论暗示国家发展的第三条道路。这一理论没有要求任何新的经营模式。如恰亚诺夫所说，农民紧紧地屈从于共产主义化。他认为，任务在于确认几个世纪一直沿用的方式方法，这些方式方法自古以来就是农民经济的基础。他在给莫洛托夫的便函中表述过这一思想。

参考书目

1. А. В. 恰亚诺夫：《意大利农业经济合作社》，莫斯科1909年。

2. А. В. 恰亚诺夫：《瑞士的农业经济》，莫斯科，1912年。

3. А. В. 恰亚诺夫：《二个世纪的俄罗斯农业经济思想发展的基本脉络》，摘自 Р. 克里茨莫夫斯基编著的《西欧农业经济基本科学原则的发展》一书，莫斯科，1927年。

4. А. В. 恰亚诺夫：《关于苏联现代农业经济现状与战前状况及资本主义国家农业经济状况相比较》，摘自苏共中央通报，莫斯科，1989年。

5. А. В. 恰亚诺夫:《我兄弟阿历克谢到农民乌托邦国度游记》,莫斯科,1920年。

6. А. В. 恰亚诺夫:《什么是农业问题?》,莫斯科,1917年。

俄罗斯的社会主义经验

И. Р. 沙法列维奇

我认为，在讨论社会主义这一现象及其本质时，社会主义在俄罗斯实行的那一阶段是关键论据。原因显而易见。近几个世纪，社会主义思想以理念和预言的形式变得越来越鲜明起来。曾有过实现社会主义思想的尝试，但时间很短暂，只有几个月，如巴黎公社一样。可以想象，这对于学说的研究者来说有着非凡的意义。众所周知，列宁曾经多么认真地研究过它，经常借鉴"巴黎公社的经验"。社会主义理想几十年来（曾有一段时期认为会是几个世纪）在一个大国占主导地位。我们的经验有助于弄清楚这一现象的部分轮廓。几千年前诞生的，培养了很多斗士、英雄、受难者的这一学说的吸引力究竟在何处？某种巨大的社会力量时不时突现出来，这在我看来就是理解起来很精彩的内容。为什么这一学说曾经在我们国家风靡一时，它是否有可能东山再起？

要搞清楚这个问题，我认为首先应当放弃模糊的解释——类似于"公正"、"人类的幸福"、"平等"等概念。第一，因为这还是更古老的理解和术语。第二，因为多数社会主义学说的实现要经历暴力和内战。比如，列宁早在1914年，在战争刚刚爆发之际，就提出了帝国主义战争向"无情的内战"转化的提纲。在这一提纲中他坚守的是马克思主义传统。马克思向工人们预言，15年、20年或是50年的内战"不仅是为了改变现有的条件，也是为了改变自身"。换言之，内战是用于创建"新人"的手段。布哈林、斯维尔德洛夫、图哈切夫斯基和其他人都阐述了这样的观点。而毛泽东则愿意为在全世界实现社会主义而牺牲全世界一半人口。

如何将幸福和公正思想同这些巨大的牺牲联系在一起？又如何实现在核战中牺牲的一半人和保全下来的另一半人平等呢？

那为什么社会主义思想能经常取胜呢？将问题的范围缩小，更具体地把问题提出来：为什么布尔什维克在内战中获胜？我认为，教育我们这一代人所用的答案是正确的："得益于不可战胜的社会主义思想的吸引"。只是理解这些话要另辟蹊径。全体或者大部分民众都接受了这一思想。那时

第一章

社会主义：理论与实践问题

4/5 的人民——农民——看到了自己家庭劳动经营的理想模式并通过带来巨大牺牲的起义来捍卫这一思想模式，但是在 20 世纪到来前，接受以马克思主义出现的社会主义思想成为当权者或是少数谋取政权者的理想或是几近完美的思想。统治思想要比某些地主或是封建官吏的政权更强大。从蒲鲁东起，社会主义思想总是作为统治阶级的意识形态而形成的——从蒲鲁东的"哲学家"和"卫兵"到圣西门研究者的"科学领导"，再到用唯一正确的社会思想知识武装起来的"职业革命者的党"。

这曾是以熟谙此体制的行家控制的机器原则构建的社会意识形态，它具备这种制度的所有优点和不足。为此，社会本身应是机械化的和标准化的。莫尔、康帕内拉和其他人所描绘的家园和城市彼此间没有差别。18 世纪的法国出现了这种（空想的）生活方式的专有名词：style geometrique；当然，实际上这种方式不是几何式的，而是机械的。这个理想保留了几个世纪，布哈林把它喻为时间和空间中的"活机器"——人的劳动协作。这是精英阶层非常独特的理念。当权的精英阶层本身也被看作是巨大社会机器的一部分，只不过是更完善的。他们认识到自己也是这个机器的一部分，应当放弃个性，由获取巨大的机遇和权力取而代之。斯大林曾把它称作"佩剑骑士的特殊勋章"（这不是典型的斯大林式语言）。布哈林也曾把党称作"革命的勋章"。彼亚特科夫称，如果党把白的说成是黑的，那么他也将接受并且会为此全力奋斗。尽管，如他所说，"这要远比向自己开枪困难得多"。需要牺牲的不仅是人的个性，还包括全民的个性和其他许多东西。

叶赛宁和普拉东诺夫这两个曾在一段时期接受社会主义革命并爱上它的大艺术家对此是这样表述的：只有这样才能明白她的实质所在。仇恨不会产生理解。比如，周围的一切在布宁看来只有野兽的嘴脸，他永远不会忘记他的鹅毛垫子被偷走了。而叶塞宁是这样写"祖国—母亲"的：

    为了全世界和全人类的团结
    我以歌声来表达对你灭亡的喜悦
    我将整月为你的死而鸣钟
    坚实有力地撞击那蓝色的钟

换言之，伟大的诗人认为，革命（叶塞宁把它看作是俄罗斯的）是为了"全世界团结"的理想而牺牲俄罗斯。普拉东诺夫看得更宽泛一些。他写道，革命最开始要"消除上帝、沙皇和富人"，然后就轮到"人类用双手来消灭自然"了。诗人还充满幻想地创造了对自然进行技术改造的宏伟计划。无论是人民还是自然都应当成为社会机器理想的牺牲品。这就是改造世界的思想,这就是世界的统治者,几近半个神人的思想,这个思想对那些一心想要步入这一阶层的人有着无限的吸引力。"布尔什维克主义是一个要将那些不可能、不能容许及不能实现的东西都变成现实的党。既然我们为了荣誉和幸福成为这个队伍中的一员,我们就应做好牺牲自己自尊心、尊严和其它东西的准备",彼亚特科夫如是说。规模相当的各类白军运动和分散的农民起义都不能与这个思想相对抗。我认为,这个思想决定了布尔什维克的胜利和其他社会主义运动的成功。当然,这只是因为它是在全民族危机之时显现出来的。

在实现社会主义思想的尝试中,这一思想首先遇到了农村的抵制。农民自己决定劳动的时间和特点,感觉随时随刻亲近宇宙,这种经济是具有创造性的,如同诗歌和科学一般。农民是布哈林"活机器"的对立面。我认为对社会主义的批评没有说服力,他们说什么"人们不再关注自己劳动的物质成果了"。在俄罗斯,人们已经习惯贫穷。更悲哀的是劳动对人们已没有意义。这就是当劳动失去创作的成份,几近于苦役的现代社会的致命问题。社会主义在按照机器模式构建了整个社会之后试图解开这个节。这就是社会主义与农民经济实质的排斥性。这也许就是恰亚诺夫在谈到农民经济的基础是"对公用事业的别样理解"时所指出的。创造性劳动本身的快乐就是"报酬"。因此,农民做出牺牲,只为保留自己生活和活动的方式,在危机时期这种方式同建立在利润原则上的经济相比更具竞争力。借用恰亚诺夫的话,"在艰难的岁月经常挨着饿,使出浑身解数……,他们几乎时时刻刻坚守着"。所以他们满腔愤怒,在起义的海洋里,在1918-1921年的农民战争中捍卫自己的生活方式。在每一次具体的事件中他们都起来进行注定要失败的反抗。但他们总体上还是坚持住了。

新经济政策引发了党深重的精神危机,这一危机当时体现为高呼"为何而奋斗?"的口号。在这种环境中一大批人自杀。在党的十三大、十四大、十五大和十六大期间,党的全部历史是一幅为延续"战时共产主义",实际上是为延续《共产党宣言》中已作出预言的托洛茨基"劳动大军"思想而斗争的画卷。起初,党内一部分积极分子作为"托洛茨基、季诺维也夫联合反对派"支持这些要求,在结束之际,包括斯大林在内的大部分领导人都确信,这是唯一一个可以团结全党的纲要,实际上是唯一一个党纲。在十六大上形成的全部是集体化和消灭富农阶级的口号。这是党对1918-1921年农村战争失败和新经济政策而实施的报复。

现在有时报道,残暴的集体化是为工业化付出的昂贵代价。但这只不

第一章
社会主义：理论与实践问题

过是接受了那个时代的宣传定式。其实为了实现工业化，根本不需要集体化。比如，第一个五年计划是建立在农村福利增长和在粮食外运后整个国家福利增长的前提下，此计划预先规定了工业化应该速度很快，这在当时已经实现了。但后来规定了无以比拟的高速度，导致了经济各部门的不平衡，所以五年计划最初设定的任务也就无法完成，就如同内战时的余粮征集制一样，没收农民的所有粮食，包括种子在内，鞭打和枪毙农民，关闭教堂。这引发了从乌克兰到西伯利亚的一连串起义。中央关于非哥萨克化的指令，消灭哥萨克阶层的政策引发了顿河上游的起义，为邓尼金开辟了通向莫斯科的道路。反农民的政策——从非哥萨克化到非富农化及后来的"无前途的农村"都不是对生活需求的回应。这是认识到农民自由劳动与建立在社会主义——共产主义思想基础上的社会互不兼容的后果。这种不兼容多次被马克思主义经典及其信徒所表述。比如，在《共产党宣言》中谈到了"小资本主义和小农所有制"，谈到了"工业的发展消灭了这种所有制"（的确，正在"日益消除"）。换言之，依据理论，农民就是不存在的。马克思把农民称作"世界史的闹剧"，"文明内部的野蛮代表"。列宁写道，资本主义经常在农民中产生。既在理论中预言到了，也在实践中找到了这个唯一出路——消灭农民这个阶级，变农民为无产者。

依靠消灭农村来建设纯工业和技术文明的思想并不新鲜：以英国为先，西方从18世纪就开始走这条路。这条路导致了矛盾的结果：把农民从土地上赶走，同时提高文化水平，之后再提高生活水平。我们已经建立了当今世界最好的教育体制之一，从幼儿园到学校（依靠起源于19世纪的与门捷列夫、茹科夫斯基、巴甫洛夫等人相关的俄罗斯强大文化的崛起）。但对于我们国家而言，沿着别人走过的路走是可怕的。在20、30年代对此问题已经有了清楚的认识，当时主张"追上"的呼声中也体现出这一点。这是当时意识形态的矛盾之处：号召追上正在滑向灭亡的那种制度。而要超越，只能是在共同的道路上。俄罗斯最终的"追赶者"立场与她自身独特发展的传统观念不能并存。西方资本主义和社会主义的发展道路只不过是建立技术文明的两种不同方式：建设通过宣传完全控制自己成员的社会机器，可控的选举、大众传媒、广告、经济压制或是国家机构的影响。竞争应当从上述二种方式中选择更有效的途径。俄罗斯采纳别人的生活原则注定要失败，而精神、思想独立的丧失注定了目前在经济领域及国际地位等方面的损失。

这个教训对我们今天的生活意义何在？我认为，它弄清楚了一些东西。就其实质而言，社会主义学说具有神秘性。作为当权（或是谋取政权）精英的意识形态，它的意义通常只有精英本人清楚，而并没有全部表达出来。社会主义意识形态的精英思想在苏联几十年的历史中赤裸裸地表现出来。当权阶层最终（即使在丧失政权后）仍保持那种立场，只有他知道"怎样更好"。最胆怯的反对或是建议都会受到惩罚。这是少数权利垄断者的寻常思想：扮演严父的角色，严厉领导缺乏理性的子女，在这一理念下，统治阶层要对结果承担全部责任。如果获得了成功，那么指导生活的要求也会被认为是正确的。但生活做出了残酷的判决。我认为，结果是，在今后的很多年里，社会主义思想要对我国生活产生重大影响的可能性微乎其微。国家本身还可以在经济领域发挥重大的影响，就像现在的美国和德国那样，但那种要为之奋斗和牺牲的思想则是难以想象的。（想想国家紧急状态委员会吧，当时没有一个人站出来捍卫它）。要知道只有这样的思想才能扭转历史进程。

俄罗斯目前正面临这样的选择：退出历史舞台或是改写历史。我认为，唯一能够完成这一使命的思想是这样的民族思想：俄罗斯爱国主义、保卫俄罗斯等思想，它们已经多次拯救了我们的国家。克留切夫斯基写道，俄罗斯性格中蕴含团结巨大力量奋勇向前（他把这与夏天的短暂和必须集中所有力量联系起来）的能力。应当对这一特征能被我们的子孙后代延续下去寄予厚望。

ID
第一章
社会主义：理论与实践问题

通向社会主义的道路荆棘密布，但别无它途

H. M. 哈巴拉什维利

在当代社会意识中，一方面，正在全力灌输社会主义发展道路不现实与虚幻的观念，另一方面，有人在寻求出路，摆脱当前资本主义已陷入的僵局和困境，作为第三条道路的所有希望都寄托在有后工业、后资本主义、后市场、信息社会及其他各种称谓的未来社会。发达资本主义国家似乎已经转上或正在向这条道路转变。

首先，以此来承认资本主义作为社会体制的危机，以及资本主义生产关系将不可避免地被更先进的、更能给生产力发展以动力的生产关系所取代。据 P. 海尔布罗涅尔的观点，在社会中积极运用科学的新思想与作为社会体制的资本主义之间存在严重的排斥性，这无可争议。他把腐蚀掉封建主义的商品货币关系的发展同科学的现代功用相比较，这种科学是以新生的并正在削弱资本主义的社会制度萌芽为代表的。当今，"知识作为罕见的生产要素正在替代资本"。

其次，这说明，社会发展从未像现在这样贴近社会主义。资本主义自身发展进程所孕育的社会经济现实和前提条件证明了这一点。依靠这些前提条件，的确"工人阶级面临的不是实现何种理想，而是给已陈旧的、正摇摇欲坠的资本主义社会内的新社会要素以广阔的空间"。不久前还存在的世界社会主义体制、社会主义建设过程中取得的巨大成就都证明了这一点，同时，无论有多么离奇，该体制的瓦解、社会主义在苏联和东欧国家的失败、以及后来这些国家向市场经济和资本主义过渡的尝试也都是很好的证明。

同时，当被客观发展进程推进的时候，无论它愿意与否，它都会向更高的社会形态发展。同时，人们尽力避免"社会主义"的字眼，希望保留与社会主义相对的"神圣"的私有制，臆想出未来社会的各种名称。著名的美国经济学家乔治·格尔布莱特指出，在商人的所有语汇中，诸如计划、政府调控、国家扶持和社会主义等字眼让他感到有些刺耳。对未来是否可

能出现这些现象的讨论可能会使他们认识到，这些现象已成为事实。也不能回避指出这样一个现实，这些可怕事物的出现至少是因为得到了工业体系的默许或因为工业体系对它们有所需求。在承认资本主义体制的过渡性的同时，私有制的捍卫者不愿放弃私有制，认为私有制是不可侵犯的和永恒的。И.斯特拉文斯基在《资本主义的今天和明天》一书中指出，铲除资本主义私有制的自我否定，不是在政权消除资本的方式中，而是通过向"社会资本"过渡的手段。在这种社会资本中，每个资本家不是个人资本的所有者，而是社会所有私人资本的共同拥有者，并从中获得与自己所投资本相称的红利。乔治·格尔布莱特还持有另外一种观点，解决拉平收入问题的一种办法是，将出于同情而加速股东政权灭亡的成熟企业变为完全国有的企业。这标志着国家借助国有有息证券收购股票。这保留了不平等，但不允许这种不平等随着红利的提高和资本价值无控制的增长而加剧。经过一段时期，所继承财产的移交、遗产税、慈善事业、浪费、扶养费和通胀可能会导致这种财富的枯竭。

这样一来使人形成一种印象，即后苏联空间社会主义的"失败"今后将成为特别的催化剂，促使前社会主义阵营国家及世界各国构建真正焕然一新的社会主义。的确，"塞翁失马，焉知非福"。亲自感受了市场改革全部"好处"的社会只有一个理想——摆脱改革派们打着自由市场经济旗号所强加的资本主义早期的掠夺。我们认为，社会主义，更确切地说是俄罗斯社会主义的内外部敌人的主要错误就在于此。应当强调，冷战和热战无论过去还是现在都不是反社会主义的，而是反俄罗斯的。事实是，这些敌人不希望有一个强大的资本主义俄罗斯，更不愿意看到一个强大的社会主义俄罗斯。令其吃惊的不是社会主义的"失败"，而是在外部敌对环境所包围和国内形形色色暗藏坏人的阴谋下，社会主义表现出的活力。近期，他们这些破坏苏联政权和社会主义威信的做法令人不寒而栗。

而正是他们代表了社会的"精英"，占据着领导高位，操纵着国家和社会主义的命运，走上以瓦解国家和资本主义复辟为最终目标的宣传蛊惑之路，以"加速"、"改革"、"新思维"、"人道的社会主义"、"更多社会主义、更多民主"等虚假口号为手段，以此使人民放松警惕，他们以破坏国家社会经济生活、挑起民族纷争、破坏军队和苏联政权的威信、破坏社会主义制度等方式，来弱化我们国家用几十年才考虑好的实现自由主义民主市场的目标，而我们国家又极其缺少实现这个目标的现实土壤。西方观察家指出，俄罗斯的不幸在于，她听从了那些想要在原本没有资本主义的国家推广自由主义的西方经济学家的意见。西方顾问向俄罗斯的"波士顿男孩"脑子里灌输，国家参与的越少越好，他们说，市场可以调节一切。

只有这种办法可以摧毁苏联和社会主义的经济实力，使它脱离高度社会化的大规模生产，离开国家—集团式的资本主义及其市场对价格、开支、供应商和消费者的控制。使它摆脱市场经营机制，离开声名狼藉的市场经济的怀抱，而只将市场经济留给国家经济各领域的小企业，这样的经济即便是对当代资本主义也一无是处。

改革者走上经济改革之路，忽视了资本主义发展的逻辑，将私营资本主义生产关系和相当一部分与所谓"前垄断资本主义"相适应的表现形式强加给本身就高度社会化的、具有独特社会结构的生产力，结果使国家卷入史无前例的、深重的经济危机。但如果前垄断资本主义的资本主义正是依照市场经济的规律运行的，在自身基础上日新月异地快速发展，那么今天，主要以国民经济各领域小企业为代表的它的翻版，脱离了以现代大企业和公司为代表的被称为"计划体制"的主导经济，脱离了国家的扶持，不可能在自身基础上正常运行。

现代条件下的小企业某种意义上展现主导经济运行的"负面产品"，而在许多方面小企业是从属于主导经济的，主导经济对于小企业而言是主要的能源、燃料、机器、设备、原材料、运输方式、通讯、大部分消费品和服务的供应商。因此，小企业购买这些产品的价格在许多方面受主导经济控制，小企业又被迫以他们自己无法掌控，而受主导经济通过市场干预的价格售出自己生产的相当一部分产品和服务。因而，他们之间的贸易条件客观上将对能够控制自己产品价格和消费并以此来影响其他经济成员的主导经济更有利。结果市场体制这个小公司的现实世界遭受来自主导经济的特殊的剥削。

小企业的境况恶化还源自"小企业主高度的自我剥削和对不受法律及工会保护的雇佣工人的剥削"。在激烈的竞争和竞争力不足的形势下，小企业的自我生存主要靠不懈的斗争来实现。置身于市场和消费者的影响下，小企业在不降低自己劳动强度的同时，迫不得已，一年四季，无论刮风下雨都要从早到晚，甚至全天对消费者开放。所以"看似他的自由——这是至死都要挨鸭子啄的人的自由"。尽管如此，未来在整个经济活动中小企业的份额未必会减少。这样的问题只会加剧，因为，如 П. 德鲁科尔所指，2010 年前发达国家产业工人的数量会减至目前农场主的水平，降至所有劳动力的 5–10%，从"中产阶级"变为"另一半"，"但社会不可能让他们成为弃儿"。而且小企业的生存会减少失业，缓解社会紧张形势。П. 萨缪尔森指出，这些小企业唯一与众不同的是，他们创造了对劳动力的新的需求。但当谈及劳动报酬时，这个需求只是幻想，而且这个需求代表的是任何人都不需要的事情，类似于挖坑再把它埋上的社会工作。

除此之外，如果市场体制本身相当稳定并且经常自我调节，那么在缺少国家调控的情况下，主导经济（计划体制）通常会不稳定，出现自己调节不了的下滑或萧条，但它们会有聚合的特点。下滑和通胀给中小企业造成的后果要比给产生形势危机的主导经济造成的后果严重。

这就是在当今条件下国家必须扶持小企业和对主导经济进行调控的原因。因而，是客观形势而不是意识形态方面的选择织成了这条路。正是社会生产发展的客观进程：先进的技术、生产和资本的集中、资本的强化使用、生产专业化和产品的细化进一步明确、由于消费选择的快速变换和产品的更新而带来市场的不可靠性和不确定性、管理和技术机构作用的提升，使它摆脱亚当·斯密所说的"无所不能的"无形之手，摆脱臭名昭著的"放任主义"，摆脱完善的自由的竞争和市场经济方法而转向计划经济活动，转向"有形之手"，转向国家对经济的干预和调控。

结果，面向陌生和自由市场的生产让位于为早已明确的消费者而生产；市场越来越少地参与价格制定，因为价格主要由生产商来制定和控制；竞争基本上还在继续并由于非价格因素加剧；从内容和作用的机制来看，价格竞争是特有的竞争而不是通常的成熟竞争环境下的价格竞争；消费者的主权因为消费需求成为可控的和可建的（通过广告和产品的细化对需求的控制使消费者失去了"市场之王"的称号）而遭到破坏。在这样的经济条件下，为了回答生产什么、如何生产和为谁生产的问题，首先应当知道为谁生产。解决这个问题意味着：针对预先已知的、有一定消费和购买能力的消费者，要提前计划生产有具体消费特性的商品。使用于生产的必要劳动消耗和相关价格，与提前制定好的消费价值（功效）联系起来。

这就是私营经济领域的趋势。这些趋势随着国家对经济干预的增加而加强。国家订购和支出不仅促进而且还强制生产公司认真计划自己的时间，有时这个时间持续几年。除此之外，本着减少风险和消除市场不可靠性的目的，国家承担了对技术先进产业商品市场的拨款和担保。根据凯恩斯理论，国家承担调节总体需求的任务，以此来决定整个经济中共有的消费结构。对有效需求的管理，减轻了企业的规划，特别是战略规划。大的企业和集团在保证自己对技术劳动力的巨大需求时，依靠国家也很重要。对国有的项目、企业和机构进行规划是必然的。目前，国家对资本主义经济的直接调控，全部或部分应用在有着重要经济、社会意义的企业和机构。所有发达国家的政府被迫直接表现出对住房建设、卫生、交通的积极关注。

第一章
社会主义：理论与实践问题

上述问题在各国很大程度上已经社会化。英国、北欧国家、德国和荷兰这些方面的工作要比美国执行得好得多。在法国、意大利、日本、瑞士等其他国家，那些已完全社会化的企业的运行情况要比没有社会化的企业好。"美国人和欧洲人的差别不在于美国人不擅于管理国有企业，而在于美国人的指导思想是：尝试是次要的，会带来损失。"

对经济进行计划和国家调控的必要性不仅受制于生产的技术及组织要求、国有经济存在与否等条件，而且还受与危机事件、经济军事化、战争、战后重建及经济改造相互制约、相互关联的经济运行中的变化制约。在这样的条件下，寻求经济自由主义理想蕴涵着危险。因此，范德维指出，一战后对经济自由主义理想、自由贸易和金律理想的追求证明了，现实和理想的鸿沟从未像20年代那样深。市场资本主义的模式重新显现出内在的软弱性，市场经济经历了深刻的动荡。倒闭风潮和大规模失业迫使工人和企业主与资本主义思想划清界线。正是国家干预和国家调控，而不是对自由市场理想和对经济自由主义理想的追求使美国经济摆脱了1929－1933年大萧条的压制。正如剑桥大学教授A.布林克里所指出的，实行"新政"最重要的长远影响是改变了国家的地理风貌，其中罗斯福实行的社会工作的实践发挥了特殊作用，这种实践在很大程度上使国家得以摆脱危机，而且与苏联的实践有许多共同点。每个人都看得出"新政"的物质遗产，而且在美国任何一个村社、学校、邮局和实行社会工作管理的行政机构都能轻松发现这一遗产的痕迹。这是美国历史上首批市政住宅建设，这是用途最广的基础设施——桥梁、公路、港口、大坝和其他水利技术设施，从根本上改变了早先落后的美国南部和西部的经济前景，并且创造了快速发展的所有条件。

与此相类似，社会主义建设经验及其在社会经济发展中的成就帮助资本主义世界摆脱了许多病痛，很有可能，无论是苏联解体还是社会主义的"失败"都向世界其它国家发出了警告，也就是回归自由放任主义（laissez faire）怀抱，人为的、有时甚至是强行的加入资本主义市场经济原则，以及完善的自由竞争所带来的灾难性后果，关于自由竞争，П.萨缪尔森曾说过，"我们的社会不可能为重返19世纪的条件而将历史的车轮倒转"。尽管19世纪美国长达百年的经济高速发展正是自由主义的成果，乔治·格尔布莱特指出，"任何事物也不能带给西方比回归早期资本主义学说所指出的、至今仍被虔诚的神学家所歌颂的经济秩序更严重的灾难性后果"。打破更大企业实力后连小公司也不能恢复。为此需要尽快放弃技术进步的思想。比如，不能在没有现代化机器设备、化肥、植物保护措施、电力及其它大规模现代化生产成果的情况下提出现代化农业生产。此理同样适用于国民经济其他领域的小型商业企业。

在上述背景下，许多事件发生在后苏联的俄罗斯社会经济生活中，不仅与文明的发展，也与正确的理念相矛盾。资本主义世界在科技进步等现实影响下，自觉或不自觉地，但极不情愿地在脱离资本主义怀抱的同时，朝着社会主义经济原则的方向发展，而包括俄罗斯在内的前社会主义国家则坚决以"无限制的掠夺行为"和"高度发达的商品和服务匿名交换形式"的资本主义初期阶段为目标。"自由改革"的结果是令这些国家失望的。

与此同时，给俄罗斯经济注入自由主义的方法令人称奇，不仅与市场经济方法没有任何共同之处，而且还与正确的经营方式大相径庭。世界经济此前还不知道有拖欠工资这个居民购买力基础的现象。而完善的、自由竞争的市场经济正是依据供求规律、塞耶市场法则运行的。根据这些理论供给（生产）创造了自身的需求（消费）。如果建立的需求不能实现，那么供给（生产）最终会停止。当然，类似的行为违反那些被称为改革者的人着手构建的市场经济原则。

改革者的行为设置甚至也不符合极具特色的国家形成有效总需求的凯恩斯资本主义的框架。这里指的是国家经常缩减在社会经济领域的开支，而这笔开支却有助于形成和管理社会需求。这还是发生在工业发达国家的作用日益增长的条件下，例如加入经济合作与发展组织的国家平均总开支水平已从1937年危机后占国民生产总值的21%增长到1995年的48-49%。凯恩斯推翻了以往的模式，他指出，不只是供应产生需求，反过来需求也能刺激供应，这个需求由国家去推动产生，包括在必要时由国家组织一些社会工作，甚至像他调侃的那样，组织一些毫无意义的工作，如将瓶子塞满纸币并埋在地下，让失业的人去寻找。

这给人留下一种印象，似乎改革者出于幼稚或邪恶的想法，从最初就给自己提出了减少居民购买需求，并采取一切办法继续朝此方向努力。凭借"休克疗法"和掠夺居民的手段，改革者实现了购买需求灾难性的缩减，形成了显而易见的消费品极大丰富，而这些消费品是以资源换取进口的。购买需求停留在原来的水平，改革者不能够建立与他们所描述的市场经济优势相类似的和可与他们造成的改革前的商品短缺相对比的"丰富"。同时，他们运用其它群众消费和工作手段，将建立的"丰富"以类似的形式抛向全面"评述"，改革者在迷惑市民的同时，相对于建立市场和市场经济而言，更热心于买卖，确切地说是搞投机（绝大多数情况下是指进口商品）。类似的情况更加剧了原本就已令"市场关系"参与者苦恼的局势。因

第一章
社会主义：理论与实践问题

为，首先，导致商品涨价，其次，失控鼓励大众想尽各种办法违反贸易规则，结果导致本来就微不足道的购买力和消费下降。

按照国际惯例，资本所有权与资本功能的剥离不是因为资本家对所有制产生"厌恶"或"过敏"，而是在管理生产日益复杂的情况下，随着公司的发展，权力脱离了所有者，转向公司管理者——有一定知识、经验和直觉，能够在计划生产、确定价格、制定市场政策、销售、广告和其他方面做出权威决策的一批人。他们不是单独的个体，而成为现代化、后工业、信息社会管理生产的主要力量。结果在大的集团里所有者通常是消极的收入获得者。同时，当"所有发达国家转变成后实业、智能化社会"（П.德鲁克尔）时，"资本主义衰落"，资本所有者与资本功能划清界线，在后苏联国家体制中的"空白处"产生了资本家—所有者，与遗传的与生俱来的资本家没有任何共同点，而且客观发展进程迫使他们放弃资本功能。在此情况下，新兴资本家把吞并积累了几十年的全民所有财产称为资本的原始积累？有趣的是，当时把独具特色的近一段时期很少实行的所有制非国有化称作什么来着？把它称作资本的原始积累是不合理的。在以这种方式将人民的财富据为己有后，新兴的资本家尽可能从成为他们财产的自然资源、工厂、飞机、轮船中榨取财富，并将巨资转存至国外的银行。即使在国外他们也没有将资金用于发展事业，而是将钱存起来留在困难时用。唯一他们擅长做的就是买些不动产：别墅、房屋、住宅、汽车、游艇。

更让人难以理解的是引发了被称为过渡期的问题。是从什么到什么的过渡呢？从历史角度看过渡意味着运动、发展以及这种运动和发展的断层。而运动、发展永远是面向未来的；运动的矢量、发展是不变的。如果有人（或是整个社会）特别想这么做，也不能将历史的车轮倒转。历史、运动、发展可以重复，但在更高层面会历史性地受到"压制"。在这个运动的过程中确立了资本主义及其后来从低级阶段向高级阶段的发展：从单一垄断到多元垄断，从国家垄断到国家合作，并最终发展到收归国有。当今资本主义的表现形式不是解决其自身产生的所有祸患的灵丹妙药，这一现实不符合现代经济生活的要求，不意味着它的回归，比如，回到单一垄断的资本主义，回到现代自由竞争市场经济时代。经济学家和政治家认为现代全球资本主义危机形势的出路在于被称为"第三条道路"——介于社会主义和资本主义之间的某种东西。至于回到从前的尝试，回到没有出路的境地，那么在前苏联国家不乏这样的例子。以回到资本主义怀抱为目标，并不是回到资本主义的国家合作的最高阶段，虽然在统一苏联经济空间的现实中完全具备这个基础，而是回到发展的前垄断阶段，这些国家幻想按"金十亿"国家（译注：指发达国家或经济合作与发展组织成员国）的模式生存，忘记了在现代全球化条件下的资本主义社会现在存在，而且未来还会存在主要的和富裕的国家，并且受剥削的穷国要依赖它们。即使是停留在国家合作资本主义阶段，更不用说是中国的发展模式，它们也不至于破坏现在的经济关系，使自己的经济实力陷入悲惨的境地。

年轻的改革者借用书本上极其简化的市场经济图表，同时忽略当时生产力发展与当时生产关系的辩证关系，"号称忠实于自由市场和自由竞争，而实际上却在建立和管理经济中，将寡头垄断与国家广泛干涉相结合，从而建设自己的经济"，在西方顾问的指示下将国家引入死胡同。同时，"市场经济"、"自由市场"、"自由竞争"就如同邪恶的摇滚，从所有人——从普通市民到总统的口中我们随时随地都能听到这样的词语。形成一种印象，最终也搞不清楚讲的这些词语的实质。

市场和市场关系从商品生产出现时起就代表着现有及潜在的商品、服务的消费者和销售商及其相互关系。但是前市场经济、市场经济及后市场经济的商品生产、市场和市场关系具有固定的意义上的负荷，相互区别。前市场经济的商品生产、市场和市场关系向前发展并且不断补充新的内容，在纯资本主义和成熟竞争资本主义市场经济条件下达到最大发展。

当竞争市场上销售商和消费者数量很多时，没有一个销售商或消费者会为了明显影响产品价格，而对数量充足的产品表现出供应或需求。换言之，他们始终还是在市场的控制下，"受市场恩赐"，也就是说，价格由市场来制定，由消费者手中"货币的声音"来决定。可见，生产的主要调节器是市场制定的价格。"K. 马克涅尔和 C. 布留指出，最终由消费者决定经济该生产什么；在一定意义上消费者掌握主权"。但是消费者的决定是在已经为他生产和提供了商品之后，即"今天才知道昨天该生产什么"。市场经济及其完善的自由竞争、天意的"无形之手"、市场的权力，以及消费者"强制主权"的实质就在于此。市场经济决定了自身调节和国家不干预经济的原则。

当然，破坏这些原则也就动摇了市场经济的基础。对这些原则的破坏始于对经典商品生产的破坏，始于面向未知自由市场的生产对完善竞争原则的破坏。按 K. 马克思的表述，资本主义生产取消了商品生产的基础，取消特殊的、独立的生产和商品所有者间的交换基础，或是取消等价物的交换。受市场体制所鼓励的技术进步和最新技术的应用，要求利用大量现实资本、大市场、富裕和可靠的资源。这本身意味着大规模生产企业必须运营，必须集中生产者手中的经济权和对价格的监控权，破坏商品生产和完

第一章

社会主义：理论与实践问题

善竞争的原则，出现市场机构，不完善竞争（垄断竞争、低聚合、垄断）。破坏商品生产首先是破坏商品生产企业的特殊性。H. A. 察格洛夫认为，这种破坏随着社会化发展而出现，即便依赖市场、依赖私人生产者劳动、技术——生产彼此依附程度高的高度专业化、集中化生产活动也会走上特殊的不依附于其它生产企业的位置。面向具体消费者的生产、严格依附于消费者就产品种类、质量和供货期限的技术要求——这就是破坏劳动的个体性和生产的特殊性。"正是资本主义垄断成为那种生产关系，这种关系包括存在于个别商品生产商之间的，并在此基础上破坏公司、商品生产内容和实质的生产关系。"

计划成为必须的行为是因为市场机制不再可靠。技术的发展和与发展相伴的利用时间和资本的特性使消费者的需求能够提前确定——提前几个月甚至是几年。在定位消费者需要什么和要购买什么商品时，公司应尽一切努力，使决定生产的产品找到消费者的价格需求。这个价格保证公司有足够的报酬。可见，这已不是市场的权力和消费者的主权，因为价格不是由市场和"货币声音"来决定，价格由生产商制定和监控。以此获取价格、开销、消费行为和供货商的市场权，生产商已不能遵守市场经济规律，并且还以此来破坏其本身特有的自我调节、自我设计能力。结果造成了经济发展的周期性。根据 Э. 切姆别尔林的理论，以垄断竞争为特征的经济中存在经济循环和波动，因为破坏了成熟竞争所特有的价格竞争，生产能力过剩成为经常性和普遍性的现象，借助于永远超过开支的价格，这种现象在很长时期内不断加剧。随着生产社会化和集中化，这些循环的尖锐程度和循环波动的幅度出现深化的趋势，这种趋势可以在没有国家干预情况下实现聚合。

对于具体消费价值的消费者的生产，也就是对已知的具体的消费者的生产，很少有与市场经营机制相同之处，所以客观上要求必须与市场活动相结合，对经营活动进行规划。B. И. 列宁写道，当资本家为国防、为国家工作时，这显然已不是"纯"的资本主义，而是国民经济的特殊形式。纯粹的资本主义是商品生产，是为未知的自由市场而工作。而"为国防工作的资本家不是为市场而工作，而是为国家采购而工作"。而且，在现代纵向联合发达的领域缺少的不仅是市场的经营方法，还包括市场本身和市场关系，因为纵向联合创造了生产所有阶段的规划和监督体制。价格和产品成为买卖对象结果，交易在计划机构内部让位于产品的转移。这就是直接生产社会产品、社会消费价值的变异，只是在经济发展的更高层面上，类似于缺少商品生产、市场及市场关系的自然经济。在现代条件下，人们认为正是纵向联合可以替代市场关系。当然，未来生产的社会化、以纵向联合为特征的国家联合资本主义的发展，将在整个经济范围内面向更多地服务于共同的自由市场空间、商品生产、市场经营原则。在这方面，合同关系、大公司和联合体间签署的确定了长期价格和供应产品的问题的合同发挥着作用。实际上当今条件下的市场实质是有组织的契约市场。它与以往市场、市场经济的市场的区别在于销售商和购买者相遇并进行交易不是在产品生产之后，而是在此之前。所以今天就已清楚明天需要生产什么产品，而不是相反。

组织订购生产，为已知的消费者预选消费价值（功效），当物品的功效性（而不是价值）被关注时，已是在生产产品期间，意味着追求更先进的经营方法和对经营行为的规划。在此背景下保留市场关系，但不是市场经济及其市场。

这样以来，商品生产、市场、市场关系和市场经济在经典商品生产、纯粹资本主义和成熟自由竞争的资本主义条件下实现了自身最高级的发展，随后，由于破坏了商品生产使商品生产的内核出现作为计划和市场活动的后市场经济因素，随着生产和资本的社会化和集中化，后市场经济因素成为经济生活主体经营活动的主导因素。

正是对商品生产和与之相关市场经营原则的破坏，成为 Э. 切姆别尔林、Дж. 罗宾逊的不完善市场结构，凯恩斯主义及其国家干预和调控社会经济生活理论，国有经济运行，运用成熟市场的高级形式对经济主体经营活动进行规划理论诞生的基础。这种破坏建立在科技进步的基础上，受经济发展客观进程的制约。因此，将不完善市场结构现象的出现与价值劳动理论的破坏及在此基础上积极发挥消费价值（功效）在价值关系中的作用联系起来，根据劳动开支（生产开支）确定价值（价格）。Ю. Я. 奥里谢维奇指出，随着消费水平的提高和需求的差异，生产能够扩大和迅速改变商品和服务，——福利的相对功效对价格构成及价格间的相互关系影响增大，劳动开支及价值劳动理论的意义在确定价格关系方面作用下降。"因为这种变异价值的实质——抽象劳动本身遭到破坏"。

正如前面我们所指出的那样，规划（按 H. A. 察格洛夫的理论，不完备的计划性）和市场活动在现代经济特有的高级表现形式中成为必须，因为市场机制不再是可靠的。但公司和集团在这种充斥有关价格和剩余的市场权力经济中，有能力为了自己的目的将自己的利益强加给消费者和社会，在激烈争夺消费者手中金钱的斗争中，在限制购买需求的条件下，不能将平衡这些利益坚持到底，导致出现危机局势，按 Дж. 格尔布莱特的理论，用凯恩斯建议的简单改变政策的办法来解决失业和萧条，不足以解决通胀问题。解决问题的关键在于承认规划逻辑及通过建立国家计划机构实现协调的迫切性和必要性。而且，在全球范围内实行的国家计划体系一定程度上要求国际范围的规划。

最后应指出，国家对社会经济生活干预和调控行为越多，包括调节收入水平在内，在宏观层面上计划和市场营销行为越多（尤其是"社会—民族"市场营销），该国的发展就会离市场经济越远，社会主义经济原则也就更清晰地显露出来，人们用这些原则只是铺设了现实的道路，而没有开辟意识形态构想，在这种情况下很少能有所作为。

参考书目

1. 《马克思、恩格斯文集》，第17卷。
2. В. П. 特列季亚科主编：《政治经济学》，圣彼得堡，1996年版。

第二章

社会主义在俄罗斯的前景

第二章
社会主义在俄罗斯的前景

社会主义原则与俄罗斯经济的竞争力

С. Ю. 格拉济耶夫

由于"社会主义"和"资本主义"的过分意识形态化,出现了大的混乱。应该在经济效率范畴内更理性地研究这个问题,将社会主义一些原则与现代经济管理效率的标准进行比较。

有一种看法认为,极端自由主义革命最终导致整个社会主义大厦的坍塌,这本身证明了社会主义经济管理方法和社会主义原则的无效。事实上,极端自由主义革命的发生,从社会发展利益的观点来看,纯粹是一种非理性的社会选择,但是从上台管理国家的个别人角度看,是完全合理的。实际上我们获得的不是市场改革,而是操控混乱制度的混乱,导致偏离资本主义和自由经济很远的现象。掌握政权的寡头把反共产主义言辞作为支持这种操控混乱制度的幌子强加给社会,其意义就在于建立对其有利的国家资源开发机制。

同时,如果说俄罗斯市场改革的结果是破产的(实质上是这样,我们国家发生了寡头盗窃现象,与此相比,当权者更关注的是将国家收入投到西方,而不是关心发展现实的市场关系),那么这不能证明自由主义学说遭受破产和资本主义本身无效。所以社会主义帝国的瓦解也不能证明社会主义原则和社会主义思想本身的破产。

将社会生活的社会主义组织原则同自由主义组织原则对立起来未必合适。任何当代发达的自我组织经济都包含有自由主义原则和社会主义原则。在社会生活的所有层面都这样或者那样地表现出社会主义意识形态和社会主义思想,这是在革命变革时代或以自发形式所产生出来的,或以社会意识神话化的形式出现,或以具体结构中制度化的形式出现。以任何一个现代国家为例:日本、中国近十年在经济领域展现出迅猛的发展,欧盟国家或者美国到处可以看见或多或少形成社会主义原则的形式。特别是能够体现社会主义原则的社会福利标准、社会保险和社会公正的保障机制、规划社会经济发展以及保障社会全民利益高于个人利益、在制订社会经济政策时遵循社会利益等程序。

如果说到社会主义原则怎样与经济全球化发展趋势和经济效益的要求相结合,那么不难发现,无论是现阶段,还是未来,经济发展的深层客观规律都使社会主义原则在当代社会生活中发挥巨大作用。

现代经济增长的基础就是科学技术进步,这得到了公认。科学按理是公共财富,是不可能完全商业化的。科研组织、教育、民族知识潜力的形成是不可能完全由私人企业自由竞争的。客观上有一半的科研费用、大部分的教育费用是由国家承担的。这种状况下,也就是知识潜力成为世界竞争的主要因素,而国家、公司、社会竞争的基础生产、推行新技术和掌握知识,本身对经济组织提出很严格的要求。例如,国家如果不能保障在科技进步中不断取得成就,尤其是在一些经济增长的关键方向,以及在整个社会最低十二年教育中,那么在竞争中注定失败。

相应地,能更好掌握这种机会和机制的国家就有优势。这是一种进行长远规划、寻找国家促进创新积极性的最优形式、全社会免费教育、开放和国家积极支持基础科学的机制,以及以社会主义原则和现实社会主义实践走向世界的机制。如果考虑到当代经济发展的基础是知识潜力,那么应致力于促进人的积极性,为此必须推行劳动、教育、医疗社会保障。

现代管理早就拒绝经济人的思想,拒绝所谓的"经济人"。优质公司在所有国家的实践和管理理论证明,团结、目标一致、以社会认可的成就为目标而不局限于获取利润是现代创造集体工作的最大动机。社会主义原则在知识劳动的组织中得到应用。当然,不该抛弃个人利益的原则和考虑,以及经济利己主义的合理性,但是我们不该使两者对立。应该看到当代生产组织中表现出的社会主义原则并理解其在保障管理效果的意义。奇怪的是,除了我们,全世界都知道这个道理。

在发达国家,反共产主义的言辞早已成为过去,只是在我们这里反共产主义和反国有化被列入执政"精英"的意识形态范围。显然是在这种思想掩盖下发生了对国家的全面掠夺。寡头集团为了自己的利益强化了反对调节以及国家放弃保障经济发展关键领域等思想。在反共产主义蛊惑宣传下建立了管理混乱的制度,这对一定范围内的当权者和集团有利。在这种混乱中靠国家短期债券"金字塔"、放开价格,垄断者提高服务费用捞取巨额财富。

近十年来,我们国家出现了当代世界独一无二的现象——破坏国家调控体系和放弃社会主义基本原则,这还导致了相应的后果。

全球经济发展规律证明了社会主义思想的现实性。近几十年,世界经济中心组织原则的影响正在增强。在科研经费耗费最多的,决定经济增长、

第二章
社会主义在俄罗斯的前景

成为现代技术基础并具有高附加值的高科技领域——飞机制造、航空火箭技术、无线电通讯、核能技术、天然气工业，都不实行私人自由竞争。它的发展靠的是集体竞争，包括向科研试验设计工作提供大量拨款的国家，开发有前景的技术和工艺的私人公司，制定发展战略和促进竞争过程的国有跨国公司。就是说在经济增长的先进领域，已经形成巨大的集聚资本、国家权力和知识的潜力，说什么自由市场是很不严格的。比如在航空市场竞争的总共有三家：美国"波音"、空中客车和俄罗斯航空公司。类似的情况也在航天服务领域。在任何需要在科研试验设计工作方面投资和知识潜力起决定作用的领域，都出现了伴随全球化过程的集中化和计划的趋势。同时，向外部世界强加的是假自由主义思想，其意义在于在外围国家建立管理混乱的制度。这样做是为了隐藏不等价交换的机制，中心国家（"金十亿"国家）用这种方法剥削外围国家，来保障其繁荣。这个机制发挥作用的基础是不平等的价格、发达国家集中掌握知识产权，从而形成长期依赖。

  令人感兴趣的是，拉我们加入单极世界的思想观点与自由主义学说格格不入。它包括世界经济的全球调控、全球纳税、消除通向资本自由化的国家壁垒，使所有国家服从国际货币基金组织的操纵，其规划政策不仅针对国际市场，而且针对个别国家市场，最终形成世界政府。所有这些表现与市场、自由竞争矛盾。对外，他们在全球范围提出一些社会主义管理的原则。但其实质是对社会主义原则的歪曲，因为如果我们对社会主义的理解首先是社会公正和对每个人有利的社会福利，那么这里强加给我们的是有利于全球上流社会的全球经济组织的官僚体制，对于他们来说只有其自身集团的利益，而整个其他世界是为其服务的工具。

  如果说在资本主义"核心"国家中，美国、日本和其他"七国"集团成员正在进行集中化的过程，继续形成国家调控的各种机制，包括保障科技进步的先进成就、掌握计划和长期预报的方法、形成管理机构，其性质是社会主义的管理体系，那么在这些国家外围仍然在强调全面自由化的思想，可以通过混乱管理进行不等价交换。换句话说，在世界资本主义体系"核心"形成强大的超国家经济体系，其基础就是根据计划性的原则，依赖国家机构和世界银行服务于寡头利益，在外围控制自由市场的混乱，超自由主义思想背后隐藏的是国际金融投机，摧毁民族国家的金融体系，以及消除跨国公司发展道路上的国家障碍。

  我们对世界经济全球化趋势挑战的回应应当在于复兴社会主义经济管理原则，它决定了社会和国家在发展经济中的作用会和国家的作用，应当在于实现自主知识潜力、管理科技进步和保障民主繁荣。

假自由主义辩护者认为，这些原则与世界发展趋势相矛盾，不符合实际情况，也就是在全球化过程中加强计划原则有利于世界经济体系的"核心"。

我们应该提出与"金十亿"国家的发展战略相对的俄罗斯自己的发展战略。这种发展战略应该掌握有利于整个社会的经济增长机制，发挥俄罗斯的竞争优势，保护国家利益，包括不允许把国家拖向不等价经济交换中，降低长期的依赖等。

符合整个民族利益的经济政策的目标、任务和措施已经显现出来。由于全球化和与之相关的俄罗斯经济下滑到世界市场外围，为达到提升生活质量和公民福利的目的，协商解决建立技术、制度、组织结构的任务，可以创造现代化的条件和提高经济效益，建立在世界市场范围内有竞争能力的生产。因此现代条件下国家的经济政策不能局限于向市场过渡，它应该激活俄罗斯现有竞争优势，形成俄罗斯企业和整个经济的新竞争优势，掌握现代经济增长的主要因素，包括刺激科技进步，形成现代和新工艺的关键生产，提升知识和科学潜力。

国家应促进俄罗斯经济最重要的竞争优势活跃起来，这包括：高水平的教育和丰富的民族精神传统，丰富的自然资源、广阔的领土和巨大的国内市场、熟练技术的劳动资源、居民高储蓄、发达的科技工业潜力。结合俄罗斯现有的生产经验和积累的科学及经济潜力，在有发展前景的领域应该确定国家经济政策的优先方向，实现这些优先方向可以保障国家长期的顺利发展。

国家不要代替企业的创新精神，而应该为投资积极性的增加和经济腾飞创造条件，它的基础是按市场自我组织和竞争原则广泛开发新的有前景的技术，同时对具有明显外部效果的重大项目要投入大量资金，首先用于科研、教育、卫生保健、发展信息和交通设施，刺激投资积极性等。为此应该由国家制定发展制度、预算政策、目标纲要，实行采购、优惠贷款、担保及其他国家支持的政策。

现代国家的必要特征就是指示性计划体系和长期国家经济现代化纲要，这其中包括以激活国家竞争优势为目标的具体的经济改革优先顺序，。

组织生活中的个人主义标准和人类活动中的物质利益刺激已不是21世纪社会的主导。社会责任和公正原则、计划发展、国家为社会利益调控经济、社会劳动保障、集体组织生产在所有发达国家的实践经验中得到体现。恢复这些原则是俄罗斯社会经济顺利发展的必要条件。

社会主义的复兴
（后工业时代的社会主义理论）

A. B. 布兹加林

20世纪，特别是世纪末的全球性变化使社会主义无论是理论方面，还是实践方面都暴露出深层矛盾。整个20世纪的历史就是痛苦探索社会主义的历史：从世纪初的社会主义革命到俄罗斯第一个大规模的社会主义试验、大规模的工人和民族解放运动、50-60年代"社会主义"风暴、70年代的停滞和90年代全面的危机（但不是全面的崩溃）。从第一次世界大战的结果和第二次大战的胜利、第一个人飞向太空和上千万人独立，事实上建立了新的社会——这是"社会主义"实践。上百万人遭受折磨，上千万人变成半农奴，肉体上消灭杰出的学者和社会活动家——这也是"社会主义"实践。苏联以及"世界社会主义体系"最后形成残喘濒死和可耻的结局。

20世纪社会思想史与作为思想总和的社会主义密不可分。探索克服异化、剥削、不公正的理论模式——这几乎是这个世纪精神生活的主线：从列宁和考茨基多多少少凭经验主义总结斗争的经验到格拉姆什和萨特的抽象思考，从切·格瓦拉充满热情的叛逆到甘地的不抵抗主义。与这些教条主义相并列的是日丹诺夫和苏斯洛夫的精神恐怖，是大部分西方共产党和社会主义党理论生活上的停滞，到了20世纪末，明显的表现是左的精神滞后在增强，不明显的表现则是与资本主义思想的争论。

因而，20世纪的经验证明：曾经占统治地位的社会主义模式，尽管取得过暂时的成绩（甚至可以用几十年来衡量），但无论在理论上还是实践上都不能解决从资本主义社会向比至今仍占统治地位的资本主义体制更加有效率、更加公正和人道、更加民主的新的社会主义过渡的任务。"社会主义体系"的衰落和世界上左翼的削弱，这是20世纪末社会主义深刻危机的深刻证明。但这不是崩溃，而是危机，因为即便今天我们也有潜力克服它：不管是消极的潜力——战胜斯大林主义，还是积极的潜力——要求我们不断思考的为社会主义变革而斗争的宝贵、英勇且具有悲剧性的经验。我们就像需要空气一样需要新的理论和战略，但是我们在研究新的左翼思想方面已经落后了,这种新的左翼思想应当足以回应第三个千年的挑战,并且在规模和深度上可以和20世纪初马克思主义理论成就相提并论。当前左的思想还不能全面反映当代世界质的进步并找出社会主义力量新战略的科学论据——这证明了社会主义理论的危机。但是这里我们再次强调是深刻的危机,而不是崩溃。左翼运动的理论家为了进行新的精神革命在监狱和大学教室里论证了相当多的新假说。

战胜20世纪社会主义危机要求我们辩证地批评和研究过去的成就,这能使向探索社会主义和共产主义变革的新理论和实践再迈出一步。

我们应该找到老问题的新答案(当代资本主义社会危机的实质是什么?当前社会主义主观的和客观的先决条件是什么?革命还是改革,走向新社会的最佳道路是什么?单独在某个国家走社会主义道路是否可行?社会主义改革的主要推动力量是什么:仍旧是受剥削的工人阶级?),不过无论有多么离奇,为此都要改变问题本身。否则还是要在斯大林主义者、民主社会主义者、托洛茨基主义者之间进行几乎已经持续半个世纪的无精打采的争论,现在他们都已经变成老头了。因而,我们需要新的问题。

社会主义突变论

在我们国家形成的"社会主义"社会经济体系(我们暂且把这种制度的标准定义放在一边),如果从内容上进行描述的话,不仅可以依据国外"社会主义"分析者的研究(从弗·海因克到雅·科奈再到阿·诺夫),也可以依据社会主义政治经济学(在"转向"辩护性质时)的分析。在这种情况下我们可以找出结合了后资本主义社会突变和萌芽的矛盾体制。

在资源配置领域(协调类型、生产和消费的关系形式、资源分配、保持比例),官僚中央集权计划占主导地位(能有效再分配最重要的资源,保障重工业和国防工业综合体的高速发展,但是无益于提高在世界消费品市场上的竞争力以及回应第二次和第三次技术革命浪潮的"挑战")。这种机制内部上受到"计划交易"、"指令价格"等现象的限制,被机关、地方主义、贪污腐化、多多少少形式主义的市场破坏掉了(社会主义市场下,比如,70年代匈牙利大部分价格不是中央确定的,企业的独立性很高)。同时,不同国家在不同时期、不同程度上出现了民主的萌芽,自下而上的监督、自我管理、反计划和其他相对"纯粹"的后市场协调形式逐渐增长。

在所有制关系方面占主导地位的是国家和合作所有制形式(尽管也有例外,比如,在波兰农业存在家庭私有制)。其内容包括以官僚形式使劳动

第二章
社会主义在俄罗斯的前景

者脱离生产资料以及国家资本主义的剥削,这是一方面;另一方面,是社会保障(工作、住房、中等消费、医疗服务和教育)和稳定。

在社会目标、劳动动机和再分配关系方面,情况也时有矛盾:一方面是平均主义、秘密分配和官僚特权、打压投资潜力;另一方面则是高水平的社会保障和现实热情和集体主义,个别时期(20年代、50–60年代)甚至在科学、艺术和教育领域取得了最高成就。

这种体制的再生产关系可以描述为"短缺经济",同时其特点为严格的资源限制(而不是需求限制),以及长期的不均衡、科学技术进步的动机弱化,有"失业"现象。同时,这些再生产关系在保持整个体系稳定时("相信明天")保障了根本的结构改变。

可以用"社会主义突变"这个术语简洁地表示以前体制的实质。[①]

对这个词的最新理解(我们这种假设的实质就在于此)是该词从历史意义上讲处在整个世界从资本主义向后资本主义制度过渡时期的走投无路的社会体制方案。其特点是经济社会化的社会历史趋势、"自由王国"的突发现象(由于缺乏良好的内部和外部条件而出现变种形式)。这是超出资本主义范围的社会体制,但是没有形成稳定的形式,成为未来走向新社会的依据。

显然,这些问题需要进一步说明。

首先,我们要指出的是,作者应该对激烈的批评作出回应,其实质在于确定似乎是显而易见的情况:除了前苏联和其他社会主义阵营国家,人们不知道任何其他的"社会主义"。因而,我们没有理由认为它是突变,也许不是"纯粹"的形式。

但是,这种显而易见不是别的什么,这是表现出所有深刻的和平收归国有的规律的经典变化形式之一。理智(或者更准确地说是庸人及其学术同类的"常理")只能发现这些形式,而不是其本质。同时我们的研究离不开分辨出本质的趋势。这些根本的趋势是后工业技术和创造劳动、后市场调节、劳动解放等产生的本质。新生社会的这些本质特点(重复一下:他们是根据分析必然王国和后资本主义客观过程得出的)不具有同一形式,不可能有其本质的进步潜力(生产力,以及作为个体的人),可以把我们国家的过去视为突变的社会主义。

[①] 在我们知道的对"现实社会主义"属性的解释中,苏联的解释,即一定程度上退化的工人国家可能最接近作者的立场,托洛茨基在其著作《苏联是什么?》、《忠实的革命》等提出的观点是其出发点之一。其他的来源是我们1983–1987年的研究,当时我们(部分是无知,部分是由于书刊检查的限制)还不知道有关苏联属性、作为民主社会主义的苏联社会经济制度的很多著作。

因而，我们可以得出结论，"世界社会主义体系"国家歪曲的不是某种社会主义的"理想"。这是指现实社会历史向"自由王国"过渡的趋势和其相应的现实社会主义萌芽（后市场调节和资源分配的因素可以顺利进行经济调节和计划、联合控制社会财富、社会平等、新的劳动动机即集体主义和热情主义）以突变、畸形的形式发展。

其次，还要说明的是，为什么我们注意到了突变的思想。类似一些自然科学领域的研究，我们走的不是前无古人的道路，马克思以及新古典主义者也"犯过这样的错误"。我们使用"突变社会主义"的术语是为了确定我们国家社会体制和突变的概念在生物进化方面类似（属于一定形式的组织，包括新的、刚出现的形式，具有各种各样的特征——"突变段"，程度上或多或少相同的"纯粹"形式，由于环境的改变可以成为"自然选择"的基础，以一定的"突变段"出现为分离出新的形式创造条件）。

从1917年革命开始出现的新社会具有一系列特征（"突变段"），使其按照不同轨道演变（包括从变形的道路到后资本主义制度的根本偏离）。"环境"的特性——生产力发展水平、社会主义改革的社会基础、俄罗斯人的文化和国际环境——导致由"突变阶段"的因素产生的当时体制中逐步得到最大发展和巩固的是官僚主义集成、国家资本主义的发展和产生的其他比较稳定的特点，不过是很稳定的特点，不是为进一步激进改变体制而附加的。结果发生了新社会主义产生过程的突变。

由于突变，这样形成的有机体一方面很适合20世纪上半叶和中叶苏联和世界资本主义体系"环境"，但是另一方面（基于同样的原因）远离后资本主义制度的运动轨道，这是非线性和平衰亡（消逝）过程的规律和矛盾导致的。

结果，在我们国家形成了能够在工农业俄罗斯环境下生存、发展甚至斗争下去的制度，那时的俄罗斯正处于殖民帝国主义和法西斯强国的包围之下（卫国战争胜利便是最有力的例证）。但是由于同样的原因（社会主义"总"的发展趋势突变），这种"形式"并不是后工业信息社会科技革命发生的新条件，它不能应对加剧的全球问题以及20世纪下半叶发达资本主义国家开展的社会化、民主化和福利增长新进程。（这个过程的离奇之一就是，50—60年代在资本主义社会化和人文化方面的一些奋斗者不仅受制于内部矛盾，而且还受制于国际社会主义体系的影响）。

在"社会主义体系"框架内形成的制度由于其官僚性具有很突出的一些特征（"突变阶段"），能促使"内部环境"进一步改变。这种突变的性质就是激烈（尽管是很深刻、潜在的）的矛盾：一方面，官僚主义恶性膨胀，另一方面，社会主义自身的因素（"人民的生活创造"萌芽）在能回答20世纪末新问题方面包含着演化潜力。但最后原来是官僚主义恶性膨胀造成的。结果正是在这些对形成"自由王国"萌芽有利的条件下〔要指出的是，这是科技革命、全球问题加剧以及所谓"全人类"价值观（即共产主义价值观）的挑战不断增强的初期〕，突变社会主义不可能得到发展。它衰落（"停滞"）并滑向危机。

社会型资本主义的"软"模式在80年代变为"硬的"、进攻性的右翼自由主义时，信息社会的挑战成为实际问题，而突变社会主义的内部问题变得很尖锐，在保留旧形式的条件下已经无法解决这些问题，由此出现了选择：要么战胜老体系的突变，推动走向"自由王国"，要么发生危机。由于所谓的刚性的旧体制，第一种情况显然是不可能的。结果突变社会主义自身消亡（由于世界资本集团而加速灭亡）。

这样，突变社会主义——历史上陷入绝境的社会体制方案——处在全世界从"必然王国"（尤其是资本主义）到"自由王国"过渡时期的开端；这是超出资本主义框架的社会体制，但是没有形成稳定的模式，没有成为今后走向新社会的基础。同时，这种体制首次在人类历史上大规模地激发起了社会群体创造（"人民生活创造"）的热情和对未来理想模式的思考（社会主义理论和苏联文化实际上在现实生活中被大多数人看成是理想的未来模式）[1]。

对我们过去的经验进行批判性的思考，尖锐地提出了能够应对后工业时代挑战的社会主义理论和实践问题。

20世纪末：人类走上社会生产的新水平

20世纪末以来逐渐明了——人类处在社会生活的质的改变阶段：出现了"后工业"（信息甚至"后经济"）社会；"人类革命"、"人类之力活动范围"（或者至少"稳定的发展"）——可以从不同方面去理解社会思想：我们处在跳跃的门槛上，那些找不到这个挑战答案的国家、民族和社会体制，就处在了停滞状态中。

在成为超越当前社会边界的可能性和必然性、并构成新的社会物质技术前提条件的劳动内容、社会生产结构、社会和自然的关系中究竟发生了哪些改变？

---

[1] Л. 布拉夫卡的著作中有这个论述。

今天我们可以肯定的是，共产主义的这些前提条件中最重要的不只是劳动社会化及劳动生产效率的增长。工业社会生产使人从属于机器；集约化和专业化仍然保留使人从属于劳动的社会划分方式，这是资本运行的必然基础，引发了大量针对它的抗议，但是在其相应的物质基础之上，新社会不够发达。与这种状况相类似，占优势的手工业劳动是对外经济暴力的基础，而这又激发了大规模抗议，但保障的只是资本关系，其胜利只带来了工业革命。

因而，我们成为"20世纪危险"的见证人：世界抗议资本主义及其破坏作用，但是尚未形成战胜矛盾的新社会。但同时，20世纪提供了战胜这个"危险"的手段。

其中最重要的就是：在马克思经典著作中描述过的，在劳动社会化及劳动生产力增长的过程中产生了新的现实。其道路就是由更广泛的人群的创造性劳动逐步代替作为机器传导器的一个人的工业复制劳动。实用的物质福利生产逐步让位给广泛意义上的创造——知识和教育、科学、艺术、卫生保健、社会创造和创新，让每个人都能够施展一己之长——从恢复学校自我管理的青少年，或者寻求新的劳动组织形式的工人，到伟大的科学家或者像列宁一样奠定了几代人生活方式基础的社会活动家。

这些变化的规律性结果是一种结构性的改进：社会进步越来越对科学、教育、卫生保健、高技术这些领域的发展起决定性作用。

相应的是，人和自然的关系发生了本质变化：自然从资源的来源上变成了文化遗产，其保存和再利用成为社会必备的功能和社会进步的条件。

因此，客观上很可能、也很必要——逐步出现非线性的发展。人类发展的主导方向是文化，允许每个人创造。社会有责任恢复自然世界。工业文明使物质财富增长，却使自己的潜力消失殆尽。也可以这么说，这是新社会产生的物质技术前提。

20世纪的经验表明，无论"后古典资本主义"，还是"现实存在的社会主义"都不能解决这个超级任务，尽管两种制度"表明"（即使是以变化的形式），这个超级任务可以解决。

现代后古典资本主义以非理性的形式保障生产力、教育的发展和有效利用新科技革命浪潮的成就。武器交易消耗掉大量资源和费用（国家和官僚集团机构、财政贸易资本的巨大膨胀控制了上千万高级工作人员），物质主义和物质文化的繁荣……同时，3/4的人类生活在贫困之中。

"现实存在的社会主义"表现出了潜力、群众热情和创新精神、真正的文化革命以及在为先进技术发展取得突破而制定长期规划的优势，这些成就被埋没。官僚主义使其服从于自己的利益和目标，用于优先军事化目标。最终，成果没有用于保障新科技革命浪潮成就的有效利用，"现实社会主义"走向了崩溃。

19 世纪末，按照恩格斯的准确定义，世界走上了能满足劳动者有效需求和没有资本参与下工业化国家生产进步的发展水平，也就是社会主义变革的潜力（在文艺复兴时代欧洲一系列国家发生了类似的资本主义变革）。20 世纪末，实际技术的发展水平和社会财富的数量已足够高、足够多（在忽略其非理性使用这些财富的因素后），不仅能够满足世界上多数人的有效需求，而且能够促进文化、高级技术的发展（这些条件类似在 18—19 世纪初工业革命的时期出现的资本主义社会进步的可能性）。

因而，20—21 世纪之交是主要矛盾增长期：一方面，人类向人的创造潜力发展，作为文化遗产的自然再恢复，这些因素将占主导地位，实现世界"突破"的客观必然性和可能性于是产生；另一方面，集团式资本主义关系体系将非理性形式和结果强加给这个客观过程。解决这个矛盾是共产主义变革的历史使命。

为此，未来社会应该解决进一步发展生产力的传统问题，不过，要优先依靠工人的创新潜力和技术水平的增长，以及保障优先发展高水平的生态保护净化技术。但是更复杂的是根本结构的改变。如果 20 世纪用发达国家的农业喂养了 5—10% 的人口，那么未来的任务就是根本缩减物质生产过程中使用的资源和人力数量。未来社会应该做的不是继续当前非理性的交易、军事化、"消费社会"所寄生的腐朽的增长趋势。共产主义变革的任务在于优先保障人的创造：教育、医疗卫生、科学、艺术、社会创造和革新、交往与培养。它们的进步可以从根本改变 100 年前工业进步改变的面貌，并降低农业比重，急剧缩减物质生产的比例。

20 世纪末：异化的矛盾和劳动解放的前景

为了解决这个矛盾，实现劳动内容、社会和自然关系、结构性质的改变，究竟需要物质社会革新发生怎样的根本改变？这种变化有什么前提条件？这些关系演变趋势的客观可能是什么？为了使其成为现实，应该解决当前世界哪些矛盾？我们能够和应该寻找这些问题的答案。

这些问题的关键是发展潜力异化的世界所逐步耗尽的事实。不只是资本主义的发展阶段，整个"以前的历史"、"必然王国"以前是，现在仍是存在人本质力量的、自己生活创造的潜力异化的世界，历史被统治的社会体制"篡改"。异化——这就是人依然是劳动分工、机器、传送带的奴隶的世界;在这个世界中,人过去是,现在仍是强力世界中"毫无价值的东西",全球性的和局部的战争就是"为其高歌";人的生活和理想拜倒于金钱偶像,而意识被擅长"群众文化"的大师所操纵。

在新千年之交,世界保留着整个完备的"原始"异化形式。这在发展中国家表现为直接的暴力、对外经济压迫甚至奴役再生产、半封建制度,在发达国家表现为黑手党。在经济运行中,没有日工作定额,只有微薄的工资和超额资本利润。这对"第二世界"和"第三世界"的多数人来说,对被抛在门槛外的文明国家,对占"社会2/3"的上千万的劳动者来说,就是全部现实。

但是新世纪前夕出现了更人性化的统治人的现代集团式资本主义。19世纪特有的传统资本主义剥削雇佣工人的方式发生根本改变,走完了自我否定、自我变革的漫长道路。

20世纪末形成了有效的体制,使人及其劳动、社会个人生活、精神世界从属于集体资本及其霸权体制。

在生产上,它和剥削工人、资本主义运行体制、劳动者参与的所有制、管理、劳动组织等使人从属于集体官僚的现代形式相联系,不仅掌握劳动本身,而且掌握了工人的革新潜力。同时,这种体制生产出更多的熟练技术工人。

在社会经济生活中,完全保留着商品("需求社会")和货币拜物教的统治地位,不仅是所有制、人与人、社会与自身的异化,后古典集团式资本还将其与霸权制度联系在一起。人每走一步都要服从于复杂的权力体制(包括国家、集团、传统),服从于权力(与拜金和自我崇拜并列),把权力作为绝对自然的、永久的和不可改变的生活条件。但是作为金钱、集团、国家霸权的对立面,20世纪出现了大量与其有组织斗争的例子:工人、青年、生态、妇女运动等汇成了巨大的社会力量,在保护环境、解决教育、医疗卫生、妇女解放等问题方面取得了根本性进展。

在权力、政治关系方面,20世纪下半叶的特征是代议制议会民主占据上风。一种资本和集团权力在经济中发挥现实的政治影响的体制,现实的政治镇压力量掌握在官僚和(各国或多或少程度上)集团犯罪者手上。同时这些体制保证了最低程度的民主权利和自由,开辟了劳动者和人民、和平民主改革、增强"社会肌体"、劳动者社会创造潜力的可能性。

在精神方面,集团式资本的霸权相当系统,它们有目的地驱使人,将其变成自己的信徒。为此服务的有教育培养体制,该体制塑造需要的"个人"价值和标准；有"群众文化"，它使人与文学创造世界异化；有集团式资本，它控制大众传播媒介；多数知识分子带着自主意识和利益、再生的异化精神世界成为了教徒。但是在这个方面也有言论、新闻自由和其他人权的成就，仍有战胜这个精神霸权的可能性。

在差不多整个 20 世纪里，使人从属于集团式资本的体制一直有自己的"另一个自我"——"现实存在的社会主义"世界，在对抗性矛盾中，社会解放与人所面对官僚压力的萌芽互相交织。这个体制规律性的自我破坏导致国际垄断资本掌握绝对的地缘政治霸权，变成其统治的重要因素，使国际强权升级，使 3/4 的人类听命于发达国家的精英集团。当前与这个国际霸权相对立的是大量的劳动者民主组织、和平战士、生态保护人士——虽然力量尚弱，但却是前途远大的对立面。

世界资本集团、国家（国家机器、军队）和国际组织（类似国际货币基金组织），这些全面的霸权——是 20 世纪末世界上使用巨大人类经济潜力的非理性方式因素。异化关系（使人及其劳动、生活从属于自己）从整体上看，集团式资本使当前向新的根本的以创造活动优先的人类智力活动的新社会生产类型过渡的客观可能性和必要性成为对立面。

只要人及其劳动从属于资本权力，发展和大量使用劳动者的创新能力，让劳动的创造内容占主导就都只能是梦想。在大部分社会财富非理性地用于军事化目标、金融欺诈、寄生腐朽的需求时，向文化、发展的知识活动类型占主导仍是海市蜃楼式的愿望。

战胜这些局限是共产主义的第二个重要历史任务。为了解决这个问题，人类积累了不少物质和社会前提。这些前提首先是指唯一的财富，也就是劳动者与国际集团式资本的霸权体制相对抗的能力，即他们联合起来创造的能量、他们自身改变社会生活的形式、创造自己的历史的能力。

这是群众有意识的历史创造，在这个过程中从一群人变成团体——人的自由联合体，共同利益导致各自经济、社会、精神生活相应地改变，这不是良好的愿望，而是异化世界的矛盾、历史的必然结果。群众的联合社会创造从自发暴动和社会乌托邦开始，提升到 19 世纪劳动者大规模的斗争，变成 20 世纪初人民民主和社会主义革命的浪潮，而后是 20 世纪中叶广泛的工人和民族解放运动，同时还有在苏联和其他国家建设社会主义过程中悲剧性的勇敢尝试，在当前的危机和失败中，仍是官僚和资本统治的唯一现实民主的对照，是共产主义革命的源泉。

今天这种运动有两种发展形式：1. 为资本所广泛采用和"现实存在社会主义"所使用的（改变自身内容）过渡形式；2. 产生改革、过渡、但是

"纯粹"的，与未来社会属性相符的广泛民主运动形式。首先，在"净化"当今世界上现实存在的"共产主义萌芽"、清除集团式资本时；其次，在发展劳动者历史创造的潜力时，可以并应该解决异化世界的矛盾。

解决第一个问题——推翻资本集团的官僚权力体制——在小范围传统意义上讲，是人民民主和社会主义革命的事情；动员劳动者产生抗议力量，去从事催发共产主义萌芽的长期"创造性"事业是广义上的社会主义革命的任务，是社会创造的不断过程。这一过程以破坏"强权世界"、异化世界制度开始，但并不以此为终结。

孕育新社会的这个过程已经在几十年前开始，它在过去和未来是复杂、痛苦的，它矛盾地包含着革命的胜利（包括得不偿失的胜利——斯大林主义或者毛主义、波尔布特或金日成类型的"胜利"）和失败、反革命和复辟、改革和进步……所以这个非线性产生共产主义社会的过程是不稳定和可逆的，直到多数人的劳动发生改变并成为创造性的，直到文化（以及作为其一部分属性的自然）进步成为社会再生产的优先方面。在这个解放人和人的劳动的长期过程结束之前，人的劳动将只涉及其社会形式，仍然是不完全、不稳定的（类似工业社会前的资本主义剥削关系）。这个时期社会主义将得到确认，正如资本主义社会在15－19世纪那样，由于面临（有时长达几十年）失败和突变的威胁，走过了（同样在意大利、法国、美国或者俄罗斯）民族战争、革命、复辟的道路。

分析这两种当今存在共产主义社会的物质社会前提可以发现，在使人从劳动中"形式上"（主要涉及到社会经济关系）解放出来时期所产生的共产主义有哪些基本特点。

作为劳动社会化发展和否定当前经济领域占统治地位的异化形式的结果出现时，商品关系、共产主义是调节社会经济发展、保持比例、分配和统计资源的后市场形式。

这种更复杂和有效的调节方法（比市场）无法"从上面"建立——这种情况下会出现官僚拙劣模仿社会生产计划性。它只能"从下而上"成长，通过自然历史的途径，经过一系列的成熟阶段。其对立物是全体人民的监督关系，苏维埃政权早期、西方群众民主运动（包括工人运动）就已经积累了一些这种关系的经验，能向民主调节和社会生态控制市场经济发展，合理考虑劳动的数量和质量。这不是幻想：苏联新经济政策、社会民主模式、内部经济计划在巨大集团框架内——所有这些现象中都出现这种关系起步和发展的方向。这些机制当然将长期矛盾地伴随有限制、有调节的（一定程度上是衰亡的，但是现实的）商品关系。

第二章
社会主义在俄罗斯的前景

新的后市场机制变得更加成熟，发展为国民经济计划（它现在就是未来的，我们可以做出判断，只是想"脱离"官僚，变形为"社会主义国家"的计划体系）。

在"消除"歪曲形式和发展当今世界群众社会创造的现实萌芽的基础上，共产主义发展成长为劳动解放得到发展的社会，代替对外经济国家集团控制和资本主义剥削。

新社会不得不走很长的道路，其起点是完成资产阶级保障每个人"消极"的自由、法律平等的自由、个人从属、官僚和人的其他非经济的从属的任务。

但是共产主义自身的对应是从发展"积极"的自由开始，劳动人民面临的任务不只是"剥夺剥削者"和收入再分配，而是按新方式组织生产，事实上成为经济和社会生活的主人。为此应该"完善"能保障自由联合、平等拥有共同的财富的复杂的关系体系。这个体制至少包括自主管理关系（企业、地区和国家），能使民众事实上参与通过最重要的经济决定；联合民众与生产资料自由联合，可以保障工作、有能力的劳动、受教育和再教育的机会等等；以促进知识创造力和发展社会需求基金为基础的社会公正，在教育、医疗卫生、环保领域——保障没有劳动能力者的生活需要。

实际上，这种关系体制正在得到发展，战胜劳动及其成果、能力、管理的异化，能给出创造的经验、"培育"联合劳动者的这种新关系。不用现在想出这些机制的细节，尽管已经知道第一步。这已经被国内外集体企业的经验、我们国家在新经济政策和改革时期的社会自主管理萌芽、新城市建设者、"物理学家和诗人"、赫鲁晓夫时期宇宙与西伯利亚河征服者等很多的集体主义和热情所证实。

但是所有这些都不过是"形式上的"（只是涉及社会经济的劳动形式——生产关系）解放劳动。解放劳动不可避免地将与劳动异化、所有制关系等共存，其程度（从这种、国际与其他条件中抽象出来）依旧等同于劳动社会分工、工业再生产或者手工劳动对人的控制。实际上（内容上）只有在这种情况下，人及其劳动会是自由的，即他们自由地生活在一个充满文化气息和创造的世界里，每个公民身心都是健康的。

在这种情况下，劳动成为主导，新的价值观开始加强（积累工作与生活中的那些成就、自我实现等等）新的动力（更加有意思的工作、自由时间、集体中同志式的关系），还意味着新的再分配关系。如果劳动创造成为人的主要需求，那么消费再分配是可能的，因为主要问题在于人人觉得有意思的工作和自由时间不够，而这些问题限制了人的其他不切实际的需求。

这样，正是劳动内容上的创造使人和社会的解放成为现实。同时，对于劳动内容的发展与对应的促进因素，创造其形式的解放也就是联合社会创造、建立新的社会关系（后市场调节机制、自主管理、平等联合掌握生产资料和劳动成果）。正是这些"发育"新社会的步伐形成了大的动机和新的相应的"自由王国"前景，以及劳动内容进步的目标和价值，而这意味着现实的解放。

在这两种相互关系中，共产主义社会从最简单和不稳定的形式向越来越复杂的关系自我发展的"秘密"，今天还是不可知的。但是可以肯定地说，这是文明的知识创造运动，不仅是后工业的，而且是"后经济"（"按照物质生产的那个方面"）、"后政治"（消除异化——阶级、政治、国家的人民联合体形式）的社会，其历史完全成为文化的历史。这不是梦想，而是客观的趋势，决定了 21 世纪进步的方向。

目前调节社会生活的"后政治"机制的发展也是现实的趋势。不是以"强力"（或者暴力威胁），也不是以人的官僚从属为基础，而是建立在人类社会关系的自我组织原则上，这是 20 世纪生活的现实特点。这不是个别的公社例子（今天存在上千个公社），而是大量、稳定的新趋势，存在着各种全国性的功能明确的自我管理形式；上千个国家和国际社会组织和运动，首先是以自我组织形式为基础，而官僚和金钱起到"骨干"作用，但就积极性上讲并不是"核心"作用。

这是民主基础的萌芽，下面不是以很容易被"生活的主人"操纵的孤立的教徒为基础，而是以觉悟到自己利益和能力，保护自己的自由的公民联盟为基础。依靠这种联盟，代表他们利益的合法政权中每个代表被要求绝对服从委任并依靠推举他的公民；具备完全的生产和全国自我管理机关与社会组织；绝对遵守国际工人的人权和自由；实现全体人民和整个社会的监督，首先是对官僚主义，而不是公民，这是未来共产主义自我管理的现实萌芽。人类已经取得了如此成就，即在很多国家，国家不仅是为了统治阶层利益向群众施压的武器，而且也是公民及其联盟活动最低权利和自由的保障。

无论乍一听多么奇怪，当前"培育"精神领域群众性文化占统治地位的新社会萌芽几乎是最复杂的问题。几乎所有历史变革和革命都是从精神领域的群众运动开始：文艺复兴、俄罗斯革命和民族解放运动，甚至"改革"。在新千年之前，只有知识分子和广大群众的情绪、由马克思、维索茨基在 21 世纪唤醒的文化自主意识等质的进步才能成为社会经济和社会变革的实际前提。发生这种质变应归功于世界文化历史从来没有失去对社会进步精神的要求。但是，目前我们处在20世纪社会主义生活危机的底部，只有它未来的复苏才能重振千年文化活生生的历史，成为共产主义社会的历史，使人的思想和智慧成为一体。

我再重复一遍，未来几十年我们的斗争不是为共产主义社会自身，而是在更好的情况下为了社会主义世界，经济社会领域解放劳动的萌芽已经出现在物质技术基础上（工业和工业前的劳动），因此矛盾应该和劳动异化、所有制、管理相连；在多数群众文化水平、潜力和社会创造经验不够的条件下，民主基础和自我管理（首先是按照异化的负担所"具有"的劳动特点、生活方式）的萌芽，将对抗官僚主义和强权，而精神创造将对抗群众性的文化和意识形态教条。这将是在20世纪初开始诞生、目前陷入深刻的危机的那个社会主义世界。

这个世界的诞生、这个时代向共产主义的过渡不能不是一个国际化的过程，在这里隐藏着当代新的矛盾和新社会的前提。

社会主义是人类从"必然王国"到"自由王国"过渡的国际化过程

如果我们把新社会诞生的进程看作是人类历史上的一个国际化的全球性的进步，那么转型的进程就具有新的性质。正如这样的社会主义是一个统一的进程（具有统一的属性），贯穿于多个相互链接的轨道：1. 在后资本主义阶级国家内新社会的萌芽以一种扭曲（由于异化社会占统治地位似乎颠倒过来的）的过渡（把共产主义的萌芽与占统治地位的异化关系相融合）的形式发展（例如社会保护体制、市场、剥削关系等的生态、人道等限制）。2. 群众民主组织和运动（首先是作为共产主义改造的社会基础的力量）实现改革和革命的活动，目标是建立未来社会的前提、萌芽和关系（以一切形式：从争取和平与清洁环境的斗争到社会主义革命）。3. 在一些国家里"培育"新社会的关系，在这些国家里人民民主和社会主义革命已经为这些新的关系掌权创造了体制前提，但他们依然处于过渡阶段（包括作为实质的但逐渐消亡的异化关系）。

左的理论家以某种形式反映了作为世界革命过程组成的这三个社会主义"轨道"。另外，这些形式经常触及很教条、很矛盾的（比如将这个过程说成是发生在被斯大林主义毒害的"现实存在的社会主义国家"）民族解放和世界共产主义运动，或者忽略社会民主改革的正面作用。

从根本上说，社会主义"轨道"的确是个唯一的进程：20世纪的历史表明，沿着共产主义道路向前进只是在"资本主义国家"（西欧60年代占统治地位的社会民主改革）社会改革的国际相互作用下或者这个体制的深刻危机时期（大萧条时期），在民主组织和运动（60年代反殖民斗争，为了世界和平反对加强军备）活跃时期，在"社会主义建设"（苏联的新经济政策、赫鲁晓夫解冻时期）取得积极成就的时期才是可能的（比如说，在20世纪30年代初或者60年代）。相反，反动时期、"现实社会主义"国家中官僚作风滋长时期，就出现了当前深刻的社会主义危机。

在所有的观点中，社会主义作为用对立方法"爆破"走向逐步消除异化关系的共产主义的过程，包含着确定的变革方向，当然，具有根本不同的形式，贯穿三个所谓不同的道路（"资本主义国家"改革；群众运动；"社会主义国家"发展新的关系）。

社会主义的特点整体上可以说是一个过渡关系的体制，首先，随着劳动社会化进程的发展，它与商品关系消亡和后市场经济调节机制发展密切相关。（这是将"市场社会主义"问题转到另一个方向：社会主义具有"后市场"性质，和商品关系并存，准确地说，是随着比市场更有效的生产者和需求者之间的关系，比例机制、资源分配。）

其次，社会主义是在依旧保留异化关系的物质生产中的工业占优势的条件下"形式上"解放劳动的过程。这意味着自我管理的萌芽和老板的权力和管理相矛盾；社会和个人掌握的生产资料和劳动成果；市场（"经济"）和劳动、投资创造的动力。（这种观点可以说明社会主义在其自身的每一个环节中都是过渡社会：无论国家、集体或者股份企业，实际支配它的不只是劳动者，还有官员或者个人；个人不仅是集体员工、社会创造者，同时他还有利己主义的自由经济思想，等等。相应的，社会主义发展是在过渡关系框架内消除异化的过程是"取消"过渡关系和"纯"共产主义关系内容相符合的形式成熟的过程。

第三，社会主义是消除阶级和社会矛盾的过程，同时国家也随着异化关系的消除而消亡。为了这些社会经济过程（应该指出，而其实质是为联合的社会创造）唯一相应的政治形式就是传统民主机制沿着向人民自我管理转变的道路不断发展。（社会主义这些似乎是最老生常谈的特点使经济上发展的必要性成为向自我管理过渡的基础，民主成为与消除经济关系异化——市场、资本等的过程相应的唯一可能的政治形式。）

第四，社会主义是在共产主义改革的客观前提基础上出现的国际一体化模式的形成阶段，是保障在全球问题解决过程中以人为本的国际民主机制（组织、协议、纲领、联合行动）的形成时期。因此，只有伴随着经济、

第二章
社会主义在俄罗斯的前景

社会、文化的均衡发展和全世界各民族为联合解决全球问题而斗争的平等的一体化发展，社会主义才可能进步。

把社会主义理解为相互关联的国际变化过程，特别是包括资本主义世界及其革命性变革框架内的改革，使我们可以按新方式提出左翼运动的传统问题，并在此基础上做出新的回答。

譬如，"共产主义生产方式的社会主义阶段"的关系体制或者抽象的社会主义价值体系应该是什么样的这个问题变成了："必然王国"向"自由王国"转变的全球进程的特点是什么？这个新的（当然，是相对新的，它是从非正统马克思主义产生出来的，包括马克思本人、列宁、卢森堡的学说，从格拉姆什、萨特的研究中）问题给出新的（也是相对的——它"取消"了传统观点）回答，是以上述四种论题形式表达出来的。

还有一个老大难的问题有了其它解释：社会主义建设"在单独一个国家"不可避免地要遭遇突变和官僚主义滋长，而由于当代世界国家和地区发展的极端不平衡，统一的世界革命显然是不可能的。如果我们换一种方式提问题，这种矛盾就会"消失"。

自然，作为 20 世纪共产主义社会经济发展阶段（在其第一阶段）的创造，任何"社会主义在单独一个国家的胜利（况且是"最后的胜利"）在 21 世纪的条件下都是不可能的，但它在 20 世纪却成为了现实，而且个别国家社会主义革命的成功和共产主义改造的起步也将是 21 世纪的现实。这些起步顺利与否取决于国家环境（在更大程度上——取决于国际环境），它将决定这些起步是以失败（正如 20 世纪的大多数情况）还是突变作为结束，是以自我破坏还是（我们相信，在不远的将来）以社会主义在所有三个方向上的国际进步作为终结。

因此，首先突变的 20 世纪社会主义萌芽能够胜利与生存是由于其它一些国家巨大的民族解放运动、工会运动、共产主义运动、社会民主主义运动等，而这些运动数量很多（同时，质的突变也很多），因为这些运动和"社会主义阵营"有相互关系。新的社会主义变化"浪潮"对整个世界来说也是唯一的（但不是单一的）：社会运动、社会革命以及世界力量平衡和"南北"、"东西"关系类型的改变只有在获得社会主义运动的新质时克服旧模式的矛盾，从其错误中汲取教训并继承其英雄成就的过程中相互联系才能发生。

这种正面的结果成为可能的条件是战胜"20 世纪陷阱"的时机条件——异化世界、资本主义矛盾深刻得足以激发社会爆炸（特别是在所谓的薄弱环节），而物质条件、社会创造和世界文化革命的能量还不足以在社会主义国际大发展的所有三条"轨道"上引起突破。相应地，在下面这个时间之前，也就是下面这些前提还没有强大到足够：（1）在一个或者一些国家顺利发生的社会主义革命可以不停留在破坏旧体制上，而是转到新社会关系的劳动者有意识的历史创造上；（2）发达资本主义国家的社会（人文、经济等等）变革是其社会生活的基本趋势；（3）民主运动和左翼组织成为能够变成（通过群众非暴力行动，比如说，全社会罢工等等）国际集团资本和国家官僚阶层政权真正的对立力量。那么，在一些国家的"社会主义建设"尝试将注定要遭受失败。

在这种情况下，自下而上进行的现实革命和变革者的斗争不会是无用的。革命给社会主义力量以宝贵的实践经验，加强其"社会肌体"，使之能汲取理论教训并最终（尽管在进步力量革命失败后一般都进行典型的反革命"反扑"）保证自上而下进行的社会改革发生积极的进步。

因而，社会主义进步包括在后市场社会、劳动解放、基础民主、平等的国际一体化以及优先解决全球问题等方面进行协调的变革。在这方面原则上正在进行社会和人文导向的变革，它是在"后经典"资本主义框架内劳动者和公民组织的倡议和压力下进行的。群众性的民主的左翼组织和运动、人民民主的（破坏官僚集团精英的统治）及社会主义的（破坏资本主义国家和形式上的资本政权）革命就是为了解决这些问题。在至少保障"形式上"解放劳动和依靠过渡关系"拐杖"的新社会主义社会，这些变革获得自身相应的形式。

这种对社会主义的评定使我们可以根据继承性和过渡性以外的特点提出相当简单的"社会主义"体制的标准：应该保障比资本主义、甚至比"后经典"资本主义更高程度的经济效益和人的自由发展。

最新的历史表明，社会主义在其发展进程中最少要经历以下阶段。

第一阶段与在发达工业化的国家垄断资本主义条件下社会主义变革开始的潜在可能性有关。在这个阶段，社会主义的前提由以下条件决定：首先是工业生产按自身基础进行的社会化，以及由于出现私人资本主义垄断和国家超级垄断，商品关系被打破了，还有国际帝国主义之间的矛盾以及宗主国和殖民国家之间的矛盾激化。相应地，作为新社会的社会主义的起源在这个阶段从计划组织社会化生产及其形式上的社会主义化（国家化）开始。

在社会创造潜力下降和多数人文化低、国家相对落后的条件下开始这种变革（20世纪初俄罗斯就是这样），这种趋势必然导致出现官僚主义突变，不能产生相应的解放劳动的形式。

第二章
社会主义在俄罗斯的前景

第二阶段以20世纪上半叶世界资本主义经济危机而著称（大萧条、法西斯主义、第二次世界大战），它是与出现社会主义新前提以及社会主义化和人文主义化的客观必然性相关的，而不仅仅与在第一次科技革命浪潮条件下调节世界资本主义经济相关。对20世纪这种挑战的回应是进行社会民主改革以及发达国家向"2/3社会"过渡，这发生在发达国家用法西斯方式而不是社会化方式解决这些矛盾失败之后以及殖民体系衰落之后。集团资本霸权以变革者的形式（议会民主、社会伙伴关系机制、社会保障等等的成功）被固定下来，可调控的市场和可控制的跨国公司的模式使得第一次科技革命浪潮的成果被有效利用并迈出了新的步伐，尽管这是通过歪曲的形式获得的（"消费社会"、"南北"矛盾加剧、生态问题）。"世界社会主义阵营"用古巴、中国和匈牙利的试验对赫鲁晓夫的解冻做出了反应，但是其中任何一个试验都没有带来科技革命时代所必需的与高水平福利、熟练劳动工人社会稳定相结合的管理社会化和民主化。

以"赫鲁晓夫解冻"为终结，突变社会主义开始败给"后经典"资本主义，后者一方面成功地发展了当代过渡性关系（"社会市场经济"），另一方面将自己的矛盾与问题出口给发展中国家，向新殖民主义政策过渡。实践表明，突变社会主义的关系整体上效率更差，"社会主义"在科技革命和需求领域落后于发达国家，没能解决历史超级任务——保障更高的劳动生产率、人的自由发展。

社会主义的第三阶段和技术革命新浪潮相关，以电脑化、微型化与技术的灵活性、工业创新能力的增长为特色。"后经典"资本主义对此的反应是在复兴自由主义传统的同时加强大型国际公司和机构（国际货币基金组织等等）的权力，也就是说问题的实质在于非理性地将科技革命的成就优先用于交易因素（财政、管理等）时，得到的只是不大的进步，即使在需求增长领域也如此，更不用说文化领域了。突变社会主义采取自我改革的最新尝试（试图向"人道的"和"民主的"社会主义模式过渡的改革），但尝试破产了，因为体制腐化得太严重，80年代初社会创造的实力几乎终结。因此连戈尔巴乔夫开展的"与官僚主义做斗争"也只是在80年代末发展自我管理和自我组织的胆小慎微的尝试，但很快受到保守官僚主义以及右翼自由主义浪潮的压制（最后的尝试正赶上国际反动势力的发展，大大加速了"社会主义"垮台）。

因而，社会主义在各个领域（包括理论上）遭受"世界社会主义体系"自我衰落引发的危机。同时危机带来社会主义净化和更新的浪潮。

我们今天正处在第四阶段的边缘，可以预测这个阶段是劳动创造和集体社会创新作用质的增长期。"后经典"资本主义早就在寻找进入新的（部分集体的）劳动关系、所有制等形式的体系中的一体化道路。问题是它有多少胜算——这个问题暂时仍无法回答，但是，社会主义在21世纪门槛上面临的任务是必须找到这个挑战的答案，为此所必须的不是新的国有化浪潮，而是发展现实的群众联合创造。

要强调的是：上面所说的不是指责过去（尽管我们谴责斯大林式的暴君，这是那个时代的产物，我们加倍谴责那些趋炎附势巴结暴君的人）。这是历史事实：第一次尝试向共产主义的"突破"就产生了这样的社会。曾有过一些机会让我们避免滑向20年代的斯大林轨道，避免陷入80年代的叶利钦危机，我们——苏联和世界社会主义体系其它国家的公民——没有抓住这个机遇。

不正视发生的这种突变，不去从过去的悲剧中汲取教训如同忘记我们父辈、祖辈为社会主义的英勇奋斗一样，也是犯罪。

这巨大强烈的社会主义突变和萌芽的矛盾就是我们过去的秘密。当前的任务就是冷静、科学地分析这些矛盾。我们应该不要回避过去的错误和罪过，而要明白其实质和原因，要区分开社会主义创造者的伟大英雄成就（从马格尼特卡的"普通"建设者到像列宁或者马雅科夫斯基这样的巨人），净化这些萌芽，使之免遭极权主义的诽谤。

第二章

社会主义在俄罗斯的前景

社会主义——不属于当今的俄罗斯

Б. В. 拉基特斯基

我的一位法国好友杰尼·派阿尔常常严肃地责备我无心积极参与西方的科学进程——更不像话的是，对本国学术探讨的进展没有关注的愿望。他甚至确信，俄罗斯的"学术环境极其缺乏"。

我明白他指的是什么。在俄罗斯，对常见热点、非热点问题的舆论关注（讨论）未曾火爆反而渐趋沉寂。本应是社会学进行科学认知的对象（目标）也已经不再作为对象（目标）。而知识只有在其具备对象性（针对性）时，才具有其实际价值。在我们当代俄罗斯，正在衍生出这样一种社会实践，对其进行操控既非实用知识也非理论知识所能够胜任。解决现代俄罗斯（全球性问题亦无出其类）的历史实践问题也相应要求具备对世界观的科学认知，即科学的意识形态，科学的"世界图景"，完整的世界观。

在历史长河中，当前的俄罗斯之所以处于无助境地，正是缘于俄罗斯已陷入意识形态（世界观）的危机，并导致世界观遭到极度弱化。

世界观危机（它常常是社会系统危机的组成部分）及其出路的问题——并非是指那些被大家耳熟能详的议题。有时，整整一代人甚至几代人都未必能够触及类似这样的问题。这正是在处理和讨论上述类似问题时要提出（或恢复）现代社会学基本观点的原因所在。

基本观点作为社会现实的世界观（意识形态）
个人意识形态的概念

"最初是先有语言的吗？"确实如此吗……语言是表达思想的。在语言产生前，思想——作为业经改造的实体形态就应该存在了。思想的产生是人类自身认识的特性，是其存在、更新和发展的一般方式。思想创造（无论是个体还是合作）会催生出理想——这是对改造现时的一种完整的感受。

由其他方式构建乃至形成的社会理想——是社会知性（从更广义上说是精神）生活最具价值的产品。愿望、期待、想象同理想相去无多，但回到完整意义上讲——理想自身亦应如此而已。

如果说作为业经改造的实体形态的思想、理想是个体意识（或经协作的个体意识）的特性，那么社会意识的特性则在于使理想得到广泛普及，让更多的人开始在头脑中、信仰中生根发芽，即产生精神价值。在社会中得到普及的理想，是意识形态（世界观）的实质。

意识形态是历史创造（历史发展）的现实因素。并非所有的理想都将成为意识形态，而仅仅是那些被大多数人选择并契合了大多数人社会变革愿景的理想才有可能作为意识形态存在。毋须口舌的是，在多数情况下个人个案要屈居次席之后，居首位的则是涉及到大多数人，对大多数人重要、有份量的，即能体现社会价值、社会实质的大事。

理想在这样或那样的现实历史实践范畴（改造活动，即活力）中优先得到传播是一个典型的社会演变过程。正是历史实践的范畴和历史实践的实际内容（社会结构）勾画出社会世界观构成的大致轮廓。正是在历史实践中并得益于历史实践，使得现实社会结构中重要（具有社会意义的）的成分（社会群体、阶级、种族、阶层、团体）得以进行意识形态"武装"，并从众多契合其改变自身社会状况愿景之中，选择最佳方案作为自身的意识形态。

意识形态总是以其进行历史性创造的形式表现为社会—群体公理。如果社会是结构性的，则会存在为数众多的此类公理。在一个结构性的社会里，不存在也不可能出现对所有人都统一的（唯一的）公理（如不考虑遭遇紧急情况和老生常谈）。理解了这一点，在追踪现代俄罗斯民族思想的激烈博弈时就只能是悲喜交集了。19—20世纪法西斯社会（意大利法西斯主义、作为国家社会主义表现的希特勒主义、作为社会帝国主义表现的斯大林主义）中已经提供了种族论意识形态和阶级论意识形态（自由主义、马克思主义、列宁主义、社会改良主义、民主社会主义等等）的样板。

意识形态必将作为社会现实而存在，是社会群体的组成部分。没有这一社会载体，意识形态将成为抽象的可能而复归于理想。至于社会群体则可以在没有意识形态（当其社会性呈现消极状态时），及在头脑中有另类意识形态或意识形态混乱的条件下存在。正是社会群体的这一特性迫使（我们）要对个体的意识形态加以区分。对社会群体而言，符合其社会状况及根本的历史利益（即对该群体面临的社会问题能够给予根本解决，开辟其历史发展美好前景所带来的利益）的意识形态即为其个体所有。如果"个体意识形态"的概念在学术上成立并用于学术交流，那么由此伴生出的概念不能成立，并意味着它们将具有"一次性"（例如，"异端意识形态"、

"非个体意识形态"、"敌对意识形态"、"处在影响之下"等等）。

意识形态是一个历史发展范畴。世界观是科学的、累积的、幻化的。

意识形态在社会中发挥游离、能动的功能。社会群体通过意识形态方式认知自身社会利益和自身社会状况，形成自身群体的目标和要求。意识形态构成了社会群体和阶级的行动纲领、运动和党的纲领的基础和中枢，在实际参政的条件下则构成了具体决定、行动、措施、缔结伙伴关系、组建联盟、政治妥协的条件和底线等等的基础和实质。在实际意义上的多主体社会（公民社会）条件下，意识形态组建社会结构。正是在意识形态这一性质中凸现了历史发展范畴的实质是促进社会的自我运动。

意识形态（世界观）可以根据存在于历史实践的一系列特征进行分类。在此有两个类（根据两个特征）必须加以阐释，因为我们随后研究问题时将会涉及到。

根据是否承认社会发展的客观规律性为社会自身（内在）所固有，可以将意识形态分为：

—唯物主义

—唯心主义

唯心主义的意识形态要么否定社会规律性是社会的内在实质，要么将社会规律性解释为社会外在因素作用的结果。宗教是类似意识形态完善化的范例，举例说来，由类似意识形态的基础来究其实质，它还是一种黑格尔式的客观唯心主义。如此说来，法西斯式的及泛极权主义的意识形态被指在宗教中出现复活苗头也并非偶然。极权主义的施行导致执政阶层所发挥的领导及方向作用过分膨胀，使得社会自然历史发展发生扭曲，漠视其客观规律性，并以领袖（或执政阶层）的主观指令取而代之。

唯物主义意识形态坚守其社会理念并将社会发展视为客观实在和客观规律过程。"世界的共性不在于其存在，而在于其物质性"。恩格斯如是说。社会的物质性在于，所有的实质联系，所有的规律，所有的原因和结果均从属于社会，由社会产生，由社会推动，没有任何社会外力参与。社会自身为自我发展提供一切必要、充分条件，自身确定自我发展目标，除非受到相对自然条件（在此，自然被社会看做是生存环境，这种环境没有失去社会再生产最不需要和有利条件的特征）的限制，社会自身（也只有社会自我）确定目标界限。

意识形态根据历史运动行为主体的特征还有另外一种划分。就此划分如下：

—空想意识形态——即认为历史运动主体是某种社会之外（"最高的"、

"上帝的"、"魔鬼的"等等）的力量（任一此类意识形态均未脱离宗教色彩）的意识形态；

——乌托邦意识形态——即认为不可能或难以说明自身历史现实的主体的意识形态（如乌托邦社会主义）；

——科学的意识形态——即有根据地指出以这种或者那种社会群体（社会构成成分）作为实现自身历史现实的主体（科学意识形态的例子：自由主义、科学社会主义、民主社会主义）。（极权主义意识形态也属于科学意识形态之列，因为前者清楚并有根有据地指出了自身历史实践的"领导和指导"的主体。极权主义意识形态倡导非人道未来，导致社会发展步入非人道主义轨道，从人道主义角度被视为导致持续危机、让社会走入死胡同的意识形态，这就是另外一个问题了。）

反极权和反帝革命所取得的成就（第四次俄罗斯革命）

第四次俄罗斯革命的历史成就之一是打破了苏共（苏共自斯大林时期开始即成为执政阶层）对政权的垄断。同时被该意识形态垄断、意识形态国家化的状况也遭到摧毁。

在《俄罗斯联邦宪法》（1993年版）中设有部分条款，将先前的极权主义规范视为非法并为民主的公民社会开辟了前景。具体如：

第十三条

1. 在俄罗斯联邦，承认意识形态的多样性。
2. 任何意识形态不得被规定为国家的或必须遵循的意识形态。
3. 在俄罗斯联邦，承认政治多元化和多党制。

第十四条

1. 俄罗斯联邦是世俗国家。任何宗教均不得被规定为国家的或必须信仰的宗教。
2. 宗教团体与国家分离并在法律面前一律平等。

但是，第四次俄罗斯革命也仅仅是把社会从极权主义（法西斯主义）的意识形态中解放出来的任务完成了一半而已。它把苏共从政权中剔除，但在为社会主义和共产主义意识形态公开正名、把上述意识形态同斯大林主义（法西斯主义）的实践加以区分方面却无所作为。斯大林主义（法西斯主义）曾主导苏共，现在又被苏共残余奉若神明。早在80年代末我即有幸提出过纽伦堡审判中关于意识形态和斯大林主义实践的问题。这曾是1990年初我为竞选俄罗斯联邦人民代表所宣传的纲领性要求之一。

如果我们论及俄罗斯的社会主义前景问题，则必须依据社会主义的各种基本概念。在大多数民众心目中，社会主义让人联想起20年代和30年代

第二章
社会主义在俄罗斯的前景

斯大林进行肃反时确立并延续至 1991 年①8 月的法西斯制度。正是这种联想和混淆产生并滋养了一种所谓"重建"社会主义的意识形态。"重建"也成为一些党党纲中的关键词——而这些党正是由苏共的残余组成的。

在我们的时代，对始自斯大林时代的苏联既有制度如何评价，已开始成为判断意识形态社会主义性（共产主义性）的可靠准绳。意识形态和理论家们均将此制度视为是社会主义社会的，将苏共的意识形态视为共产主义的意识形态，在我看来，他们都没有理解自己所讲的词的含义。与之争论不仅毫无意义而且近乎残忍：这些人同所有信徒一样，即便谬误也要坚守自己的精神支柱。让人们失去他们所自觉珍视的，如同生命支柱一样的东西是不应该的。在对上述"社会主义者"及其"社会主义"加以鉴别区分后，在俄罗斯和世界范围内应对社会主义（当然并非是指斯大林兵营式的"社会主义"）前景的问题，进行更深入的探讨。

对社会主义五花八门的表述迫使我们对"社会主义"的概念给出科学层面的严格和准确的定义。

社会主义是什么呢？

不仅仅在我们的时代，早在此前的世纪，特别是在 19 世纪，"社会主义"的概念即被赋予了多种含义。其中一部分含义是空洞的，但所有含义均或多或少地涉及了阶级之间的相互关系问题，具体而言，是涉及社会公平、缩小或消除阶级相互关系中不公平的问题。因此社会主义永远是一个政治性的问题（"政治即阶级之间的相互关系"——这是社会学的入门之道）。

如不考虑对社会不公和社会公平问题的态度（以及其细微差异）差异，可以做如下划分：

1. 社会改良类意识形态。这是那些处于相对恶劣处境，主张改良——重要的是——在不改变社会制度、社会系统构架的前提下进行改良的阶级、群体、阶层，旨在改善其社会状况的意识形态。奉行社会市场经济理念的民主社会主义意识形态亦是如此。所有将工会定位为社会伙伴关系及工联主义类型，有大量人员参与的现代社会运动（发达资本主义国家中失业者、无家可归者、无身份证件者组织发起的运动、形式多样的抗议活动、世界性的反全球化运动—ATTAK 等等）旨在进行社会改革的意识形态也属此类。

2. 社会革命类意识形态。这种意识形态主张在社会生活中彻底消除社会阶级间的不平等，主张社会平等的意识形态（既不要自己在此问题上犯

---

① 论证见作品 1

糊涂也不要听信自由主义者中糊涂虫的胡言乱语，他们要把社会平等的思想解释为一切按照人头找齐和全体归公的思想，由此也引出没完没了地关于"共妻"、"共枕"等下流说法，就差没把高个子的头割下来补齐矮个子了）。

　　社会主义作为旨在对社会进行革命性改造的意识形态集中关注的是现代社会的根本缺陷即剥削。剥削是社会阶级（社会群体）相互之间的基本（植根于社会系统本身）关系，在这种关系中并由此导致一些社会群体（阶级）作为其它阶级（群体）所拥有的更好的社会状况的供血者而存在。供血阶级是被剥削阶级。享有社会供给并为自己牟利的阶级是剥削者。社会改良类意识形态要么是依据剥削关系是永恒存在和天经地义的，要么认为在可预见的未来消除（上述现象）是不可能也不现实的。社会革命类的意识形态的出发点则是在社会生活中彻底清除剥削具有现实的可能性。

　　这又意味着什么呢？这意味着，社会的社会性结构将建立在消除剥削现象（某些社会群体为其它社会群体提供供给）的基础上。在这种社会的社会性结构中不会产生剥削和被剥削阶级及社会群体。仅此而已罢了。"那么在无剥削社会里到底会有那些社会群体呢？"——人们可能也会正在问道。"这不是该问我们的问题，社会主义者回答说，这是个未来社会的问题。我们对它的社会结构只了解一点：那就是它不会建立在剥削的基础上"。

　　恩格斯和列宁曾成功界定了这样一个社会主义的历史任务："社会主义就是要消灭阶级"。这一任务的现代（被细化的并非是内容，而常常是斯大林式的）公式可能成了这样："社会主义就是消灭作为社会的社会阶级性结构基础的剥削"。

　　可见，社会主义和社会主义也各不相同。

　　但是，无论是主张社会改良的社会主义（减轻剥削），还是主张彻底消除剥削的社会主义都是科学的意识形态。它们均源于认为剥削（社会不平等）具有社会性，它产生了社会不公，应该同这种社会不公进行积极的斗争。

　　而区别正在如下方面。

　　"非革命的社会主义"仅将上述斗争的任务界定为减轻剥削或对其非常严重（或者说，至少是某些最严重）的社会后果加以补偿。由此，在剥削者和被剥削者进行社会妥协及建立社会伙伴关系将不可避免，这不是简单的一个策略，而是能够决定这些社会主义者政治面貌的政治行为准则。整个持民主社会主义意识形态观点的社会主义国际即是如此。

第二章
社会主义在俄罗斯的前景

有别于此，革命的社会主义从来没有取消将来也不可能取消自身的战略目标——完全消灭剥削，即进行社会主义革命。削弱剥削作为一种战术任务丝毫没有受到否定，只不过这个任务得其所在——被写入了"最低纲领"中。准备并完成社会主义革命一直是主要的、战略性的任务。

作为实现"非革命的社会主义"和革命的社会主义的历史主体的社会力量又是以什么样的面目出现呢？

"非革命的社会主义"的实践主要由"谨小慎微的资产阶级"即汲取了劳资之间阶级斗争历史经验的资本来完成。西欧国家不乏此类资产阶级。此外，还要考虑到使"谨小慎微的资产阶级"的社会储备得以扩大的一系列特殊性问题，对西欧国家是如此，但也不局限于欧洲。

第一，在西欧，自19世纪起社会改革主义即在工人运动中得到推广。

第二，全球化进程（特别是金融全球化）伴随着经济活动中信息和知识密集型技术工艺的异军突起，导致产业工人比重缩水，信息工作者和作为被雇佣和被剥削劳动人民组成部分的服务人员的比重增加。依照历史逻辑进行深刻推理，被雇佣的、被剥削工人的后产业类型更具革命和社会主义的潜质。不过这种潜质暂时还与积极的历史现实相去甚远。被剥削工人的后产业类型难以实现将革命的社会主义作为自身的意识形态，作为开展阶级斗争的工会和政党形式，只是一味埋头于阶级斗争的只言片语，完全没有从政治上将自己视为阶级（或许是臭名昭著、不问政治的中产阶级）。于是当后产业时期被剥削的雇佣工人正在经历社会主义化的政治前期时，它是"谨小慎微的资产阶级"的后备和资源，实际上是其社会伙伴。

为什么是这样呢？是什么时候，在什么样的条件和前提下，以哪些尚不为人所知的历史运动形式，后产业时期的被雇佣和被剥削劳动中所蕴含的新的革命潜力能够得以实现并取得胜利？这也为新的马克思和恩格斯，为探求社会学新的科学突破（我们要警告的是，从未为此授予过诺贝尔奖）提供了一个既诱人又有趣的舞台。这也为新乌里扬诺夫们（注：乌里扬诺夫为列宁的姓——译者加）提供了一个宏大和富有前景的舞台，这些新乌里扬诺夫善于思考、善于创建新型政党、善于发动群众进行"最后的、富有决定意义的"阶级决战，正如历史所证明的那样，他们善于将微乎其微的可能转变为依靠革命人民的力量而取得国内战争的胜利。不过所有这些——将不会是在今天，不会是在近年，而是将发生在对新的社会主义革命进行鸿篇巨制的筹备之后。

第三，被雇佣的被剥削劳动（被雇佣的管理者的劳动）发展起来了。

第四，因为西欧在世界经济中总体上占据剥削者地位，一部分被剥削的西欧人所受剥削得到了减轻并以同样方式共同参与（伙同）对世界落后国家的剥削。

于是，在一系列居领先地位的资本主义国家中开始出现了一种形成于19世纪、在20世纪得以延续的局面，当时"谨小慎微的资产阶级"，一部分被雇佣被剥削的及被雇佣来剥削别人的工人们共同参与剥削世界成为一种可能的社会共生现象。他们合作的根源和基础是被剥削国家的供给。没有这种供给，在"第一世界"国家中，特别是在西欧，民主社会主义的、社会市场经济的意识形态和实践都不可能得到普及。

革命社会主义作为意识形态在被剥削（特别是殖民地、半殖民地、经济受制于人）的国家中优先得到了普及。具有实际能力来实现革命社会主义的历史性社会主体过去是，现在也是遭受剥削的劳动人民。革命社会主义是一切劳动者和被剥削者自己的意识形态，是革命联盟及其阶级和社会群体的基础。在以资本主义工厂为基础的资本主义社会里，在大型私人机器制造企业中，工人阶级作为劳动人民和遭受剥削人民中的组成部分，是最具组织性和革命最彻底的社会群体。这一科学论断早在19世纪就已得出。随着资本主义生产技术工艺的升级，尽管剥削的不可调和性依然存在，但资本主义进行剥削的社会手法却花样翻新层出不穷。对后产业社会中潜在革命力量的具体面貌问题所进行的研究是远远不够的，这些革命力量是劳动人民和遭受剥削人民的组成部分。从这个意义上讲革命社会主义的科学依据遭到实质地削弱。尽管如此，革命社会主义的原则基础仍然是有说服力，在科学上站得住脚的。

革命社会主义的实践面暂时还很狭窄。它体现在几次社会主义革命的事实（其中也包括伟大的十月社会主义革命）之中，体现在国内战争时期俄罗斯社会主义革命和一系列民族解放战争的胜利的事实之中，还体现在社会主义建设所取得的成就和高度迸发的创造热情。但是缘于极权主义的反革命行径（例如20年代末30年代初在苏联确立了法西斯制度的斯大林式反革命行径）和社会主义①（被自称社会主义和社会主义辞藻掩盖的同社会主义相对立的制度）的极权主义转型的确立，使得社会主义革命遭受了前所未有的历史性失败。

资本在20世纪末主导世界。它似乎有理由宣布共产主义是一个幽灵，但这已经不是那个令人胆战心惊的幽灵，而是个已被征服的幽灵。那么又是什么让"天经地义、永恒的私有制"思想的卫道士表现得如此坐立不安、

---

① 社会主义转型重建理论创立于70年代，但直到所谓公开性在苏联出现后才公之于世。

第二章
社会主义在俄罗斯的前景

终日惶惶？又是什么让反共分子狂怒不已？他们还在害怕什么？又是什么在触动"胜利者们"敏感的神经呢？

上述的一切为"胜利者们"所揭示出的显而易见的秘密是：（一）只要世界上还有一个被雇佣和被剥削者，社会主义的意识形态就不会绝迹；（二）只要被雇佣和被剥削的环境中能够保持人格尊严、那些作好准备并能够视自由重于生活条件甚至高于个人生命的人没有彻底消失，社会主义革命就是现实可能的。

在俄罗斯还有什么人会需要社会主义吗？

以如此方式提出的问题在一些人看来是荒诞不经的，在另外一些人眼中则是胡闹甚至带有嘲讽意味。然而我们必须以此自问。被斯大林及后斯大林体制、叶利钦改革体制、俄罗斯民族性格①中的奴性得到释放空间，而被这一切所极度扭曲的俄罗斯，恣意妄为已经成为一种传统。

俄罗斯人民目前的生活已到坏无可坏的地步，甚至已不能叫做生活，唯一的指望是能够生存下来。对人类和社会文化中最基本的理解都变得难以企及——能否生存、生活下去，不仅是指个人个性，而是成为一种社会性的概念。斯大林主义摧毁了人与人之间的社会联系，导致公民之间隔绝至深，并使之转变为供领袖驱使所需的、盲目的社会个体。第四次俄罗斯革命开始让人民重获新生，失落的人性和公民价值得以回归沃土。但是叶利钦改革所施行的种族灭绝又将民众推进了原始兽性状态，一些人进入饥饿的瘦狼角色，另一些人则落入既胆小又没脑子的肥羊的境地。而所有这一切——都是在已经到来的民主制和前社会主义喧闹论战的伴奏下发生的。

在俄罗斯头脑中发生的错乱——是前所未有的。社会意见和社会意识不能对过去、现在和未来进行恰如其分的认识——这种无能几成绝对。在这样的情况下关于社会主义的任何问题（无论从任何角度看）都应置于并无关联的两个范畴来进行考察：客观需求及趋势的范畴和社会意识的范畴（回答"是否深入人心？"，"个人的根本利益是否得到理解？"问题的范畴）。

客观需求及趋势的范畴指的是，不减轻剥削，不停止对民众的种族灭绝，俄罗斯人民就无法生存下来，俄罗斯也将无法作为一个独立的国家留

---

① "我们还记得，半个世纪前伟大的俄罗斯民主主义者车尔尼雪夫斯基将自己的生命贡献给了革命事业。他说过，'一个可怜的民族，一个奴隶的民族，从上到下——全都是奴仆'。既众所周知又秘而不宣的俄罗斯奴仆……我们并不乐于回想起这些话语。但在我们看来，这些话语中饱含着对祖国的真情热爱，这种爱也饱含着对大俄罗斯民众缺乏革命性的忧国之情"你可掩卷沉思：我们的俄罗斯是否有了变化？

在地球之上。在叶利钦改革之初，我有幸作为先行者之一对他们的破坏行为、危害国家安全的行径敲响了警钟。一些同行——经济学学者和社会学学者——那时非常友善地给我起了个"危言耸听者"，也就是"大惊小怪"意思的绰号。但很快，连当时的俄罗斯东正教的主教也成了危言耸听者。

下面是我们在2000年读到的："……如果近年不是经济剧变时期，对国家经济的落后问题无人过问，又有什么能不仅对社会稳定而且对俄罗斯作为国家的存在构成威胁"。这是谁写的呢？可能是俄罗斯人民爱国者联盟（НПСР）的某个成员，还是和他有亲属关系、居心叵测的人？不，这些新的危言耸听者——正是那些亲手操刀叶利钦改革的人——是"Г·格列弗班子"的人。正如你们所见，连政府都承认，国家悬系于深渊边缘。1999年5月，国家杜马正式将叶利钦政府奉行的社会——经济政策视为是对民众进行经济上的种族灭绝。

如此看来，在当前要求根本改善大多数民众——劳动和被剥削人民的状况，不一定非得当社会主义者。只要当一个不认为国家和人民要成为少数人致富的牺牲品的普通人就足够了。

甚至对右翼社会民主党人而言，在我们当前的俄罗斯，仁爱口号也有着广阔的市场。而对于一般的社会民主党人和社会伙伴来说市场则更为广阔，而且也不乏能和必须要采取一些措施来减轻、停止种族灭绝的政府进行合作的机会。

这一切都使我们可以预见，在近年将存在使社会生活中旨在倡导改善社会状况的思想和思潮（社会伙伴式、欧洲社会主义式、民主社会主义式、基督社会主义式的意识形态，"俄罗斯式社会主义"的意识形态、"救国"意识形态、国家社会主义流派等等）得以浮出水面的客观基础。

在俄罗斯有着而且仍将具有革命社会主义的和真正意义上的共产主义意识形态（为避免引起非议和造成表述含糊不清，即做解释如下：我认为，究其实质，苏共及其残余所信奉的意识形态不是共产主义的，而是国家社会主义的、社会帝国主义的、法西斯主义的意识形态）的客观基础。当现代俄罗斯陷入四面楚歌境地的根本原因——依靠强制灌输和完全不自觉的私有制的癌瘤——图穷匕见之时，革命的社会主义意识形态存在的客观基础将变得更为巩固，更为深入人心。在俄罗斯所建立的私有制并不能成为国家发展富有生命力的基础。它甚至连对经济简单再生产也无力保证，它正在掠夺、破坏、摧毁俄罗斯的国民经济。

俄罗斯社会系统的危机并未得到解决，而只不过是转入了一个新的时期。这就意味着，进行社会革命的需求得以保留，革命形势继续占有一席

第二章
社会主义在俄罗斯的前景

之地。尽管当前这种形势与10—15年前相比已不可同日而语。但无论就其内容（根据其历史任务，根据"日程"）而言革命形势将以何种面目出现，社会革命的方案终归将作为解决社会系统危机的方式之一。起码在原则上，达到了原则上适应历史选择特点的水平。

对历史需求和客观趋势的主观认识早已注定了社会主义意识形态（还有主张减轻剥削的意识形态和主张将剥削从社会中根除的意识形态）能在多大程度上成为并将成为"物质力量"，即历史选择、解决危机的能动因素。在此毋须讳言：在现代俄罗斯，社会主义已"远离人民"到这样一种程度，即其成为当代人社会政治生活中有影响力因素的可能性近乎于零。

如此令人感伤的局面是在几个时期，在一系列严重的社会政治和社会心理演变过程作用下形成的。

在一个世纪前，五花八门的社会主义意识形态，特别是革命的社会主义意识形态曾在俄罗斯得到广泛传播。在那个时代来临前夜，俄罗斯的革命形势，可以说，有着此起彼伏的特点。尽管已经融入欧洲生活，但封建的俄罗斯帝国在发展机器工厂方面处于落后地位，工业社会社会结构的形成滞后。这种滞后导致了资本主义形式同封建主义的制约和先天不足之间出现了畸形的对接。

与此同时，俄罗斯社会亲眼目睹了"无产阶级瘟疫"，还有一些人排斥资本主义西欧所取得的"成就"。"我们不需要这个"的思想流派得以成熟，俄罗斯生活的参照形式和个性支柱形式被找到。村社和劳动组合被理想化。"俄罗斯式社会主义"，作为西欧式资本主义之外的唯一选择已呼之欲出。其中心思想是不一定非要"通过资本主义来牵引俄罗斯"。

于是这种情绪在某种程度上也使得马克思主义在俄罗斯得到极大普及并家喻户晓。也许，没有哪个欧洲国家像俄罗斯那样，从马克思主义中为自身的思想和科学生活、为自身的思维方式汲取了如此多的营养。俄罗斯也的确让社会主义和马克思主义饱受磨难。俄罗斯工人运动的形成则更具革命性（特别是双手沾满鲜血的尼古拉1905年1月9日对极具社会伙伴性质的运动开枪）的优势。

1917年的两次俄罗斯革命推动了民主的、社会主义的意识形态在群众中广泛和深入的传播，由此社会主义成为一种不可战胜的"物质力量"，社会主义意识形态在国内战争中的胜利已经证明了这一点。俄罗斯劳动和被剥削人民第一次体会自由的滋味，从无到有、受到保护的自由，再也不用惧怕农奴制并推翻之。"啊！要是始终这样该多好……"

在法西斯体制确立过程中，斯大林式的反革命保留了社会主义辞藻，但却与社会主义性，即人民—民主性、公民自由性和有劳动人民参与构建的公民积极性无法共存。由此可见斯大林肃反的群众性、斯大林肃反的实质——首当其冲的是镇压作为群众性意识形态的整个社会主义和马克思主义。自肃反时期始，群众变得更具奴性，更具奴性意识，难道这又回到了Н·Г·车尔尼雪夫斯基体察我们苦难俄罗斯真理的时代吗？

斯大林主义的意识形态遗毒在俄罗斯至今尚未根除。100个人中有99个人至今认为，他们在苏联社会主义体制下生活过。有的人回想起那种生活时首先是回忆好的方面，想回到那种斯大林式、苏斯洛夫式、安德罗波夫式、勃列日涅夫式、戈尔巴乔夫式的兵营式的"社会主义"。有的人回顾苏联时期的生活时既惊魂未定又深恶痛绝，他们原则上不想回到社会主义，认为社会主义开启了自己的苦难岁月。今天我们的俄罗斯人根据其对表面印象和自我认识的看法可分为社会主义支持者和反对者。这两种人对社会主义的理解都局限在前苏联的条条框框里。在30年代人们被枪杀、流放、关进劳改营（ГУЛАГ）之时，俄罗斯的社会主义被斯大林主义（法西斯主义）全面、彻底地取而代之了。

社会主义思想、社会主义意识形态要想在现代俄罗斯为自身的传播获得可能性和思想空间，就要首先作为"未参与历史犯罪的成员"得到完全的平反正名。早就该、至今仍要对斯大林主义的意识形态及其实践进行审判，如果不是像纽伦堡那样的正式审判，哪怕是社会审判（公民的）也好。这样的审判既可以给俄罗斯公民中的法西斯分子，也可以给反法西斯的俄罗斯公民"洗洗脑"，使社会主义同斯大林主义（法西斯主义）划清界限，前者是自由和现实人道主义的意识形态，后者是整体指令——宪警式的领导，并使人的地位下降到微不足道，似乎成为获取好处的工具，但客观实施的行为却非其本人所愿的意识形态的角度，将两者进行相互比较。

谁正在俄罗斯准备完成社会主义革命呢？

一旦有能力实施、准备实施、正在实施的现实的、能够发挥历史作用的主体得以确定，任何意识形态都将不再是乌托邦。

关于俄罗斯社会主义的前景问题，无非是和关于运动力量、关于现代俄罗斯社会主义运动中发挥历史作用的主体问题相关联，并能够得到科学的论证和解决。之所以如此提问意味着上述问题的提出具有科学性和政治性（在社会学中亦是如此）。

以政治性的，即以科学的、准确到位的方法研究社会前景问题，这意味着问题的提出被列为首要（即其中包括最为迫切和优先的）日程："谁来完成？"，"谁来强制完成？"。"谁"的问题所要回答的不是要指出是某个具

第二章
社会主义在俄罗斯的前景

体的负责人或反对派领袖。回答这一问题是要指出能以自身的社会行为，通过决策方式对政权运作施加影响，以达成自身目的或由自己实际解决问题的社会群体和社会力量。

谁又能强制更改符合大多数劳动人民利益的社会政策领域的方针呢？具体说来，谁能够实施或者强制实施符合大多数劳动人民利益的最为紧迫的措施呢？谁又能一边打造政权平行结构，一边准备政权由资本向劳动（对所有人来说最好是和平式的、符合宪法程序式的）进行革命性的转化？

大多数劳动和被剥削民众实际上并不是俄罗斯政治的主体。况且这个大多数也未奢求在整个政治和社会政策中发挥积极作用。

在曾长达数代之久的时期里，苏共所奉行的令惩结合体制致使人们之间相互孤立，一切不在控制之下的积极事物都被扼杀，新鲜思想遭到监控，不止是对团结的行动本身，连团结的意图都在惩罚之列。我们并非作为人民整体，而是作为社会个体、社会的散兵游勇组成的乌合之众从极权主义中摆脱出来的。原来，这方才是危机形势的实质所在。社会主义化性质的资源（联合起来的观念、对共同事业参与性）的缺失，实际上导致了民族自我保护能力的丧失。实在令人痛惜不已！

赫鲁晓夫时代所实行的解冻政策、"布拉格之春"、波兰团结工会革命、戈尔巴乔夫所推行的改革等历史实践均已证明，法西斯主义（极权主义）式的倒行逆施并不能完全消除人民所具有的恢复泛民主式乃至社会主义式鲜活的社会形式的能力。当局令惩结合式高压一有松动，生活便开始变得丰富多彩，变得富有人道主义精神，而人民则变得更为善良、更富才智。这一点可以感知，这一点令人欣喜，这也唤起大家多行善举，热心社会公益。

叶利钦改革从表面上看是在宪法、法律、司法、行政层面上为民主化、创造性和社会积极性开辟了前所未有的可能。但在激发劳动群众公民的、特别是社会公益的积极性方面却无所建树。这一点可以用改革过程的极度休克状况，对民众动用灭绝（种族灭绝）手段来进行解释。群众处于自身生物性存在面临现实威胁的境地。人们必须要从种族灭绝（要生存下来）中夺路脱身。在此，我们要提醒的是，此时此刻的人们已丧失了除在"兵营式"以外任何社会生活的技能。

简而言之，事实是，在充斥着贪婪、残忍、冒险和违法活动的极端式"不受欢迎的"改革时代，俄罗斯大多数劳动人民已经并将继续沦为弱势的、无行为能力的、非主体的社会阶层。

当然，也可以随手拈来一部分劳动者在种族灭绝条件下找到自己用武之地的例子。这些人并不认为自己即便是奴式的、带有犯罪味道的，但却能吃饱肚子、俨然"精英"式的生存状态有何不妥。不但如此，他们还对后来者建议说，在社会①里应该积极成为哪种人。

政治上的无从指望，改革中过度残酷的、毫无心理补偿的休克疗法令大多数民众处境更为被动，导致后者在应对危机过渡形势时未能采取必要的、足够的自我保护措施。

近十年群众的积极性在某种程度上是否出现了高涨？毋庸置疑，的确有了进展，有时这种进展也是明显的。在立法方面的转变更可以说是脱胎换骨。同极权主义时代相比，可以认为，积极性得以自由表现的所有法律依据均已具备，甚至在开展党派政治活动方面亦是如此。但是上述权利和自由并未适应大多数劳动人民进行社会自我保护的需要和反对经济灭绝的要求。断断续续也出现了一些活跃的迹象，工会长于组织抗议活动，也善于在所谓的"存款受骗者"中间开展工作。但从宏观上看，这些实在算不了什么。客观上说（即与形势的类型和尖锐性相比较）自1991年起大多数人对能够成长为一种具备现实影响力的政治力量的社会积极性的要求就已经产生。但是要达到这一目标还有很长的路要走。

在现代条件下群众积极性表现最明显的方面是抗议活动。1998年上述抗议活动在参与人数和组织性方面表现得特别突出。构筑钢轨街垒、于拱桥设岗纠察120个昼夜、群众性的有组织、有协调的教员（此前是医务工作者）罢工——在团结得到有目共睹巩固的条件下达到了史无前例的规模。不过，所有上述抗议行动实质上受到几方面的局限。

1. 抗议仅涉及经济要求，更何况经济要求也仅局限于杜绝拖欠工资的要求。任何涉及保障经济前景的问题都没有被提出。得以保持生物性的生存即是抗议的目标。在大多数劳动人民展现生命力（劳动、日常、业余生活）的所有领域正在爆发的群众性（也不排除这是一个不可逆的过程）退化并未引发公开的、有组织的抗议。

2. 抗议带有乞讨色彩，这深刻反映出当代俄罗斯劳动群众奴性的，有时甚至是奴才的心理。公民价值观、甚至一般意义上的人类价值观都还未走出萌芽状态。

3. 在抗议活动中占主导地位的是：
   ·以向当局申诉怨屈为理由；

---

① "生而为奴仆并不是任何人自己的错；但有一种奴仆，他不但不追求自己的自由，而且为自己的奴仆身份进行辩解和粉饰……这种令人无法不愤慨、鄙视、极度厌恶的奴仆是奴才和贱货"。

第二章
社会主义在俄罗斯的前景

·对自身状况感到绝望；

·对抗议的有效性持不信任态度；

·出于认为只有当局才能使恶劣状况好转的观念，担心损害同当局的关系；

·谋求用政治性口号、令人不快的丑闻或"博取同情"的手段（绝食和其它抗议民众对自身或自己家庭所采用的自残方式）来"吓唬一下"当局；

·一旦当局给予承诺或即便是开始满足部分要求即积极准备尽快平息事态并同当局交好。

富于活力的抗议形式、职业性政治组织和新工会、罢工委员会的组建及其活动，因为下述两个相互关联的原因都未能达到对当局施加必要和足够社会政治影响和压力的水平。

1. 上述积极性未能涵盖大多数劳动人民，甚至未能涵盖多少算得上可观的部分劳动人民群众。占压倒性的群众社会地位消极被动。

2. 这种积极性更多带有出场亮相的性质，即处于自身发展的初级阶段，少有历史性的建设意义。劳动人民社会积极性的更高层次则是要具备进行历史性进攻的能力。不过这要等到社会阶级结构、劳动阶级及其阶级运动、作为公民社会和公民行为主体的政党和组织均达到发达水平才能实现。

当前已经出现了如下的形势：俄罗斯劳动人民独立地走上历史前台的画卷实际上已跃然纸上、呼之欲出。

"独立地"一词意为，并非某个人起来号召维护自身政治利益，而是劳动人民自己积极参与到反对当局、反对经济灭绝制度中来。

"历史的"一词则意为，劳动群众、劳动人民开始行动了。当这样的主体行动之时——它必将创造历史。说我们这样的主体全速运转还为时尚早。但你已经不能说是完全的一无所有。蓝图正在绘就，希望之火不熄。

当然，还要搞清楚，什么是"出场亮相"？劳动人民决定公开反对当前体制并展现的正是这一点。这就是全部解释。出场亮相，如果其仅仅是局限于反对性的游行（展示），不会导致根本变化，并自行消亡。它令当局不悦，但却并不危险。当局甚至可以给予支持——物质性的或施以同情。

对于劳动人民来说，要把群众的政治亮相搞好——就是要使之演变为独立历史攻势的终结形式——革命社会主义运动。

进攻——这并非是要求或呼吁自愿辞职、对某种东西进行国有化，不关闭此类工厂，将国家硕鼠绳之以法，给点儿补贴，发放微薄薪水。上述种种还没有跳出登台亮相的节目单。在进攻行动中没有乞求、不要再觉得被当局冤屈了。当劳动人民开始自己做依法该做的工作但又不组建政权，劳动人民开始自己行使国家和经济职能，即是工人阶级和所有被剥削者对剥削制度发起进攻之时。

资本主义国家的宪法既不禁止劳动人民准备掌权也不禁止劳动人民掌权。因此在宪法范畴内有很多、非常多的事情可以做。经验证明，首先破坏宪法原则的人一般来说都是剥削者。他们一与劳动人民发动的历史攻势短兵相接，便会开始心惊胆战、魂不附体。难道宪法禁止对实施非法、违法行为所导致的后果重新审定吗？

劳动人民的进攻将从建立实际工作监督、成立罢工委员会、在企业、村庄、城市建立劳动人民苏维埃或委员会作为开端。劳动人民创建自己的政权机关，在国家政权职能缺失的条件下，将出现劳动人民自身的政权萌芽。劳动人民发动历史攻势的现实开端是形成双重政权，即社会的人民政权结构同国家政权结构并行不悖。

第四次俄罗斯革命所取得的最为重要的（可能，暂时看来也是唯一具有历史意义的）成就，如果不算上苏联帝国的解体的话——即俄罗斯出现了公民（多主体的）社会的萌芽，各种意识形态、各种科学流派、各种社会性和政治性运动获得了生存权。这正是我们通往未来、通往民主化未来的出路所在。后退即意味着意识形态、精神、道德、社会文化、宗教及其它领域的趋同——那些在俄罗斯完成步入发展进步正轨的任务时面对复杂现实而惊慌失措的人们所呼吁的正是如此。

我们当今的俄罗斯还没有一种关键性的动力，这种动力有着潜在能力并准备为劳动和被剥削人民的利益即提出并解决俄罗斯所面临的日常性和战略性问题而前仆后继。

社会主义——不属于当今俄罗斯。但是我们能够实现之。因为没有任何东西能够像社会主义一样，如此契合国家利益，特别是劳动和被剥削人民的利益。

您也许会问，什么时候会实现呢？我们又如何来实现呢？这需要一两代人的时间——而在历史的长河中这不过是弹指一挥间。

参考书目

1. Б. В. 拉基特斯基：《我们在苏联时代所生活过的社会》，刊于《俄罗斯的前景与问题》1999 年第 12 期，莫斯科。
2. 《社会主义政治经济学概要》，莫斯科，1988 年版。

3. Б. В. 拉基特斯基、Г·Я·拉基茨卡娅：《苏联改革的战略、战术》，莫斯科，1990年版。

4. В. И. 乌里扬诺夫：《关于大俄罗斯的民族自豪感》，刊于《社会民主党人》，1915年1月9日。

5. Б. В. 拉基特斯基：《我这一代的俄罗斯》，刊于《经济问题》，1993年第2期。

6. Б. В. 拉基特斯基：《俄罗斯是否还有未来？》，刊于《俄罗斯的前景与问题》，1994年第1期，莫斯科。

7. Б. В. 拉基特斯基：《俄罗斯的普京现象》，刊于《俄罗斯的前景与问题》，2000年4月，莫斯科。

保存价值的方式是判断社会主义与资本主义经济体制效率的基本标准

В. Г. 别洛利佩茨基

俄罗斯的改革与革命杳无绝期，但却无人关心其对国家所造成的巨大损失——这已经成为历史的事实。在每次社会动荡之后思想家们都会自问：为什么俄罗斯会如此的不平静？而要从根本上回答这一问题就要回到自古有之的、在俄罗斯如何保存价值的问题。在俄罗斯所经历的所有时代中，资本长期供给不足是世人皆知的事实。Д. И. 门捷列夫曾就此写道："尽人皆知，俄罗斯没有大资本或大资本存量极少，而现存大资本用得其所，无意对新企业进行投资。要吸引新的资本投入到工厂中来，而如今这些资本一心只想着投资股票赚钱。"由此有理由得出结论：俄罗斯的国家资本从未完成自身所担负的使命——即保存价值的使命。

在 20 世纪初期，俄罗斯帝国因爆发革命而艰难前行，革命的爆发导致劳动承担起负责保存价值的重任。很多人曾经认为、至今仍在认为 К. 马克思所著作的《资本论》是革命的理论基础，而在《资本论》的公开发行本中，则略去了保存价值的问题。马克思关于资本社会实质的理论是独一无二的选择，其原因在于资本主义的资本和劳动之间的基本矛盾只有通过革命方式才能得以解决。

对马克思的天才我们无可争议，甚至是不容质疑的。不过对天才的要求也是不一样的，因此对当前俄罗斯学术界反思 К. 马克思理论遗产也不值得有什么大惊小怪。马克思思想在俄罗斯于 1917 年 10 月得以实现的原因何在？马克思的意识形态缘何在 1991 年 8 月崩溃？对马克思思想在俄罗斯凯歌行进及至中道崩殂，如此重要的历史片断，确实值得我们集中力量来进行科学的分析。这绝非意图败坏马克思《资本论》的声誉。我认为，这也是不可能做到的，因为即便是有能力重现马克思科学功勋的天才人物也还没有出生呢。

但是，正如历史所证明的那样，上述矛盾还有另外的解决途径——即在资本自身有效履行了保存价值的历史使命的条件下的、进化式的途径，

第二章
社会主义在俄罗斯的前景

很多文明已证实了这一点。能否有效保存价值也正是70多年来两种经济体制——现实社会主义的和资本主义——惨烈博弈的战场。

三大生产要素中的两个——资本和劳动——成了被人格化或灵性化的东西。正是这些要素贯穿了整个人类的历史进程并在经济关系中起到了主导的作用。负责保存价值的重任也成为劳资之间由来已久的严重对立和竞争的对象。

既要少创造价值,还要保留其价值,避免对最终消费者造成损失。为什么保留,如何保留,借助什么来保留,还有很重要的一点是,由谁来保留——对于这些问题,现代科学并未给出答案。但正是在上述问题的答案中揭示出了判别任何经济体制是否有效的基本标准:无论是资本主义的,还是社会主义的,无论是区域金融经济的,还是新经济的——最近未来的经济。不是生产方式,而是保存价值方式是资本主义和社会主义经济的分水岭,是判别相关经济体制是否有效的标准。我们的先驱们是否理解这一点呢?无疑,K. 马克思对此是洞察无余的。

由马克思手稿可知,是资本完成了保存价值使命。在这一点上马克思是绝对正确的。资本作为被人格化的资本—财产完成保存价值使命,并承担责任,这正是资本家承担责任的实质所在。所有者被赋予了保存价值的责任。换言之,资本成为一个伟大使命——保存价值使命的真正载体。K. 马克思曾就此写道:"一方面,资本调动科学和自然界的一切力量,同样也调动社会结合和社会交往的力量,以便使财富的创造不取决于(相对地)耗费在这种创造上的劳动时间。另一方面,资本想用劳动时间去衡量这样创造出来的巨大的社会力量,并把这些力量限制在为了把已经创造的价值作为价值来保存所需要的限度之内。"(译者注:原文见《马克思恩格斯全集》第二版第46卷下册第219页。)①

细心的读者当然会注意到引文是出自《资本论》草稿。在正式版本中马克思的这段表述不见了。这并不是偶然的。K. 马克思是能够创造出完善的价值理论的。为此应形成将保存价值考虑在内的价值法则或是形成一种新的价值法则——保存价值的法则。马克思有意识没有这样做的真正原因

---

① 为避免对马克思将保存价值的所有组成部分,首先是活劳动的部分价值的责任(伟大使命)被赋予资本的事实出现质疑,我们姑且再引其中一例:从资本的角度看并非是客观劳动条件为工人所必需,必需的是,要让客观劳动条件得以独立存在并处于同工人的对立状态,使工人同客观劳动条件相互脱节,使之从属于资本家,要消除这种脱节则必需通过工人向资本出让自身生产力,由资本将其作为一种抽象的劳力给予保存(由作者——В. Б. 引用。译者注:原文未见)。很自然的是,马克思没有进一步补充说,人并非是生而为工人的,而之所以不是这样,是因为其未被赋予组织自己事业的能力。因此他对担负保存其生产力使命的人心存感激。

不为我们所知，但显而易见的是，这个法则对社会革命不可避免地作为资本主义基本矛盾即劳资之间矛盾的解决方式提出了质疑。这种矛盾过去有，现在有，将来仍会有，但却并非是基本矛盾。历史已经昭示了这一点。举例说来，在俄罗斯帝国时代，黄金礼炮同国家债务之间的矛盾即导致了俄罗斯1905年的革命爆发和俄罗斯在俄日战争中的失利。

市场关系的具体参与者：所有者、放贷人、投资人、经理人、职员，当然还包括国家在保存价值方面发挥了人格化的作用。其实质在于，如果价值未能得以成功保存，正如在资本主义条件下司空见惯的那样，生意要么将会缩水，要么被更为成功的企业经营者收购。这就是价值保存的客观经济法则在现实世界中的体现。在此情况下由国家经济承担损失将是不可避免的。在社会主义条件下价值保存法则的运行则截然相反：保存价值的使命由劳动者自己来承担，因为劳动是生产的主导因素，由国家直接掌握保存价值的进程。

保存价值的问题在于产出商品同被销售商品之间或者货币价值同消费价值之间的矛盾。在社会主义条件下这种矛盾被认为是商品和销售产品之间的矛盾。但是此问题未能就此得到很好的解决。由此也使人们产生了对苏联时代所实行的根据合同供货量确定销售额度的指令性指标制度给予科学评价的兴趣。

自80年代起，在苏联商品资源流向监督不力的条件下，越来越多的"对企业有利的"产品被生产出来。这部分在有限资源条件下生产出来的产品开始对用以保障整个国民经济再生产周期的产品形成挤压。于是就出现了一种反常的情况，销售量增长了，用于实现再生产的清偿能力反而降低了。预定货款支付开始出现困难、仓库物资积压、资金流通滞缓。为了使国民经济的清偿水平步入稳定、平衡区间，由此实行了根据合同供货量确定销售额度的指令性指标制度。

根据合同供货量确定销售量是针对国家经济清偿能力或清偿水平处于稳定区间——稳定的经济平衡区间时所采取的社会措施。整体世界经济关系的进化也波及了苏联，因此引进根据合同供货量确定经理销售指标的制度是当局对上述变化的应激反应。这一步骤的意义在于，它认可了以稳定平衡区间内的清偿数据为参数，以此减少因保存价值无效而造成的损失。不过苏联当局的这一步骤在实践中是不能够实现的。

价值在价格中体现出来，也就是说仅仅以货币手段体现出来。第一，价值和货币无法分割，或者说脱离开货币，价值完全无从体现。第二，货币在经济范畴中是功能型的要素，价值——则是经济范畴中实体性的要素。

第二章
社会主义在俄罗斯的前景

第三，货币是价值的体现，即在货币中价值继续保持其存在。正是通过货币首先使价值的保存得到保障。显然，如果国家的货币弱势，则不可保存价值。相反，如果货币稳定，则将成为保存产出价值的有力保证。

在苏联经济中没有资本，有的是价值的产出，并且这种产出是非常高速的。说不存在资本是因为货币未能扮演积极角色。不仅如此，国家还对货币发挥积极性给予无情打击。不过，正如大家所知，苏联经济也不能对货币绕道而行，而这意味着，在这样的经济中货币完成了所有的传统功能。并且，国家还对利于国民经济发展、已经认识到的、在运用货币功能方面的范例进行了宣传推广。但正是苏联经济中资本的缺失使其根本的、基本的样式同西方基于资本的经济相区别。

货币流是基本的金融范畴。它是每个国家国民经济流通支付的基础。国民产值流量与货币数量之间的关系用 И·费舍尔的换算公式可以表示为：

$$M \times V = \sum P \times Y$$

在此 M 为货币流；V—货币流速；P—计入国民生产总值自然数的产品的价格；Y—实际（自然数的）产品；$\sum PY$—国民生产总值（ВНП）。

在这个简单的公式中流速和价格是未知数，因此在资本主义经济中该公式没有正解。И. В. 斯大林明白，在任何经济中货币的作用是何等的重要，因此他动用国家全部力量来确保对国家货币实施监督。在这一点上他成功了。他将这一换算公式简化为一元方程式，这样便天衣无缝地解决了多个世纪以来以纸币①媒介管理国家货币流通的难题。这就是为什么苏联保存价值的情况好于西方国家的原因，这同时也为苏联提供了仅用数十年的时间就走过从刀耕火种到开发太空的可能，苏联也由此跻身于超级大国行列。

坚决捍卫劳动价值理论的马克思主义者，经过时代洗礼后得出了公正、符合逻辑的结论：福利应按比例对劳动社会的每个成员进行分配。由此也就出现了"同工同酬"的说法。不过，确实要根据实际的劳动贡献来支付工资的做法能一以贯之的话，社会主义就能够战胜平均主义了。但是这个胜利很快成为了社会主义的终结。这种终结之所以不可避免，是因为在号称平等的条件下公平支付很快引起了社会阶层的分化。最终在社会主义社会中产生贫富分化，其结果是：始于起点，又归于起点。

价值本身同使用价值的脱节为所有人提供了对抽象劳动付费的可能性，

---

① 该任务的解决属于经济领域最伟大的科学发现。令人费解的是，为什么 И. В. 斯大林未被授予诺贝尔奖？

尽管生活本身不是抽象的，而是具体的。由此引发了不可遏制的平均主义的泛滥和劳动生产积极性的下降。所有试图使劳动生产率焕发积极活力的举措均无果而终。动用道德福利（光荣榜和其他形式等）取代物质福利又损失了熟练工人。他们，如同在克雷洛夫著名寓言中所描述的那样，被用于观赏展出，他们在工作岗位上度过的时间越来越少。社会主义经济的戏剧冲突归结为一句话：要么是支付比邻居多10倍的工资，要么"干掉"想要这份报酬的人。众所周知，被选择的是后者。社会主义垮台了。

在现代俄罗斯价值保存法则仍在运行，不过这种运行带有极大的破坏力，这是因为国家正处于资本的原始积累阶段。资本只有在经典资本主义时期才有能力完成自身保存价值的使命。不过，忽视任何经济法则都会遭到惩罚。这一次俄罗斯将受到何种惩罚，即将会见分晓。

新俄罗斯当局所采取的第一个步骤是取消工厂经理保存价值的职责，上述职责在社会主义时期由作为国家经济代理人的工厂经理来承担。这是一个社会至今未能察觉的悲剧性错误。它被完全掩盖在"红色经理"的幌子后。要知道只有他们才能保障保存价值的继承性。没有哪个工厂经理是偶然当选的。这是一些具备最高职业素质的人，是生产真正的主宰。经济体制的更替仅仅是激化了保存价值的问题。价值的保存是有了实质性的改变，但绝没有消亡。不仅如此，这一伟大使命的载体也发生了急剧变化。要知道俄语拼写比其他语言更好地表达出了保存价值使命真正载体——主人（хозяин）一词的含义。主人是给饭吃的人。那些半吊子墨水的寡头、当权者是否想到了这一点呢？

俄罗斯国家资本是薄弱的。一个世纪前如此，今天仍是如此。处于弱势的国家资本不能很好完成保存价值的历史使命，在自己周围撒下了与其说是缺陷不如说更多是破败的种因。因此数世纪间俄罗斯的思想家一直在探寻俄罗斯从破落走向富强、属于俄罗斯自己的道路。在寻找保存价值有效方式方面，俄罗斯也多方探寻不懈求索。这也是为什么社会主义革命能够在俄罗斯取胜并取得了胜利的原因所在。

社会主义和市场经济原则上无法兼而有之，因此奢求两者言归于好、在市场经济条件下不同所有制实现和平共处是没有意义的。强大的苏联经济遭遇崩溃命运的历史年表是对此最好的证明。М. С. 戈尔巴乔夫上台后为苏联经济注入了市场因素，结果在5年时间里便直接导致我们所有经济实力化为乌有。无论是引入根据合同供货量确定经理销售指标的制度，还是为

第二章
社会主义在俄罗斯的前景

社会主义经济所特有的净产值①（俄文为 чистая продукция，经济学术语，意为物质生产部门劳动者在一定时期内新创造的价值，它是总产值在扣除了物质消耗以后的剩余部分。——译者注）实验，都未能使局面有所改观。市场因素的注入意味着为保存价值进行残酷竞争的开始，不过这只是发生在一个国家经济的内部。在这场斗争中市场取得了胜利，但是这一胜利是在假想中存在的。

以某些个别理论为基础，各种五花八门的旨在宣扬市场社会主义的模式湮没了社会主义的实质。瑞典式社会主义，或者某种其它社会主义——它实际上是一种特别强调对公民给予社会保障的资本主义，瑞典的国家经济是社会型的市场经济，它的基础是在假想中完成保存价值使命的资本，。

同样，货币—价值、资本—价值的关系过去是、现在是、将来也是至为重要的方面，对其进行研究为寻找任何世界经济秩序产生、繁荣、衰落的真正规律开辟了道路。无疑，上述两个关系是任何经济中深层动力的写照。只要经济存在交换，价值就无处不在、无时不在。没有价值就没有也不可能有经济生活的再生产。资本仅仅是价值运动的方式之一，不过它并不是唯一的价值驱动器，也并非是共性的。显然，如果价值可以在没有积极货币的条件下存在，那么再生产也可以不要资本。但是，重要的是另外一点：即价值的运动没有货币是不可能的，而在没有积极货币的条件下则是可能的，且不仅局限于在社会主义经济中。这一点正是要旨所在。

在不久之前稍有自尊的学者都认为价值和价值法则在经济关系中是无所不能的。在 20 世纪末学术代表人物才开始否定价值。B. 伊诺泽姆采夫就此写道："20 世纪的经济史是一部人类寻找超越工业体制，具体说，是超越整个物质生产之路的历史。果断加速这一复杂历程的演变并对其驱动力进行重新配置是本世纪最后三分之一时期的事，同时这也成为人类所经历的最大规模社会革命和价值关系开始步入终结的标志。"

对价值进行超越的思想并不是新生事物。不过，正如在现实中实践所昭示的那样，价值的缺失常常导致科学不能对社会经济发生变化的条件下出现的特殊现象给予解答。这种情况在苏联实行社会主义时期也曾出现过。这种迷失在人类取得的成就中或隐或现又与之相伴相生，它还出现在各种社会系统中，出现在对价值法则真谛的领悟过程之中，出现在现实的，但

---

① 令人惊讶不已的是，为什么苏联拒绝了 V＋M，在公司的平衡表中却像资本家一样仅仅列出 M？也许正是 V＋M 对 M 的胜利被视为苏联社会主义的完胜。这个重要问题留给未来一代的学者来研究。

更多情况下是假似的人类对价值的驾驭之中，出现在对价值有意识的掌握过程之中。在此没有涉及社会主义经济衰亡的真正原因——在保存价值方面劳动支付部分是一败涂地的，不过却在资本保存价值使命方面取得完胜。这一切都是对价值法则真谛所取得的"看得见的"胜利的报复。客观世界是无法战胜的，在熟悉了自然法则乃至价值法则的表现后，可以对经济进行符合理性的操控，将自然的力量为一定的利益服务。不仅如此，同自然进行斗争损失是极其惨重的，原因在于这种损失常常是无法弥补的，并未创造出新的价值。西方很早就明白了这一点，因此把破坏自然环境的项目成功转移到其他国家境内，而 B. 伊诺泽姆采夫也不过是为这个全球骗局进行辩护罢了。西方保存价值的艺术取得了无可置疑的成就，不过却是别有用心。资本—财产首先进行责任任务的细化，并与反对者共同承担，借以消除其对独大独霸地位的觊觎，其后将独大独霸者转化为中产阶级，使之成为自身的同盟军并携手将价值理念强加给包括新俄罗斯在内的世界落后国家。

20世纪资本主义社会的进化证明，资本保存价值使命水涨船高及该使命自身内容所发生的深刻的、实质性变化是构成该进化内容的中心环节。资本—财产的侵蚀及资本对参与价值保存者身份的弱化是以加大其第二身份即资本—功能所承担的任务为补偿的。对资产的管理与其说是由所有者，不如说是由职业经理人来进行。由此也带来了当局权限由所有者向职业经理人的转移。资本使命进化的结果是上述这种资本—功能地位的强化，即认为由资本—功能统治世界是公平合理的。这一情况反映出要重新提出和宣扬 M. 弗里德曼理论的真正原因。他第一个洞察了经济关系中优先权的易手：资本的传统角色（资本—财产）凌驾于金融为先（资本—功能至尊无上）之上。从表面上看，这种易手是以货币资金作为商品资金的转换方式而存在的。

在区域金融经济的条件下，价值的保存同价值的追索——以分期支付国债和债权关系方式对资金进行强制买卖——是相互矛盾的。换言之，价值的追索机制建立在利用金融依赖的基础之上。这样，国民经济的金融依赖成为价值保存破坏的主要因素，而该价值正是在国民经济中通过价值追索而产生的。

常言道，历史总是周而复始的。这一点在分析文明产生、发展、繁荣和消亡时得到了特别的印证。今天"金十亿"国家的情况不禁使人联想起遭受野蛮洗劫之前的罗马帝国。其相似之处有目共睹：科学和管理手段达到鼎盛，通过剥削周围帝国而生活无忧，歌舞升平中挥霍无度、穷奢极欲、荒淫纵欲。这一切都使其遭到极大削弱，随后便堕入颓势。一个文明走向日暮途穷终成无可避免。究其实质，这与时日未久的苏联覆亡如出一辙。

所有对俄罗斯坚信不移的人对此都应引以为戒。是的，俄罗斯人民在当前的历史时期正备受煎熬。但是，众所周知的是，最终胜出的是善于等待的人。因此现在就埋葬俄罗斯还为时尚早。对于当局而言则需要洞悉世界经济的真实情况以及俄罗斯在其中的处境。其它的一切必将会顺其自然。

参考书目

1. Д. И. 门捷列夫：《认识之局限是不可预见的》，莫斯科，1991年。
2. К. 马克思：《1857—1861年经济学手稿》（《资本论》原始初稿），第2册第2部分。莫斯科，1980年。
3. В. Л. 伊诺泽姆采夫：《经济社会之外》。莫斯科，1998年。

俄罗斯能否按照
后工业化转型的社会主义脚本发展[①]

Л. B. 列斯科夫

工业社会的进化纲领已经结束

到19世纪末已经形成三种基本的欧洲文明模式。首先不得不说工业社会，它的主要识别记号就是工业的发展，这种工业发展以科学组织劳动为基础，以效率最大化为导向。这种模式是由 O. 孔特、Г. 斯彭谢尔和 Э. 久尔科盖姆论证的。第二种模式是由 A. 托克维莱姆提出的，他将欧洲社会定义为民主社会。第三种模式就是资本主义社会，它的作者是 K. 马克思。根据这一模式，资本主义社会进化的基本问题来自于本身的主要矛盾——生产力和生产关系之间的矛盾以及社会阶级之间的矛盾，而消除这种敌对关系的唯一途径就是消灭生产资料私有制。

随后100年的欧洲文明和世界文明的发展表明，这些理论模式没有一个能够完全贴切地反映出历史进程，它们都只是反映了进化过程的个别特点。但是在20世纪中叶已经可以证明，使用最多并且预测最准确的是工业社会模式。

20世纪的大部分时间首先表现为两大世界体系（资本主义和社会主义）的对抗。我们习惯了正是以这种方式来评价这一历史时期。但是，回顾对苏联社会体制演化的分析，学术界开始逐渐意识到，从最深层次的特征来看，两个相对立的世界体系实质上是同一个工业社会的两个变种。

用 П. A. 索罗金的术语来讲，从世界观的角度可以把苏联体制视为理想化的社会制度，但是它实际上具有几乎所有工业社会的特征。顺便说一句，它的这一本质特征在苏联时期的艺术作品里得到了最好的体现。让我们回想一下曾经风靡一时的长篇小说：ф. 格拉德科夫的《水泥》，B. 卡塔耶夫

[①] 此文在俄罗斯人文科学基金会协助下完成（项目 No00—02—00114a）。

的《时间，前进》，B. 阿扎耶夫的《远离莫斯科的地方》，Г. 尼古拉耶夫的《遭遇战》，以及 B. 赫列布尼科夫、B. 玛雅科夫斯基和 A. 普拉托诺夫的作品等等。

接受这种评定之后，苏联的垮台就可以视作是这种社会制度尚未消除的内部矛盾积聚的证明，也可以完全证明，当作为全球社会经济体系的工业文明之钟塔敲响午夜之钟声时，这一刻就不远了。

众所周知的还有工业文明全球进化危机的其它许多征兆。其中一些早已引起国际社会的严重恐慌。其中，科学院院士 H. H. 莫伊谢耶夫判断，生态灾难危机将会在 21 世纪中期骤然发生，令所有人猝不及防。根据专家们的意见，目前工业文明的基因技术对生物界所带来的负荷已经超过其稳定存在的临界线 10 倍之多。

正在降临的全球灾难的第二个可怕征兆是人口问题，T. 马尔图夫也指出了该问题对于人类生存的危险性。正如 C. П. 卡皮察不久前所说的那样，全球人口数量正在急速增长，如果保持目前的增长速度，则人口问题将会在 2030 年左右进一步激化。

西方国家的富翁们与其它民众在生活水平上的巨大差距是第三个最可怕的问题。

工业文明的危机并不只限于这些征兆。还出现了一件稀罕事，就是金融已经成为资本主义经济中的最高形式了。它的稀奇之处在于，金融财产和金融权力开始在工业社会的经济生活中起主导作用。金融成为世界范围内极端侵略性帝国主义政策的基础，也成为世界经济极度不稳定的罪魁祸首。

这里可以举这些例子：主要矿产资源面临耗尽的局面、消费意识危机、世界观危机以及人类学危机等等。事实上我们同各种各样的全球进化危机都有关系。第二个千年和第三个千年的过渡时期是历史急剧变化的时代。

如果工业社会的种种进化危机是这一时代的第一个识别记号的话，那么它的第二个本质特点在于，危机的种种指标表明，实际上情况正在继续快速恶化。

西方学者正在积极寻找摆脱这些错综复杂问题的方法，П. 肯尼迪在自己的著作《步入二十一世纪》中提到，西方文明在这方面暂时还找不到一个合理的办法。作为西方经济的主导，跨国集团的活动带有明显的利己性质。П. 德拉克尔、T. 萨凯、P. 赖赫、M. 卡斯捷利斯都在自己的作品中发展了这个概念，即为了全球经济和全人类共同体的利益，放弃主权民族国家思想。为了在实践中贯彻这个概念，索罗斯提出赋予联合国大会立法权。

索罗斯还警告说，如果他的提议得不到通过的话，那么全球金融危机的连锁反应将是不可避免的。然而问题是，要借助哪些证据才能说服大部分现代国家的领导自愿同意施行这些概念。布热津斯基显然明白这一点，他在自己的《大棋局》一书中提议寄希望于武力解决该问题。根据他的计划，作为唯一的、名副其实的超级大国，美国将要承担起全球力量中心这个地缘政治角色。

И. 图罗乌和 C. 汉季格顿在自己的书中指出了实施这一战略的危险性。为了缓解日益增长的文明间矛盾，Ф. 富库亚马提出加强相互信任和社会内部和谐，M. 卡斯捷利斯提出促进知识交流进程，梅多乌济和 Й. 兰杰尔斯提出实行限制物资增长政策，A. 戈尔提出通过马绍尔新计划。很遗憾，所有这些提议都是同一个命运——它们仍然只是美好的愿望。

《因素四：事半功倍》一书的作者则在另外的道路上寻找克服危机的方法。瓦伊采科尔和洛维斯夫妇选择的方法毫无疑问是具有前景的：他们推荐把最大的希望寄托于先进科技，换句话说就是逐步取得第二导数的增长，并以此遏制危机的扩散。但是很遗憾，即使是最先进的技术在当时也只能达到效率的四次增长，而远远落后于必不可少的十次甚至更多。除此之外，该计划的实施还需要实行资源利用累进税。不过毫无疑问，这项措施将会在发展中国家引起严重的问题，并且导致国际形势严重激化。瓦伊采科尔很显然明白自己建议的不足，他提出必须运用政治、宗教、道德等多种手段来医治好这个社会。

进行初步总结之后，我不得不做出以下结论：工业社会的进化计划受到限制，它没有更多的创新动力来继续发展。它可能会把整个人类，甚至整个地球的生物界拖向深渊。

大部分的学者都把摆脱进化计划困境的希望寄托在后工业化转型上，其中第一个步骤就是实现国家的发展。问题在于，这条道路上的发展能够平稳吗，将来真的能找到消除全球进化危机基本问题的有效机制吗？

后工业社会理论的社会主义发展史

借助 O. 孔特和 Э. 久尔科盖姆的思想，P. 阿隆更详细地发展了工业社会理论。他写道："存在统一的现实，这就是工业文明。苏维埃社会和资本主义社会不过是同一个基因型的两种形式，或者说是同一个社会形式的两种版本，它们都是进步的工业社会"。对于这段评价只需加入一处原则性的说明：工业社会已经不能被认为是进步社会了。正是以 P. 阿隆的这一著作以及马克思理论为基础，再结合个人的认识，Д. 贝尔形成了自己对于社会后工业转型的构想。

究竟工业社会和后工业社会这两种构想是如何同社会主义意识形态联系起来的，这个问题研究起来很有意思。Р. 阿隆指出，Э. 久尔科盖姆的历史观点同法国社会主义者的思想相近。正是由于他的影响，Ж. 若雷斯致力于专心研究这些思想。根据 Э. 久尔科盖姆的理论，社会主义首先是在高道德水平条件下很自觉的、很有组织性的集体生活形式。他认为所有制问题是排在第二位的，而工人和企业主之间的冲突则是体制不好造成的结果。

更有意思的是分析 Д. 贝尔的理论与马克思主义的相似之处。贝尔自己也承认接受了许多马克思关于人类共同体和社会主义的认识，所以他称自己是后马克思主义者。按照他的说法，后工业化社会的构想正是在解释、补充马克思社会思想的过程中产生的。

Д. 贝尔的理论与马克思主义的相似之处在于以下几个方面。第一，两种理论的基础都是将物质资料生产形式和生产方法的发展视为文明进步的源泉。从中可以得出，后工业化社会的构想首先属于技术经济范畴，尽管总是把它同社会生活的其它领域联系在一起，比如说政治领域和社会文化领域。

第二，两种理论用相近的方法对人类进化的主要阶段进行了分类。按照马克思的说法，它们分为古代社会、经济社会和共产主义社会，而贝尔将它们分类为农业社会或者说是工业前社会、工业社会和后工业社会。两者的相似之处还体现在，如果说马克思认为共产主义是消灭现状的一场运动的话，那么对于贝尔来说，后工业社会就是一种抽象概念，它成为历史轮回中文明进化主要途径的预测基础。除此之外，马克思和贝尔都将社会发展阶段之间的转变阶段视作是独立的历史时代。

第三，两种理论都把转型时代定义为本质的、革命性的变化时期。鉴此，应当指出的是，对于研究这一时期的社会文化发展状况来说，社会未来学思想是可以引起广泛兴趣的。

对于在很多方面都非常相近的共产主义阶段和后工业社会，它们的第四个相似之处与它们的社会方式有关。高科技成为社会的物质经济基础，社会为自由个体的创作积极性创造最好的条件，人文主义是社会的价值取向等等类似的特点。

除了这些相近之处以外，后工业社会同马克思有关社会发展的经典学说之间也存在一些原则性差异。众所周知，马克思认为发展技术、工艺具有决定性的作用。但是他没有预见到，基础科学将在20世纪的技术创新中发挥怎样的作用。无论是蒸汽发动机的发明者瓦特，还是电灯的发明者 T. A. 爱迪生，抑或是换流工艺炼钢的创造者 Г. 贝塞默，以及其它众多为工业文明创造技术的工程师、发明者都没有依靠多少重大的科学准备。不过 20 世纪的技术突破则是另外一回事了，例如核反应堆、空间站、激光、晶体管、微处理器和基因工程，所有这些技术只有在先进科学的基础上才能得以实现。

在此基础上贝尔断言："在资本主义社会中，财产是主轴，而在后工业社会中，起中心作用的则是理论知识。今天，尽管财产仍然是重要的基础原则，但是有时能与之相提并论的还有一条原则，那就是技术本领，掌握技术本领则需要教育。

后工业社会构想与经典学说的另外一个区别是劳动价值理论，该理论是由亚当·斯密、大卫·李嘉图和 K. 马克思发展起来的。根据该理论，劳动是价值的源泉。而在后工业转型条件下，该理论就不适用了，因为价值的主要来源已经不是劳动了，而是知识。在这种条件下，经济增长的主要推动力量是人的潜能，这种潜能的状态是用相应的发展指数来确定的。

后工业社会构想与经典学说还有一个原则区别是劳动力职业构成的改变。马克思已经清楚地对生产性劳动和非生产性劳动划定了次第，他将教育、医疗、交通和科学等服务领域归为最后一个等级。而在后工业转型条件下，正是这些领域开始成为生产率提高的重要因素。

这里又出现了另一个与马克思理论的原则区别：在后工业社会中，一个新的社会结构正在形成。马克思理论的基础是简单二元结构：资本家阶级及其社会对抗阶级，之后也就是它的掘墓人——工人阶级、无产阶级。在后工业社会中，取代这些横向结构的是更为重要的社会单元的纵向联系——地位。各种地位的群体是根据职业活动的附属领域来划分的。其中最出众的是知识阶级——受过最好教育的知识分子群体。

地位阶层思想的优势在于，它能够对后工业社会社会结构提出清楚的、合乎逻辑的模式。其中，横向结构是由以知识为基础的分层来确定的，而纵向结构则是由职业活动的附属领域来确定的。第三种分层标准是监督结构。根据第一种分层标准，学者和知识阶级起主导作用，而如果根据第三种分层标准，起主导作用的则是最高政权阶级。

回顾一下苏联暮期社会关系的形成状况，我们不难发现社会组织中明显的地位结构特征，而不是阶级结构。我们部门以前正是庞大的地位集团，经常会陷入自身的冲突关系中。显然，苏联有后工业转型社会的现实前提。

下面是两种构想的第五点不同之处。马克思当时表达了这样的论点：

第二章
社会主义在俄罗斯的前景

直到现在，当我们的任务是改变世界的时候，哲学家还在解释世界。根据这一点判断，马克思的社会主义学说带有决定论性质、甚至可以说是命令性质。与此不同的是，贝尔的构想只是一种可行的通往未来的文明道路，的确，这条道路使我们可以解决工业时代遗留下来的全球问题。贝尔是这样写的："后工业化转型是不会有答案的，它只不过是树立新的希望，赐予新的力量，设立新的限制，提出新的问题，并且大规模的进行实施，这是以前想都不敢想的"。

国内改革者的错误

对于80年代初期苏联工业体制危机的急剧激化，贝尔指出了一些原因。第一，忽视了对理论知识—后工业化转型基本原理的编纂原则。第二，社会发展的官僚形式，从列宁起就与之做斗争，但都以失败告终。第三，一党的绝对权力垄断，压制建设性反对派的所有企图。显然，深思熟虑的经济学家已经从自己的"美好未来"中清楚地看出我们的体制缺陷，尽管他所列出的这些问题很难不继续存在下去。

这些因素加上其它一些因素决定了我们国家要比其它任何国家都更早地遭受到工业文明全球危机的最早的，也是目前最沉重的打击。为了国家的生存，进行政治领域和社会经济领域深层次的改革已经是刻不容缓了。

但是很遗憾，以叶利钦和盖达尔为首的国内改革者所做出的选择远远不是最好的。国家从1991年起就一直按悲剧脚本运行，这与后工业化转型没有任何共同之处。改革者开始进行改革时所做的规划与许诺到最后完全是另外一回事。为什么现实情况会朝坏的方向发展呢？计算错误的原因何在？怎样做才能够使局势往好的方向发展？

1991年，改革者开始实行自由民主政策作为社会经济改革的基础，从而取代了 М. С. 戈尔巴乔夫在苏联末期试图推行的民主社会主义思想。不过，苏共和苏联领导层推行的现实改革方案终究没有取得成功，国家经济形势持续恶化。最终，激进的反社会主义改革的支持者于1991年年底前取得了胜利。

列宁及其战友于1917年为俄罗斯所做的马克思主义选择宣告失败。激进改革者宣布以西方经典资本主义模式作为俄罗斯的样本。"纯资本主义"意识形态和 М. 弗里德曼与 Ф. 哈耶克的货币主义成为了他们的理论偶像，而在实践中，他们则是罗纳德·里根和玛格丽特·撒切尔的资产阶级个人自由主义的支持者。这些观点的捍卫者深信，只能将西方经验作为国内改革的基础。"改革和市场刻不容缓"这个口号成为了改革的主要座右铭。这一改革纲领实施的结果就是，我们一无所得。

这里的历史悖论在于，当国内的激进改革者漫骂马克思主义的时候、宣告苏联70年历史失败并且匆匆忙忙地在俄罗斯建起半任命、半犯罪的资本主义大厦的时候，西方科学社会代表们却正在寻找完全不同的未来之路。在寻找的过程中，他们从卡尔·马克思的理论中受益非浅。我们这些激进改革者们放弃的社会主义思想在西方根本没有被遗忘过。

有意思的是，早在1918年，俄罗斯最优秀的马克思主义者 Г. В. 普列汉诺夫就在自己的政治遗嘱中预见到了20世纪末社会政治生活中发生的深刻变化[①]。他描写了科学技术革命，预测到科学技术知识分子将取代无产阶级成为社会主导阶级，并且描述了资本主义时期的发展新阶段。普列汉诺夫的思想与后工业化转型构想的相似之处是显而易见的。

是什么原因使得国内这些改革者没有发现先进的社会经济思想的成果以及马克思理论的创造潜力？很显然，原因在于苏联执政党的领导精英们意识形态僵化、思维狭隘，被理论乌托邦所迷惑。他们的观点实际上同西方苏联问题专家的看法相一致，这些苏联问题专家认为，苏联所建立的极权共产主义社会的原则与自由主义和民主是不相容的。现实的历史进程同样证明这些观点是错误的。笔者不久前运用协同模拟的方法证明，根据苏联在1985—1991年的状态，相比现实中已经实施的毁灭性计划，发生温和的民主改革的概率要更高。这个更受欢迎的计划同时符合社会主义思想的创造性发展以及 П. А. 索罗金、格尔布莱特和 А. Д. 萨哈罗夫提出的两种类型工业社会趋同论，如果当初选择这个计划的话，那么也不会产生对国家来说致命的后果。

可是很遗憾，在这些早在1922年就被索罗金称为决定者的苏联政治精英做选择的时候，"反面育种"这个原始意识开始起作用了。这决定了改革者团队的非职业化、不懂行、固有的粗浅的二元逻辑、无法找到折衷的决定以及一成不变的思维模式，另外再加上对国家命运不太强的责任感。令人遗憾的是，这些团队中很多装腔作势的人直到现在都还活跃在政治舞台上。

---

① 该作品著作权的可靠性没有得到公认。

第二章
社会主义在俄罗斯的前景

俄罗斯后工业化改革的前提

对于把俄罗斯归入正在形成的世界后工业文明的技术空间这个问题，笔者已经在之前的文章中分析过了。为了继续分析这个问题，让我们综合地来审视这些决定转型进程的积极因素和消极因素。

我们从消极的因素开始。首当其冲的是严重的经济危机，经过10年的自由化改革，我们的国家陷入这种危机之中。经常见诸报端的相关数字也是众所周知的了。所以我在这里只说一个数据，但是它可能是最重要的。如果按照联合国的官方做法，贫困人口的标准是日均收入不超过2美元，那么俄罗斯有超过70%的人口属于贫困人口，总数超过1个亿。

俄罗斯的经济危机是多方面的：生产灾难性下滑、人口贫困化、掠夺性地滥采自然资源，科学技术停滞不前等等。就其实质来说，经济危机已经转变为文明危机了。

第二个消极的因素是社会不公平现象严重加剧，大部分人口被边缘化。根据 H. M. 里马舍夫斯基的说法，在俄罗斯的地理疆域上，目前已经形成了两个相互对立的人口群体——极度贫困群体和极度富裕群体，它们各自有各自的生活方式，各自的心理状态和各自对未来的规划，这实际上是两个完全不同的俄罗斯。

第三个消极因素是俄罗斯遇到的稀奇事，这大概是俄罗斯几千年历史以来的第一次，那就是价值和目标的真空状态。首先是彻底地放弃传统的东正教文化，之后又是抛弃共产主义意识形态，而在最近几年，自由改革的失败导致了道德和精神面貌的衰退。在西方媒体的压力下和富足的消费社会的感染下，社会上开始蔓延肉欲道德标准，这种道德标准从来都是不属于俄罗斯民族的。

如果有一个健康的公民社会和它的社会基础——中产阶级的话，那么它本可以与这种毁灭性的衰退进程进行对抗的。但是很遗憾，在当代俄罗斯，既没有前者也没有后者。这一消极现象还伴随着昔日苏联文化的衰弱，以及低级趣味的伪文化借助大众传媒特别是电视进行传播。

如果把之前的这些稀奇事归纳为第四个消极因素的话，那么第五个消极因素就是，电视沦为一种近似于假政党的东西。电视台的所有者们可以根据个人的利益来推行媒体政治，将社会意见置于自己的掌控之下。在我们的国家出现了可以称为电视政治的现象。

第六个阻碍俄罗斯复兴进程的消极因素是来自西方的压力。这种压力体现在各种方面：地缘政治领域、经济领域以及精神扩张方面。对于西方来说，俄罗斯首先是矿产资源和智力资源的来源地，它在某种程度上可以减缓工业遗产的瓦解进程。对俄罗斯的这种态度表达得最赤裸裸的或许是布热津斯基，他直接把俄罗斯称为欧亚大陆的黑洞。

第七个消极因素，也就是这些消极状况中的最后一个因素，就是国内政治精英的极度无能，这一点之前已经提到过了。如果俄罗斯之前能够针对最重要国家决定的起草和出台在所有层次上组织起独立于各部门的评审的话，那么这个缺陷在很大程度上可以得到弥补。但是非常遗憾，这种在所有西方国家得到广泛应用的评审体系在俄罗斯却并不存在。这就为腐败、贿赂、以公谋私和不公正创造了很大的可能。

现在我们转向观察可以确保俄罗斯根据后工业化计划进行转型的这些因素。这些因素中的第一个是显而易见的：既然我们这么清楚地认识到了这些阻碍转变进程的稀奇之事，那么我们的战略任务就在于，我们应该制定出综合性的计划来消除这些负面的现象。足够清楚地理解这个任务的重要性，这本身就是一个积极的因素。

在这种背景之下，俄罗斯新一代领导人力求结束叶利钦时代遗留下来的混乱状态就是一个令人信服的事实。摸索新的未来之路是一个痛苦的过程，在这个过程中可能首先要做的就是停止俄罗斯国家性的进一步瓦解，让国家财富重新回到国家的掌控之中。这项工作的进展会很缓慢，会很困难，因为在国家政权的最顶层仍然有许多原来叶利钦的亲信，他们企图保持旧时代的精神，以此保全自己的一席之地。但是，就像苏联最后一位领导人喜欢说的那样，过程开始了。

在这条道路上的顺利前进需要有非常重要的前提。与激进改革者令国家大受损失的工作相反，俄罗斯还是继续保持了高水准的科学技术潜质。根据 В. И. 库什林的统计数据，俄罗斯的知识财富是一笔很大的数目——4000亿美元。接下来要做的事情就是采取创新的企业方式将这些潜力运用到实践之中。这条道路上的发展完全符合后工业化转型的基本原则，也就是以理论知识为支撑的原则。

这项工作可以非常有效，我们想一想，俄罗斯是世界上自然资源最丰富的国家。如果把这种潜力用于国内高知识含量的技术之中，那么我们在后工业化转型这条道路上的前进就会快很多。

尽管年轻一代特别敏感的西方消费观念还在继续施加压力，但是俄罗斯的创造合作和集体主义民族传统依旧非常强大。在俄罗斯的民族心理中，精神利益始终要高于纯粹的物质利益。如果能够把重点放在这一历史经验上，那么这些因素就可以很好地在俄罗斯复兴进程中扮演强力推动器的角色。

不得不讲一讲另外一个非常有效的因素，如果从历史前景的角度出发，那么这个因素是这些进程中最优先的、最积极的资源。这就是俄罗斯的教育潜力，很多专家都承认，俄罗斯的教育体制要比欧美的教育体制更加高效。在后工业化转型理论中，特别强调了建立一个教育型社会的必要性。看来，教育部的高层领导着手准备国内教育体制的改革并不是偶然的，但是这样的改革会使国家倒退并且阻碍已经开始的复兴进程。当然，这些改革方案的设计者们是有意识而为之还是由于愚蠢，我不得而知。

后工业化转变的社会主义潜力

后工业化转型的过程发生在最复杂的历史时代，发生在社会分叉的条件下。它根据定义不可能是单维的，我们眼前的未来就如同整块可供选择的进化计划的光谱。所以大量积极或消极的社会经济机制和政治机制所犯的错误并不是不可原谅的，它们都表现出了在实践中的适用性。

世界社会主义运动和欧洲社会民主实践在这方面积累了不少有益的经验。俄罗斯在这方面也有经验，比如说 Г. В. 普列汉诺夫。现在的社会主义支持者的基本思想与后工业化转型计划非常契合，是计划中关于保护中产阶级利益这一部分的有益补充。

但是很遗憾，改革这些年来，俄罗斯发生了不少诋毁社会主义的事情。比如说，在最近出版的一本百科全书里就写到这一点："破产的社会主义思想以各国上百万人的牺牲为代价，但这种思想直到今日也没有被完全铲除；完全平等的理想还存在于人民的意识中，尽管已经很明白，只有机会平等才是真正的公平。因为无论是从前还是现在，使人平等都是可憎的不公，是人类和社会完善的终点，是进步和自由的坟墓，是专制和贫穷的开端。"很难说，讲这些话是出于纯粹的无知还是蓄意的污蔑。

不过，随后出版的此类百科全书的作者们已经决定不再卖弄聪明了，而是简简单单地把社会主义这个字眼从自己的文章中删去。就如同 M. 高尔基作品中的一个主角在这种情况中所说的那样，"可能就没有过这个小男孩"。在这种对社会主义概念有成见的态度中，还存在着一种隐藏的畏惧——小众阶层的畏惧，这些人已经与激进改革者花十年时间建立的强盗资本主义体系融为一体了。但是，可能正是这种恐惧证明了：社会主义思想可以在后工业化转型过程中发挥自身的作用。

参考书目

1. Н. Н. 莫伊谢耶夫：《走近圆桌会议的参加者》，刊于《全球思想家》，莫斯科，2000 年。
2. В. Г. 戈尔什科夫：《稳定生活的物理和生物基础》，莫斯科，1995 年。
3. С. П. 卡皮察、С. П. 库尔久莫夫、Г. Г. 马利涅茨基：《未来的协同学与预测》，1997 年，莫斯科。
4. Ю. М. 奥西波夫：《经济学》，《经营哲学》2000 年第 3 期。
5. П. 肯尼迪：《步入 21 世纪》，莫斯科，1997 年。
6. P. 德鲁克：《后资本主义社会》，纽约，1995 年。
7. T. 萨卡亚：《知识价值革命》，或《未来的历史》，纽约，1991 年。
8. R. 瑞驰：《资本主义——国家为 21 世纪的准备》，纽约，1992 年。
9. M. 卡斯特：《网络社会的崛起》，纽约，1993 年。
10. Дж. 索罗斯：《全球资本主义危机》，莫斯科，1998 年。
11. З. 布热津斯基：《大棋局》，莫斯科，1998 年。
12. L. 瑟罗：《资本主义的未来》，伦敦，1996 年。
13. S. 亨廷顿：《文明冲突和重塑新的世界秩序》，纽约，1996 年。
14. F. 福山：《信任：社会美德与创造经济繁荣》，纽约，1992 年。
15. Д. Х. 梅多乌斯、Д. Л. 梅多乌斯、Й. 兰德斯：《成长之外》。
16. A. 戈尔：《濒临失衡的地球》，伦敦，1992 年。
17. Э. 瓦伊采科尔、Э. 洛维斯、Л. 洛维斯：《因素四：事半功倍》，莫斯科，2000 年。
18. Д. 贝尔：《后工业社会的来临》。
19. Ю. В. 雅科韦茨：《文明的历史》，莫斯科，1997 年。
20. Л. В. 列斯科夫：《全球危机：启示还是新的进化阶段?》、《跨越 21 世纪的经济理论》。
21. 雷蒙·阿隆：《社会学思想的发展阶段》，莫斯科，1993 年。
22. 雷蒙·阿隆：《工业社会》，纽约，1967 年。
23. Л. В. 列斯科夫：《历史和社会协同学的历史唯物主义观》，刊于 Ю. М. 奥西波夫、Е. С. 佐托夫主编：《社会科学中心丛刊》，1998 年第 9 期，莫斯科。
24. Л. И. 阿巴尔金主编：《俄罗斯2015——乐观计划》，莫斯科，1999 年。

25. Г. В. 普列汉诺夫：《政治遗嘱》，刊于《独立报》，1999 年 11 月 30 日。

26. В. В. 索格林：《自由主义在俄罗斯：变故和未来》，莫斯科，1997 年。

27. Л. В. 列斯科夫：《什么不能做？俄罗斯的未来协同学》，莫斯科，1998 年。

28. П. А. 索罗金：《社会灾荒与意识形态》刊于《本质》，莫斯科，1990 年。

29. Л. В. 列斯科夫：《俄罗斯要步入后工业乌托邦吗？》，刊于 Ю. М. 奥西波夫、О. В. 因沙科夫、М. М. 古泽夫、Е. С. 佐托夫主编：《现实空间中的俄罗斯》，伏尔加格勒，2000 年。

30. В. 桑科：《俄罗斯政府在关心什么》刊于《独立报》，2000 年 9 月 26 日。

31. Н. М. 里马舍夫斯基：《俄罗斯人才潜能的性质》，刊于 Ю. В. 雅科韦茨主编：《皮季里姆·索罗金的回归》，莫斯科，2000 年。

32. В. И. 库什林：《俄罗斯的创新潜力》，刊于《俄罗斯的科技未来》，莫斯科，1999 年。

33. Г. Х. 波波夫：《俄罗斯寻求新千年的意识形态》，刊于《独立报》，2000 年 8 月 25 日。

34. Е. Ф. 古布斯基主编：《简明哲学百科全书》，莫斯科，1994 年。

35. 《简明哲学辞典》，莫斯科，2000 年。

社会主义出现和发展的规律性及俄罗斯的问题

B. B. 卡希岑

对社会主义问题的科学兴趣和社会兴趣在过去的一个世纪里一直起伏不定地发展。

它在俄罗斯的发展是非常极端的。把社会主义理论和实践奉若神明并将其教条化的时代已经结束了，取代它的是全面推翻和批判所有社会主义相关事物的时期，而最近的12年是这个过程发展最快的时期，整个过程是完全符合辩证法的。当然，在这两个时期中，关于社会主义理论和实践，人们都发表了很多旗鼓相当的精彩文章，由于种种原因，这些文章的作者并不需要重新审视自己的观点和看法。俄罗斯众所周知的改革结果、俄罗斯经济的现状及未来的生存与发展完全合理地使我国社会主义的前景问题成为一个迫切的问题。在这种情况下，有一些问题是很重要的。那就是：我们是如何理解社会主义这个概念的？社会主义的产生与发展有多少客观性？社会主义在俄罗斯的发展合乎规律吗，它的危机原因何在？社会主义对于未来俄罗斯而言有怎样的前景？

当然，这个主题的复杂性与重要性以及上述问题的性质与文章的篇幅是没有多大关系的，所以我们将只研究分析问题的一些方面，这些方面我们认为在相关文章中没有出现过或者很少被提及。

所以，从经济的角度出发，作为一种经济类型，社会主义显然不可能没有市场性，无论是在它的产生阶段、停止阶段还是发展阶段。而所有制形式多样化是社会主义必需的组织条件，尽管这种条件不是决定性的。作为主体之间相互关系的协调机制，对于市场来说，主体的独特性是起决定性作用，而所有制形式多样化充其量只是实现其独特性的一种方式。当然，也可以有建立在一种所有制基础之上的高速发展的市场经济，比如说国有制；也可以有建立在最多样化所有制形式基础之上的经济，或者是完全私有化、完全没有市场组织的经济。只有和严格的国家调控结合在一起，特别是国家对于市场规则的监管和对资本化的限制，所有制形式多样化才

第二章
社会主义在俄罗斯的前景

能稳定发展,才会有前景。如果缺乏对资本化的限制,那么良性竞争就会成为一个问题,最终,随着市场主体的资本化,国家自身也会成为私人资本主义国家。

社会主义经济组织最重要的条件就是灵活机动地把三种分配标准结合在一起:按价值分配、按计划分配、按劳动分配。从战略角度来讲,使这种结合最优化的主要手段就是人力管理和资源(潜在资源)调配。

不难发现,上述所有条件的实现和保证都是以国家类型、实施机制和政治体制为落脚点的。毫无疑问,建设社会主义国家的方案和模式应该是各种各样的。但是需要有一种方式把它们结合在一起。如保证上述条件实现中的功能性和灵活性,从战略的高度持续严格地推行财富创造群体利益优先政策。其中最重要的是那些占人口少数,却创造大多数社会财富的群体。如果国家脱离了后者的监督,那么这个国家从本质上来说就不可能是一个社会主义国家。一个国家的类型取决于,它首先体现的是哪部分人的利益。国家作为一种制度是不可能没有优先次序的,也不可能完全平等地代言所有公民的利益,因为这与国家的本质、产生和发展是相矛盾的

再次强调一下,可以有非常多的社会主义构想、理论、模式和方案。但是很重要的是,不要把社会主义元素的存在与社会主义经济体系混淆起来,更何况这些社会主义元素是伴随着人类的产生而产生的,并且在整个商品生产领域内获得异常迅猛的发展,其中包括在资本主义商品生产领域。我们在这里只专心一意地研究社会主义产生与发展的客观性问题。

在经营主体充分竞争的机制下,在简单商品经济体系中已经开始出现二元论和二重化。在充分竞争的条件下,解决利润最大化问题的方法就是缩减开支和高度集中生产。正如大家所知,集中生产是靠两种途径来实现的:一是竞争者兼并简单商品生产者,二是相互协作。在其中一种情况下迟早会再次出现资本化,而在另一种情况下则是社会化。这两种进程的相互关系取决于各种因素的多寡,其中也取决于国家、国家的职能本质和类型。经济发展中这两种进程的相互关系、这种关系发展的逻辑性和历史直线性最终决定了相应生产方式和经济类型的相互联系。马克思主义的绝对功劳在于,它完全正确地证明了,资本主义化的发展过程最终必然会转向社会主义,这是不可逆转的。

在俄罗斯家喻户晓的 Дж. 格尔布莱特也没有完全驳斥最后一个论点,他说:"马克思的论点中最具有说服力的一点就是,只有在资本主义已经具备初步社会化影响力之后,社会主义才有可能出现。"В. И. 列宁也曾积极地研究过这个问题,比如说他的名著《俄国资本主义的发展》。很显然,对于

进入工业化时代来说，资本化的确是最有可能、最符合逻辑的生产力发展形式。国家还没有掌握自己的主要职能，也就是作为企业生产者来调配潜能。在这种情况下，只有国家这个关系主体才能够有效地调节各主体之间的相互联系，因为该主体不仅与其它各主体一样能够生产、分配、交换和消费，它还能够比其它主体更加有效率地完成这些工作。在现代经济中，这种机会最重要的条件就是把集中化、集约化和联合化结合在一起，而它们得以实现的经济形式就是垄断（在我国的情况下就是国家垄断）。

总而言之，利用自身的资源、自己的财产和自己的经济地位，借助市场的作用，现代国家不仅仅是能够，而且是有义务来调节各主体之间的相互联系，其中也包括调节资本化和社会化进程。否则，这些职能将会由大型垄断企业或者它们的联合体来替代完成，当然，它们会从自己的利益出发。顺便说一句，自由主义哲学的任务正在于此，特别是在于对国家的看法上。

社会主义产生与发展的规律性多多少少地被三个最普遍的历史经济发展构想所忽略了：它们分别是文明构想、工业—后工业构想和意识形态构想。虽然已经注意到了所有这些构想的优点和不足，我们还是能够发现，从经济角度来讲，意识形态构想更加符合逻辑地解释了社会发展机制。历史逻辑的一贯性在分配机制的变异中被忽略了。原始氏族方式——平均分配；奴隶社会——按奴隶分配（同等数量的奴隶——同等收入），封建社会——按土地分配（单位土地农民数量相同），商品组织——按价值分配，资本主义组织——按资本分配，社会主义组织——按劳动分配。其中，在资本主义社会和社会主义社会，价值规律继续发挥辅助分配功能。别的不说，资本主义和社会主义的区别不在于市场化程度，尽管这种差异也是存在的，而是在于各种分配方式与价值规律的结合。市场是一种交换服务机制。交换则是劳动分工条件下的生产力服务机制。

所以，资本主义和社会主义都产生于市场，是市场经济的两种形式，尽管它们的程度不同。在这两种形式同时存在的时候，如果从广义的、宏观经济的、战略的层面去理解效率问题，那么从这个角度出发，垄断对于市场的破坏使得社会主义取代资本主义成为一种必然的、合乎逻辑的结果。顺便说一句，这种现象在所有发达国家和中等发达国家都毫无例外地存在，无论是在微观层面上还是在宏观层面上，尽管它们处于不同的国家，处于不同的结合中，程度也不尽相同。这种进程在文学和实践中称为社会主义化。

所谓的剥削制度的重心转移到世界经济关系方面和在制度实行过程中

第二章

社会主义在俄罗斯的前景

利用最新的科学技术方面，这增强了社会化的物质基础，但是却减弱了该制度的因素作用和质量，并且阻碍了社会化向社会主义的转变。当然，这里说的是发达国家。不过很显然，对于社会化发展和社会化转变为社会主义这两者的历史经济必然性来说，该进程是无法对其造成影响的，所以这种进程只不过是临时的受限制的因素。

社会主义的规律性在劳动者的经济状况层面上也被忽略了。无论是从它和劳动者相互关系的紧密程度来讲，还是一种生产方式升级到劳动者得到收入这部分的生产方式这个角度。看来，已经没有必要去证明，社会主义为什么是更加进步的组织方式，我在这里不说别的，（当然，如果这是社会主义的话）。第一，生产者对于创造出来的产品和收入（自然，在宏观和微观经济上表现形式不同）拥有完全的所有权，第二，结果是由所有重新创造的价值所支配，但是部分不同，方式不同（微观和宏观层面）。在这个意义上我们要强调的是，国家只有在生产者的监督之下，以生产者的战略利益为行动目标，这样它才有可能是社会主义国家。这也正体现了同资本主义国家组织相比民主和自由的进步，因为资本主义国家组织代言的是资本所有者（占总人口的 5-10%）的利益，如果它体现的是该国所有公民的利益的话，那么这就是以其它国家为代价的。

这里很自然地出现了一个与上文紧密相关的问题：上世纪在俄罗斯究竟发生了什么？它与社会主义有多大关系？自然，这个问题的复杂程度以及它所包含的多种因素需要我们对这个问题进行单独研究。所以我们在这里仅限于用一些初步的论点来阐释我们对这个问题的看法。这个问题的重要性还体现在，在我们看来，如果这个问题得不到解决，那么俄罗斯进一步摆脱常规的高效发展至少会有问题出现。

第一，尽管有这些众所周知的限制因素，也就是：农业-工业经济格局、相对落后的发展水平和本国国情，但是在俄罗斯建设社会主义仍然还是有可能的。В. И. 列宁在这方面的论据毫无疑问是正确的，并且是符合逻辑的。但是需要强调一下的是，在这个历史阶段，它只是具有可能性，而不是必然的。

第二，与主流看法不同，布尔什维克在 1917 年并没有夺取政权。他们没有夺取政权的理由很简单：如果是政权，那就不能夺取。政权可以接受，如果它被授予；政权可以拾起，如果它遭丢弃；政权可以复原，如果它分解融化，等等。所有这些政权的变形只有在危机发展到最边缘的时候才有可能发生。而政权只属于那些在任何时候、任何层面都比其它人要准备充分的人。所以，首先要承担责任的不是那些获取政权的人，而是那些交出政权的人。

第三，74年来，我国的政治经济体制经历了一系列本质上的转变，甚至是剧变，所以，尽管它们形式上的特征都很相近，但是很难找到依据对它们进行统一的分类，更何况是用纯粹的社会主义术语。如果用最新的一个词来形容整个时期，那么最有可能的术语看来是"政治官僚的'社会主义'"。在我们看来，里面这个引号的前提是，社会主义与定义它的词语并不吻合。毫无疑问，社会主义元素表现得很明显，但是现在还不清楚的就是，这些元素有没有融汇到社会主义体制中去。看来，我们国家最接近社会主义的时候是新经济政策时期。

第四，我国社会主义问题的中心不在于正在形成的体制之中，而是在党内。党脱离自己的纲领和宪章是最主要的问题。我们已经不再谈论录用政策，也就是干部政策。党内也有生产者，但是他们没有管理党的机会。从20年代初直到1991年，特权一直牢牢地控制在流氓的手中。

第五，最近十年重现并且加深了危机，它不仅仅使社会主义问题变得迫切起来，而且事实上不可避免地把国家推向了强硬的命令官僚行政体系。因为后者差点成为摆脱此类危机的唯一方法。最重要的是，如果所有这些都将要发生，那么，控制住这些限定因素之后，还能不能转到社会主义经济体制，在我们看来，在社会主义第一次降临的时候，这是做不到的，比如说在50年代、60年代、70年代和80年代。

参考书目

1. 《莫斯科新闻》，1989年2月12日。

第二章
社会主义在俄罗斯的前景

对21世纪社会主义的思考

М. И. 格利万诺夫斯基

在如今的俄罗斯，很多人发现，他们之前根本不重视或者不是很重视苏联时期社会主义所创造的那些机遇，现在他们体会到了刺痛，开始怀念逝去的历史，他们扪心自问，为什么如此有吸引力的社会制度（尽管也有很多对于该社会制度的批评意见）遭受了如此严重的失败，为什么"全球社会主义体系"在20世纪没有获得成功。

对如此迅速的崩塌进行分析之后我们得出，最重要的原因就是精神领域的缺失。这至少属于苏联的社会主义。而正是因为苏联的社会主义决定了世界社会主义的基本意识形态特征，所以后果也是全球性的。

但是，在两种体制的竞争中获胜的现代资本主义也注定要走向灭亡。因为它不能为全人类提供新事物，而只会在地球资源有限的条件下，毫无节制地发展人类的消费天性。

那么社会主义在21世纪将会扮演什么角色呢？它会在俄罗斯重现吗？它重现的基础又是什么呢？

现代社会危机的本质

不去考虑所有的科学技术成就，不去考虑经济发达国家财富的增长，当今世界展现给我们的是令人非常痛心的场景。原因并不仅仅在于全球问题令人恐惧的增长，以及与之相关的由人类活动引起的潜在灾难，也不仅仅在于，人类两千年来一直无法建立一个以自由、平等和人们之间的兄弟关系为主导的社会。尽管人们曾经试图去达到它，甚至就在不久之前（大概10－15年之前），共产主义改造世界的方案对很多国家来说还是完全切实可行的。

最浓厚的消极主义首先同道德危机有关，同现代社会大多数民众缺乏宗教信仰有关，现代社会已经没有能力去利用前辈们所积累的这些潜能。在公元第三个千年之初，知识的巨大容量以及利用知识的物质手段已经非常严重地与人们的道德水平相矛盾了。和平、现代人类文明已经濒临自身发展全新的危险边缘了。

这个问题对于俄罗斯来说尤其尖锐，因为俄罗斯在20世纪经历了三次巨大的动荡：

第一次——1917年，布尔什维克用流血的国内战争开始的政变，政变之后，俄罗斯开始走出传统的发展模式，并试图建立共产主义人间天堂，这同时也从一开始就成为了世界共产主义革命这个全球计划的一部分。

第二次——共产主义计划在80年代末致命的失败，二战时期，共产主义阵地好像是被永久夺取的，二战之后，全球社会主义体系开始发展起来，并伴随着与市场对立的经济体制。

第三次——被称为"经济改革"的国家经济体系的突然自我拆卸，以及建设新的资本主义俄罗斯，它们大多带来的结果是所有政治、社会经济体系的毁灭性崩溃和衰退，这使得国家处于最终瓦解的边缘，并且作为世界经济和政治主体面临消失的危险[1]。

所有这些事件迫使我们再一次思考它们最深层次的原因，思考我国以及全世界正在选择的发展道路的基础。

马克思主义如同伪宗教

众所周知，在很长一段时间里，经济学和苏联所有社会科学一样，被马克思主义的框架束缚住了，这是政权通过残酷的暴力手段强加的，他们把这个哲学政治经济学说变成了新的伪宗教。一方面，它批判性地理解这个科学流派，使得经济学本身没有机会去发展，另一方面，它以骇人听闻的方式体现在国家的肌体之中，国家被迫在现实经济实践中长期运用完全非生活的政治经济计划。可以非常肯定的说，苏联时期国家所取得的一切都不是依据马克思主义而得来的，相反都是违背马克思主义的。苏联政权所取得的成就和进步的基础是——人民的热情和牺牲精神，以及那些实际的经济建设，它们是完成具体任务（建设企业、筹办科学综合体、建立国家军事工业储备，解决社会问题）的工作的结果。但是，这中间形成了一个毫无疑问是非常独特的做法，那就是用马克思主义教条把所有社会思想和社会计划"宗教神圣化"，而不去管它们的内容事实上有多少与马克思主

---

[1] 在整整几十年内，国家按照国际金融组织的指使制定自己的经济政策，这表明，现实主权在很大程度上已经丧失了。

第二章
社会主义在俄罗斯的前景

义是相符合的。换句话说，国家所取得的一切正面成果都归功于马克思主义，而一切反面现象都被解释为与马克思主义背道而驰。结果，离奇的情况变得根深蒂固。实际上，国家经济活动所谓的科学基础——完全与实际生活脱节，只起到纯粹的意识形态作用，并且这种作用在经济中不是建设性的，而是破坏性的。法律上，国家被认为是共产主义国家，因为它表面上信奉共产主义理想。这一点最明显的体现就是《共产主义建设者法典》的通过，该法典的内容几乎全是从《基督新约圣训》中逐字逐句照搬下来的，而并没有引起广大群众的心理共鸣，而且与马克思主义也是完全没有关系的。

事实上原因正是在于，马克思主义对基督教进行了拟态，它在俄罗斯得到了一定的普及，并以此保证了自己相对长久的存在。

可以说得更多一些。正是因为对俄罗斯社会生活原则的这种拟态，所以对俄罗斯主要民众来说，它们在本质上就和基督教很接近了。但是基督教的核心（救世主本身）从这种生活中排除了出去，所以没有内容的形式注定是要灭亡的，这也导致了在所有方面都异常牢固的社会建筑的瓦解。

俄罗斯"经济改革"的布尔什维克主义

今天，人们试图将西方资本主义模式的经济唯物主义嫁接到枝干粗壮的俄罗斯经济大树上，这给国家发展带来的影响是完全不同的。

尽管对20世纪末俄罗斯推行的激进自由改革方针极度缺乏社会责任有很多的警告（从管理角度来讲，国家总体上只代表了有统一计划中心的大型工厂），尽管这些改革是在国家政治垮台的背景下开始进行的，也就是说，这些改革伴随着多年经济联系的中断，伴随着统一的经济、法律和货币空间的破坏，改革开始以一种最激进、最残酷的方式进行。从这一点上来讲，它们同1917年的布尔什维政变非常相似，只有一点差别就是，在这些改革之中已经不用马克思经济唯物主义作为掩饰了，改革的实质昭然可见——恬不知耻地追逐暴利，不惜任何代价。

高度协调一致的宣传运动保证了所谓的市场在俄罗斯的"胜利前进"，前进的过程伴随着对生产资料实行私有制的号召（没有对私有化的法律问题进行足够明确的准备），伴随着对俄罗斯积极加入世界市场的号召（不管在什么条件下），此外，还号召对企业活动实行完全自由政策，在经济领域消除国有制（没有建立相应的经济法）。

最阴暗的预言得到了印证：改革导致了生产的衰退和国内消费市场的

萎缩，茁壮的俄罗斯经济之树开始快速衰败、枯萎。今天，这棵大树有的地方干枯了，有的地方腐烂了，有的地方干脆就倒塌了。生产设备逐步老化，工人的技术逐渐退步，科学流派正在消亡，国家逐步失去再生产的能力①。

非常明显，带着这根接穗的俄罗斯经济永远不能复苏，永远不能长成开花结果的大树。

尽管有对激进自由主义最密集的宣传，俄罗斯（大部分俄罗斯民众的心理状态）还是没有接受这个开放的经济唯物主义意识形态。相反，在民众的情绪中越来越多地感觉出对社会主义时期和苏联时期的怀念，这种情绪不仅仅局限于那些因为改革而生计无着的百姓，它同样也出现在那些成功人士身上，他们中的很多人开始明白，所选择的方针是没有前途的，是同人民内心的思维方式不相容的。

除了怀念曾经提供可观社会保障的社会主义之外，今天的俄罗斯还蔓延着其它情绪和趋势。对于很多人来说，马克思经济唯物主义的迷彩已经失去了自己的意识形态吸引力，相当一部分俄罗斯人重新把目光投向了基督教，把它当作民族精神生活的第一基础。

同时，70年来一直处于"巴比伦之囚"中的俄罗斯东正教逐渐地从祭祀场所进入社会领域，在这个千年的边缘，它第一次通过了文件，对于经济生活中道德基础的重要性和必须性表达了自己立场②。

在我国，犯罪强烈冲击着经济领域，这种氛围本身就证明了，如果在经济领域没有道德作为基础的话，那么它很快就会自我灭亡，或者成为其它更加稳定、更加紧凑的国家经济体系的猎物。

但是"经济学的米丘林学派学者"还在继续谈自己对于在俄罗斯推行自由主义意识形态的坚持，他们甚至都没有好好地研究过自己在国家层面上所从事的工作的本质。尽管在自由主义实验的十年中，所有人对这一切都已经很清楚了。

---

① 2000年5—6月，在国家杜马经济政策与企业活动委员会和俄罗斯科学院经济所合办的全俄罗斯大讨论上，价格构成与经济分析中心主任 C. M. 乌兰诺夫在自己的报告中非常鲜明地阐述了这个题目。

② 这里指的是，在2000年8月举行的俄罗斯东正教会"俄罗斯东正教会社会构想基础"高级僧正周年会议上通过的文件。

经济主义如同神秘主义现象

应该看到的是，现代自由主义者的的反布尔什维克主义在俄罗斯拥有很深厚的根基，如果对此缺乏了解的话，那么就很难搞清楚他们的教条主义和固执的原因，他们正是以此捍卫自己的思想，而不惜违背明明白白的事实。这些原因不仅仅根源于私有化的现实成果或者是高速的进步。他们所持立场的实际根源是经济唯物主义，它是最近两个半世纪经济学发展的结果，早在19世纪，它就已经被越来越多的人所接受，取得了主导思想的地位。С. Н. 布尔加科夫把它称作是"战斗的经济主义"，"它确定了所有文化和所有人类创造的经济本质，甚至还为生活中最高层次的精神表现寻找根本的经济原因。"早就20世纪初，С. Н. 布尔加科夫就已经开始注意到该学说的蛊惑力量，表述地更准确一点，是该思想方法的蛊惑力量："应该毫无保留地承认，不管你是怎样对待这个学说的内容，你不能不去关注它的动机，这同每个人都息息相关，它是无法摆脱的，并且具有不可抗拒的诱惑力"。

要重点提一下的是，尽管经济唯物主义哲学的基础是18 - 19世纪的机械世界观，而在20世纪末，当更加复杂和深刻的宇宙基础出现在人类面前时，科学开始转到跨学科的研究领域。然而，"战斗的经济主义"事实上却独占了人们的思想，它似乎没有给其它思想方法留下任何发展的机会。

除此之外，在目前自由主义思想全球浪潮的条件下，在经济唯物主义的影响下，世界上出现了强烈的社会文化倒退过程。由于大部分国家社会体系中的人生价值发生了变化，几乎所有的社会生活领域都开始算经济帐，它不仅操纵了经济决定，还操纵了政治和社会决定。

如果说在人类历史的前期，政治、军事体制保护下的精神核心处于国家社会体系的中心，而经济则是维持它们生命力的手段，那么今天，当经济以行为准则的形式成为社会发展的主导思想和目标时，当经济把现代社会变成了追逐利润和消费竞赛的竞技场，破坏了家庭、劳动集体、民族团体以及国家和民族上百年的社会结构时，我们到处都可以观察到社会体系的倒退过程。

正如我们所看到的那样，经济主义，特别是其极端的表现——俄罗斯改革者所拥护的激进经济自由主义，已经不是我们初看时所认为的那样不伤人了。

如果从宗教社会的观点来研究这个问题，那就应该指出一个非常重要的情况，С. Н. 布尔加科夫早在20世纪初就已经注意到这个情况了，他是这样写的："不管愿不愿意，经济主义、经济概念与唯物主义、唯物主义概念之间被划上了等号，这种关系被认为是密不可分的，也似乎是理所当然的。这不仅仅是专断的，而且是完全错误的假定。在经济主义中，唯灵论和神秘主义的可能性一点也不小（在我看来甚至是更多），唯灵经济主义和神秘经济主义可以和唯物经济主义一道存在，并且，经济主义可以和神秘主义以及宗教世界观结合在一起"。

所以有意思的是，经济主义在20世纪初正是马克思主义的旗帜，马克思主义的基础之一就是古典资产阶级政治经济学。而马克思主义的另外一个基础则是以 Л. 费尔巴哈为代表的古典德国哲学。С. Н. 布尔加科夫证明，正是 Л. 费尔巴哈对马克思起了决定性的世界观影响（"如果没有把这一基本事实摆在中心位置的话，那么就无法理解马克思"），他的哲学是反上帝世界观的极端形式——战斗的无神论，这一点马克思坚定不移地运用在自己的理论著作中。其中反抗上帝的表现是用人神化宗教（共产主义）来替代神人化宗教（基督教），在共产主义中，人们从自身汲取生活的最高理想，不承认神的因素。

所以，了解两样东西非常重要。第一，为超脱宗教理想的人类幸福而建设人间天堂的思想与唯物主义（或者说是否定宗教）的结合本质上既是开放的激进经济主义的哲学和世界观基础，又是共产主义的哲学和世界观基础。第二，该哲学体系的不信仰宗教性是虚构的，因为这种世界观本质上就是隐藏的反抗上帝的宗教现象，也就是带负号的宗教。

今天，我们可以在现代世界的发展趋势中看到这个奇怪的宗教本质，我们以这种发展趋势为模板来建设我们的俄罗斯社会，关于这一点我们已经在之前的文章中谈得很详细了。

社会主义在20世纪遭受失败的主要原因

精神空虚的世界正在朝自己的暮期滑落。很多出众的现代学者都对此提出了警告。主要的政治家和大国的领导首先要对所发生的一切承担责任，因为世界的命运取决于他们的意志和行动。因此，提出并且解决在道德准则基础上建设国家社会体系这个课题，可以消除事件的毁灭性发展，这是所有意识到危险正在临近的人的神圣职责。在这里，与大部分俄罗斯民众的精神传统和心理状态相适应的在基督教原则基础上建设国家经济的思想是最有效的。

第二章
社会主义在俄罗斯的前景

从这些观点出发去研究建设公平社会的思想，需要指出的是，首先，它与马克思主义和经济唯物主义完全没有任何关系，尽管起初看起来好像指的就是它。而事实上，这是一个完全不同的、相反的课题。

社会主义按劳分配原则如同公平的财富分配原则被载入保罗信徒的圣训中："不劳动者不得食"。这是调节个人利益和社会利益的基本准则，它的实行创造了建立在公平之上的调节环境。对该准则的破坏导致了持续的社会紧张，关于这一点整个人类历史都可以证明。并且还没有一个社会能够实行这个圣约。紧挨着它的是苏维埃类型的社会主义社会。但是因为它是建立在无神论基础之上的，也就是建立在马克思主义基础之上，所以它把这个道德上的至高命令变成了一种主义要求，并且通过强迫手段来实现，它抑制人的个性，束缚人的创造潜能，甚至把公民的社会生活国家化（国有化），压制他们的积极性，扭曲了为别人的富裕和幸福而自愿限制消费的本质。

上文提及的俄罗斯东正教会通过的文件再一次确认，"圣经证明了两种精神上的劳动动机：为生存而劳动，不拖累任何人；为有需要的人而劳动"，"耶稣把自己同不幸的人等同对待，东正教会传承其在世间的服务，一直致力于保护弱势群体。所以它号召社会公平地分配劳动成果，富人帮助穷人，健康人帮助病人，有劳动能力的人帮助老年人。只有在分配物质财富时把保障所有公民的生命、健康和基本福利摆在绝对优先的位置，才有可能谈及精神上的幸福和社会的自我保全。"

这样，圣经揭示了劳动的动机，一方面，以一定的自我限制为前提的非常简单的目的（为生存而劳动），而另一方面，对有需要的人提供帮助的必要性。

为了同资本主义进行竞争，以马克思主义学说为基础的苏联模式社会主义提出要满足人民群众不断增长的需求。凭借这一点，它实际上已经将自己纳入资本主义体制之中。但是，无论是在各个社会主义国家内，还是在世界舞台上，它是没有能力做到这一点的，所以它也不可能实现预定的目标。它的纲领实质上是建立在资本主义体系中的乌托邦。换句话说，在最近几十年中，社会主义在这个全球性的比赛中并没有特别有利的选择，它在别人的场地里按照别人的规则在比赛。因为设定的目标是不符合实际的，所以意识形态的比赛已经提前告负了。

而最重要的是失去了现实的精神理想，它被追求富足的生活所代替，而在主要的资本主义国家，这种追求实际上已经实现了。设定的这些目标实际上把竞争体制变成了一种样本，而社会主义国家事实上也失去了主要的竞争优势——意识形态优势，因为他们所追求的目标在他们的竞争对手那里已经实现了。并且这种实现是实实在在的，而不是臆想的。资本主义所展现出来的画面在一段时间是更加吸引人的，说的更准确一点，这种吸引力是西方用高科技精心打造的社会政治广告所产生的。

我们还记得，我们苏联民众是如何惊羡于资本主义宣传所描绘的资本主义消费者的幸福生活，但是我们都没有认识到，这种幸福生活是怎样取得的，是依靠什么来取得的。

围绕那些竞争对手已经达到的目标所进行的持久竞赛从思想上使整个社会主义体系变得没有前途。而这种前途无望又导致了意识形态中的虚假和欺骗，使它脱离了现实，并且把整个体系引向了崩溃。

俄罗斯在 21 世纪的机遇

但是，如果我们用建设性的科学态度去看俄罗斯的社会主义历史的话，那么可以说，在世纪交替之际，我们国家已经积累了大量社会经济建设试验的经验，这些经验可以在我国进一步的积极发展中有用武之地。其中，这些试验所产生的负面结果可以使我们以后避免犯很多的错误。而且，这些社会试验的积极经验也是可以借鉴的，尽管从历史的标准来看，两大世界体系的较量以闪电般的、灾难性的失败结束。而上世纪90年代的实验瓦解了统一的政治、经济、法律空间，破坏了用几十年建设起来的国家和全球管理体系，造成了生产的倒退和致命的人口问题，并且给所有社会主义帝国里的国家带来了巨大的物质损失。

总之，第二次世界大战的胜利，以及苏联能在最短的时间内把所有的社会主义国家联合成一个可以同强大的发达市场经济工业国家集团相抗衡的力量，它们在很大程度上正是因为二三十年代的第一次尝试才有了实现的可能。

尽管第二次尝试以失败告终，但它还是有自己积极的方面。这首先体现在放弃了对西方的幻想，我们不再幻想西方能够支持我们的民主改革，不再幻想他们能够帮助我们建立有影响的、有竞争力的经济。而且，我们的自我意识和自我认同逐渐开始觉醒，开始要求拥有自己的商标，把自己打造成一个国际市场和国内市场的竞争主体（例证——俄罗斯市场相对较新的现象："俄罗斯商品"成了商标）。

有一个奇谈怪论很引人注意：经济主义为俄罗斯的社会主义铺设了道路，而与马克思主义相反，与基督教价值观相适应的、被俄罗斯民众理解为理想学说的社会主义开始把自己变成一种建立在基督教原则之上的经济，但是它却缺乏其主要的内容基础——基督教。

今天，我们国家掌握了很丰富的建设社会型经济的经验，其中不仅考虑到了所有之前进行的实验和所犯的错误，并且还借鉴了建立强大国家和树立与西方有别的全球社会经济体系方面的有益经验。最重要的任务就是使基督教的原则有一个符合逻辑的结果。

第二，在这里可以说的就是，如果集体原则和个人原则能够和谐地融合于社会体制中的话，那么这个社会体制会是公平的和稳固的。集体原则体现了全体财富分配的公平性，而个人原则是以牺牲自己的部分财富来帮助弱势群体为基础的（慈善）。

这里的前提首先是形成一个全新的意识形态，使得社会层面上的社会公平原则（苏联时期提出来，但是没有得到落实）和个人层面上俄罗斯传统的社会奉献原则（贯穿整个社会、每个社会成员）结合起来。

一方面，该意识形态应该把社会及其成员定位于在剧烈的社会转型中丧失的集体主义价值观和互帮互助的精神。另一方面，社会应该是实现公民权利和义务事实上的，而不是形式上的保证，而每个个体在理想中都应该体现上帝创造的人类存在方式。前者可以从国家最近的历史中汲取力量，而后者可以从依旧存活于我们民族之中的神圣罗斯正在复兴的传统中汲取力量。而所有这一切的前提就是原则上克服经济主义和经济唯物主义作为一种思想方法和世界观的诱惑。用 С. Н. 布尔加科夫的话来说，"因此不能简单地否决经济唯物主义，应该正面地去搞懂它，它不能被丢弃，但是需要去克服"。

在这里还需要提及这位杰出的俄罗斯哲学家的其它原则性意见："从这个观点出发，我们觉得现代社会斗争不是敌对利益的冲突，而是道德思想的实现与发展（摘自 М. Г.）。我们参与其中的出发点不是阶级利己主义，而是宗教义务，是道德规范的绝对命令，是上帝的托付"。

参考书目

1. 《俄罗斯经济杂志》，2000 年第 7 期。

2. С. Н. 布尔加科夫：《经济哲学》，莫斯科，1990 年。

3. М. И. 格里瓦诺夫斯基：《俄罗斯科学和俄罗斯社会精神道德的平反问题》，刊于 Ю. М. 奥西波夫、О. В. 因沙科夫、М. М. 古泽夫、Е. С. 佐托夫主编：《现实时间空间中的俄罗斯》，伏尔加格勒，2000 年。

4. 《俄罗斯东正教的社会构想基础》，莫斯科，2000 年。

作为多元转轨社会要素之一的社会主义

В. В. 西蒙诺夫

谈及建立在主要生产资料社会化基础上的严格的单一结构的社会，纵然是社会主义或共产主义，第一，应该强调，这种类型的社会结构——它原则上是主观的、"拍脑门想出来的"，甚至以它在启蒙时代形成并发展到现在的形式，显然还没有载入社会进步的理论。

而且，这种构造多半是落后的，它的目标指向是回顾过去，因为其出发点是把社会状况理论化，这种状况是其初期发展阶段所特有的，要知道，共产主义作为全部社会化所产生出来的、人类社会所知的唯一自然的形式，就是原始共产主义。

具体说到社会主义，需要指出，这是更加"拍脑门想出来的"的结构，其产生的时间和原因在苏联的历史著作中已经谈了不少。无论任何一个乌托邦分子，从古代开始，直到近现代的乌托邦分子，这里也包括卡尔·马克思，谈及共产主义时，他们依据的事实是，关于社会结构，他描绘的是在当时任何地方都没有存在过的东西，因此完全适合"乌托邦"的概念，并且没有认真思考社会主义所特有的多结构体系中未来社会的状况，而且阐述了关于严格多结构的社会——共产主义社会组织的观点。

这种结构与建立在圣经文字基础上的宗教意识相距甚远，因为这种意识在《摩西十诫》的框架内得到引用，在那里，所有制得到其中两个诫条的保护，而且还由于，无穷无尽的社会进步思想本身与它格格不入。

尽管对于"基督教社会主义"有无数的理论投机，社会共产主义理想作为无所不包的经济体系在新约的文书中没有找到根基。福音经济学说拒绝承认的不仅有私有权，而且也包括不承认有效的经济体系。

使徒团体为共产主义理想发展提供了重要例证，其中说："所有信徒享有一切共同的东西，把它分给大家，根据每个人的需求"（《使徒行传》2，44—45）。同时必须指出，这个团体——与其说是经济团体，不如说是志同道合者的联合体，它由共同的思想（信仰基督，期待天国的迅速出现，其

第二章
社会主义在俄罗斯的前景

依据是基督所说的"天国就要来临"的话）来维系，并把自己与俗世分离（按照"从这类道德败坏中自救吧"的原则）。

在俗世中，这个团体作为某种"社会方式"（加引号是因为，生活方式是属于经济体系的概念，而在使徒界，我们指的是经济之外的基质）和由所有制及商品货币关系所决定的俗世，它是保证这个团体日常需求的来源。

使徒保罗强调建立在绝对意识形态基础上和把自己与外部环境严格分离的局限性，说有效经营是必需的，它是教会全体教士和都主教以及助祭所规定的重要特征。

除了部分使徒界存在的历史时间外，僧侣界成为在《使徒行传》中描述的使徒社会共产主义理想的唯一实际体现。部分是因为，类似的趋势只是具有社会性行为规则的僧侣界所特有（这是在一定程度上，因为随着时间的流逝，僧侣界也出现了个人拥有财产的可能性，它完全与"财产"概念的实质相符，部分还可以继承）。根据教士行为规则，僧侣的生活（在行为规则的古代变体中）处于结构之外并且缺乏形态，多半与在天国的生活相似（因为教士行为规则是那种"离开俗世"的实际体现，而使徒保罗说这对所有的人是不可能的，他指定的远非每个人，基督本人也谈过这点，而"有的人两者可以兼得"）。

这样，由于严格确定的文化学状况，体现在使徒时代的社会共产主义的象征（部分社会的世界末日论的尖锐化的感情），在地理上受到限制（犹太人），没有导致持久的经济构造的形成，并很快就终止了其存在，然而，在现实经济（寺院）中却留下了十分直观、尽管缺乏连续性的痕迹，并周期性地以纯粹的意识形态思辨基础在中世纪的异端（韦尔多派、清洁派等）和近代（傅立叶和欧文的活动）的某些经济体中复活。

社会共产主义理想在苏维埃基础上的复活与下列因素相关：

——作为形成了的意识形态基础（马克思的共产主义理论）获得了绝对命令的性质；

——19—20世纪俄罗斯经济的过渡性（在整个国民经济领域未完全形成资本主义关系）；

——军事革命时期不可抗的经济形势。

与第一次世界大战和1917年俄罗斯革命有关的经济应急反应时期，国家发展的自然经济进程被外源性（就其起源无论是主观的还是客观的）的非体制因素所打断。这些因素引起了对国民经济（如果谈的是从1914年到1917年10月这个时期）进行某些结构性变革的必要性，而在布尔什维克十月革命胜利后，这些因素导致了过去的国民经济结构被摧毁。这个时期可以被定性为经济应急反应时期（不可抗力），当时在外部局势的压力下，发生了结构性的进展，但是经济发展的自然进程对此没有任何的准备。

1917年政变是由国内的布尔什维克实施的，国家的经济发展没有提供任何理由说国内有某种此类社会经济扰动（扰动是微弱的，在某些领域——资本主义发展的初级阶段，具有飞地般的孤立性，是被迫的和体系上尚未准备好的国家资本主义，在广大民众中缺乏发展民主思想的土壤）的前提条件，这导致国内的"正统"马克思主义中的以古喻今为时尚的趋势，并在结果上导致革命初期年代的"国家集体主义"（国内的非马克思主义经济思想用这个术语鉴定了军事共产主义政策的实质，非马克思主义经济学家和正统马克思主义者认为是社会主义的体现）的统治地位。

所谓的新经济政策（在非马克思主义阵营中，它被认为是"国家资本主义"）乃是明显地偏离了"经典"的马克思主义对社会主义和共产主义的看法，这种政策明显的是临时的，带有极大的非系统性。它很快遭到抛弃，这本身也是它自己造成的。

在上述过高评估俄罗斯资本主义发展水平并由此夸大俄罗斯准备社会主义革命的程度中，我们还看到了对历史进行了现代化，即"驱赶"历史去适应下面这种观念，也就是研究者们（列宁及其追随者）在分析其他材料（比俄罗斯发展阶段快得多的其他资本主义国家的材料）和自己对研究对象发展道路的独特看法基础上形成的概念。

经过长时间关于新经济政策作为苏维埃俄罗斯经济发展的选择性模式的政论性鼓噪后，在专门的文献中，对其真正实质出现了某种现实的评价。然而，诸如B. B. 卡巴诺夫这样的客观的研究者们指出了此类"经典"社会主义模式的"乌托邦性"，还是未能摆脱把新经济政策作为实际上过高评价的构想的观点，这种过高评价是在1923年列宁行将去世之时他的某种灵感的作用下所做出的。

然而，如果我们不去把列宁的《论合作社》札记看做某个唯一的对象，而是将其与所谓的《列宁的政治遗嘱》的所有著述联系起来（应该说，这已经做了无数次，但都是从某个视角出发，离客观性相距甚远），显然可以看出，列宁逝世前关注的绝不是给予合作社（还有整个商品货币关系）必要的发展空间，而是找到无产阶级国家限制类似自由的方法，一方面，这样做不会提出执政者执掌权力的权利问题。另一方面，旨在不允许出现臭名昭著的"农民局限性的王国"。问题提的不是考虑到农民的利益去发展经济和政治，而是重新改造这些农民，并最终完全摆脱它（摆脱其内在的破坏"经典"的马克思主义模式经济"和谐"的市场倾向）。对列宁来说，国

第二章
社会主义在俄罗斯的前景

家及其经济的支柱仍然是"以党为首"的"无产阶级专政",甚至与其说是由于其数量不稳定和有"倾向趋势"的非常不定型的党,勿宁说是这个党的某个"领导核心"。无产阶级、党和国家成为某种独特"身份"及其组成部分的"若即若离"的联合:其中每一个事实上对另一个"三位一体"(我们用了引号,以便把我们在描述这个伪三位一体所用的术语分开,与它所惯用的神学上的内容分开)。

这种偏离早在列宁在世时就开始了,其倡导者就是列宁本人。对新经济政策加速度收缩(以各种各样的方案,尽管形式不一致,但实质是统一的)在理论上仍然在继续——托洛茨基、加米涅夫和季诺维也夫等(即所谓的"左"倾)及布哈林,甚至在所谓的"右"倾"活动"最厉害的时候,严格地说,他们站在"正统"的马克思主义立场上,实际上是斯大林体现了"左"倾的理论前提,实质上与"正统"的马克思主义不可分割,并为此在马克思主义和列宁主义的创始人的著作中找出一整套理论结论和实践手法。

苏联和俄罗斯在80年代末90年代初的历史发展(特别要考虑到的是,在苏共领导层面上,"社会主义性的范畴"甚至在80年代末都还没有搞清楚)表明,俄罗斯目前进入的是又一个过渡期,可以解释为在向发达的资本主义关系进一步继续过渡。在这个时期,国家进入到了20世纪,由于1914—1917年国家经济领域发生的不可抗的非系统性的事件,20世纪变得更加复杂了。最近70年,在社会主义口号下,发展急剧地变形(工业化的形式和方法以及农业领域的发展出现了根本的变化,形成了以党和国家官僚为代表的特殊"管理者阶级",从而使国家垄断体系获得了发展)和放缓(但没有停止)。目前,要回到资本原始积累阶段,正付出这个过程的所有代价,马克思对此早就有过描述,这些代价(在社会的一个极端,有的一贫如洗并处于法律之外——因为缺乏实际的法律体系和权力机关的软弱与贪污腐化,这是执行者的法律;而在另一个极端,形成了暴富者阶层,包括来自以前接近生产资料管理的阶层。)以特殊的力量并几乎以经典的方式于80—90年代之间在苏联发展。

这样,社会共产主义原则在原始社会之外的历史性实践尝试表明:

——与作为自然经济发展结果的结构性机制不同,在社会主义之前形成的是意识形态构架,它是经营主体具体行为的基础,其中包括确定经济(直到整个国民经济规模)比例;

——一般来说,类似的意识形态构架的产生与过渡时期有关(早期基督教村社向元首制的过渡时期;中世纪的乌托邦主义者在资本主义产生阶段的构想；资本主义手工阶段末期在法国和英国的社会主义乌托邦思想；马克思在工厂工业产生阶段的乌托邦共产主义），有时与经济应急反应时期有关（例如，在罗马政府时期的犹太人中或欧洲革命性动荡年代所发生的那样）；

——社会共产主义关系在经济中的一个重点是在社会上（或部分社会）出现了被描写得具有某种超凡脱俗特征的领袖（使徒彼得、异教徒和超凡脱俗的宗派、列宁），他们是意识形态绝对命令的承载者；

——直到现代，社会共产主义经济基本单位只是在某种形态组织（苏维埃俄国的军事共产主义时期除外，当时国家的货币体系被人为地废除了，而经济则在整个国家规模上被用暴力手段转到自然基础上）的框架内作为飞地般孤立的生活方式类型的结构而存在，其实质特征由商品货币关系所决定；

——在这种情况下，一定的意识形态绝对命令成为个体经济活动的基础，它可以动用他们的能量去达到之前确定的目标；这个绝对命令的削弱或完全消失（包括由于具有超凡能力的领袖从历史舞台上谢幕）将导致经济中社会共产主义成分的消失和其残余成分被商品货币关系所吸纳。

这样，社会共产主义关系乃是过渡时期经济体系的一种结构，而且是人为的结构，最不稳定的结构（即使它迅速与意识形态的优势相关联），并最可能遭到世界经济体系（或其次体系）中占统治地位的经济关系的淘汰。

参考书目

1. В. В. 西蒙诺夫：《新约中的经济问题》，《经济问题杂志》，1993年第8期。

2. 费奥凡收集整理：《大巴哈米、圣瓦西里大主教、约南·卡西安和本笃古代修士行为规则》莫斯科，1892年。

3. 《马太·伏拉斯达尔字母语音书》，第15章，莫斯科，1996年。

4. 《俄罗斯帝国法律汇编》，1887年。

5. И. К. 斯莫里奇：《988—1917年的俄罗斯僧侣 长老的生活和教义—《俄罗斯教会史》附录》，莫斯科，1999年。

6. В. В. 西蒙诺夫、Н. К. 费古罗夫斯卡娅：《Н. Д. 康德拉季耶夫和非常时期的俄罗斯经济，第二部分（Н. Д. 康德拉季耶夫〈战争和革命时期面包市场及其调节〉）》，莫斯科，1991年。

7. И. Ф. 季尼金： 《国家银行与沙皇政府的经济政策》，莫斯科，

1960 年。

8. B. B. 卡巴诺夫：《列宁的合作社"计划"—合作社：历史篇章》，第一辑，莫斯科，1991 年。

9. Н. И. 布哈林：《列宁的政治遗嘱》，《布哈林选集》，莫斯科，1988 年。

10. B. B. 西蒙诺夫、Н. К. 费古罗夫斯卡娅：《特殊见解》，Н. Д. 康德拉季耶夫《特殊见解》两卷本文选，莫斯科，1993 年。

11. B. B. 西蒙诺夫：《看不见的界限：布哈林"非此即彼的选择"和 20 年代联共（布）的总路线》，《莫斯科大学通报》经济卷，1993 年第 1 期。

12. B. B. 西蒙诺夫：《1910 年末到 20 年代国内经济思想中过渡时期的宏观经济因素》，作者的经济学博士答辩论文，莫斯科，1992 年。

13. 《真理报》，1988 年 5 月 8 日。

14. 米·谢·戈尔巴乔夫：《言论集》第六卷，莫斯科，1989 年。

社会主义在俄罗斯：
昨天，今天，明天

B. K. 彼得罗夫

专制主义或社会主义——别无选择

A. И. 赫尔岑

如果不从学说意义上看社会主义，那么可以说，社会主义在俄罗斯深入人心。

H. A. 别尔嘉耶夫

导言　概念性考据和世界观立场

目前，在诸如"市场经济"、"资本主义"和"社会主义"这些范畴之间既存在着故意的、也存在着无意的混乱。所以必须对以下几对相互排斥的本体论范畴（二律背反）：资本主义—社会主义、市场经济（商品经济）—自然经济做出区分。后一对范畴之间在道德领域是没有区别的：市场经济的特点是劳动具有分工，专业化和为交换而生产，在其最高阶段用货币间接地表现出来。自然经济——是为了自己消费（包括家庭、宗族、封建主和资本主义前的国家）的无所不包的生产。自然经济的产品在市场交换和货币流通领域之外被消费。

因此，这两种生产活动的区别首先在劳动组织的形式和销售所生产的产品中表现出来。市场经济大幅提高了生产的规模和经济联系的水平，扩大了经济空间。在现代条件下，在市场经济之外实现高水平的生活（物质福利）是难以想象的，尽管自然经济在不太发达的国家继续显著地发挥作用。顺便说说，俄罗斯的"市场改革"强有力地促进了自然经济的发展。

"资本主义"和"社会主义"范畴的区别是在道德伦理领域。历史完全推翻了马克思主义关于旧的范围狭窄的生产关系被打破，生产力决定性地得到发展，社会主义（共产主义）必然要取代资本主义的概念。社会主义

第二章
社会主义在俄罗斯的前景

（共产主义）作为思想和建立社会公正和道德和谐社会的潜在可能性在欧洲的出现要比现实的西欧合理资本主义早得多，但这正好是在基督教精神价值基础上的"伦理社会主义"。16世纪改革时期第一批"宗教共产主义者"是再洗礼派教徒，他们从基督教立场谴责私人所有制、财富和掌权者，而且他们在实践上还试图实施自己的社会思想。

为了在现实中贯彻该思想，"伦理社会主义"缺乏合理的基础。这里就产生出了它的"乌托邦性"——人的思想超越了历史时代。对西欧资本主义进行知识理论上的批判恰好为社会主义思想提供了合理性，马克思主义就是这种理论批判，它提供了"合理社会主义"的某种轮廓。

可以认为，马克思主义是社会学意义上合理主义乌托邦思想最极端的形式之一，该思想断言，靠人本身的力量就可以彻底完善社会生活，在这里，具有其一切思想、情绪、道德和道义等的人是对生产资料所有制关系的产物，而生产资料本身则取决于生产力发展的水平。

西方马克思主义一开始就与俄罗斯的现实如此好地协调起来，因为其中有社会解放的思想，它与俄罗斯的"伦理社会主义"如此接近。在历史上首次尝试与马克思主义的经济决定论信条相背而行，在资本主义的包围中建设社会主义。在这种背景下，重要的是，在实践上证明了在大致同一的技术基础上两种制度平行存在的可能性。

换句话说，社会主义与资本主义的根本区别不在于技术和工艺（生产资料）及生产力发展领域，而在道德和伦理领域。资本主义建立的是工业基础上的社会制度，这里占统治地位的是在形式上个人自由竞争，个人致富的原则，而也建立在工业基础上的社会主义主张在自由个性的兄弟社会里实行社会公正的原则。这里就看得很清楚，社会主义在苏联至今仍然是没有得到实现的一种趋势，但已经有过历史的合理的雏形。显然，社会主义的伦理原则与基督教的戒条有关系："爱自己的周围的人，就像爱自己一样"。"为了自己"的资本主义个人致富原则明显带有反基督教的性质。最有趣的是，历史上，西方资本主义是产生于基督教（西方的）的宗教和社会文化的土壤上，下面还将提到这个问题。

这样，社会主义、资本主义具有宗教精神根源，这就难以纯粹科学地理解这些范畴。

马克思主义的哲学部分不是科学，而是为苏联"社会主义建设者"帮倒忙的虚假的意识形态。

历史上对社会主义的歪曲

苏联的经验。苏联社会主义从一开始就带有双重性和暂时性，这首先与把马克思主义运用于俄罗斯土壤的企图有关。学说上的马克思主义不符合俄罗斯的实际在策略上被列宁天才地克服了。

在这种情况下，必须清晰地划分"俄罗斯社会主义"与"苏维埃社会主义"（"俄罗斯共产主义"）的原则区别。尽管"俄罗斯社会主义"也具有非宗教成分（B.别林斯基、A.赫尔岑、H.车尔尼雪夫斯基和 M.巴枯宁等），它依靠的是基督教人类学，它的伦理性在俄罗斯民间的东正教基础上得到发展。在基督教中，个人具有毫不动摇的、无可剥夺的权利（天赋的权利），它不能被任何人力的或社会法律消灭。承认个人自由意志的绝对性给人们提供了自由的选择，所以，基督教的（伦理的）社会主义不能通过暴力实现，而只能通过人及其周围情况的改变来实现，在这里，为了对付外来敌对行动的防卫目的而使用暴力是直接义务。

"苏维埃社会主义"源于马克思主义，这里，"暴力是历史的助产婆"。在实际中，大规模地使用暴力，企图极大地剥夺人的自由意志。事实上，正如上面已经指出的那样，"苏维埃社会主义"完成的不是社会主义的任务，而是加速工业化的任务，即"资本主义的任务"，以及保持和扩大空间（帝国）的任务。自然，在俄罗斯土壤上的西方马克思主义在相当大程度上变形为传统的俄罗斯国家主义的掩饰。从布尔什维主义中拿出现成的严厉的党的构造和共产主义的用语，实质上，斯大林的体制成了反布尔什维克的体制。实际上，斯大林体制在社会政治方面完全重复了彼得一世的体制。恢复了农奴制（事实上）和所有非农村居民的普遍赋役制度。但是极其重要的历史任务被完成了：俄罗斯生存下来了，战胜了可怕的敌人（从西方来的），不仅保持，而且扩大了帝国的疆域。建立了必须把需要的"社会主义内容"注入其中的形式。然而，我们认为，决定性的时机被斯大林在1945—1953年错过了。当时他无可争辩的权威至少有助于完成两个任务：社会体制平稳地回到传统的东正教宗教精神核心和实行人民需要的社会经济改革。然而，这没有发生，在这个意义上，"苏维埃社会主义"的马克思主义成分在这里起着致命的作用，这些成分是，意识形态中保持的好战的无神论（战后一度表现出潜在性）和关于未来社会非商品（非市场）性的有害条款。在经济方面，当资源制约条件还没有消除，共产主义是不可能的。所以，社会上公正和经济上可能的原则是"按劳分配"，而不是"按需

第二章

社会主义在俄罗斯的前景

分配"。

上面已经指出，市场经济具有各种形态，既有前资本主义和资本主义的，也有非资本主义的，即当代社会主义可能只是社会主义的。所以，关于"市场社会主义"的各种各样的争论失去了科学和实际意义。

这样，没有被宗教思想神圣化的"斯大林的强国"，没有经济自由和没有民主的国家，很快就退化到勃列日涅夫的"政治停滞的制度"（"赫鲁晓夫的解冻"是把"帝国"的重点转向"共产主义"的尝试）。"现实的社会主义"变成了"口号的社会主义"。

在这种基础上要长期保持平衡是不可能的，况且社会思想蜕变成为官僚专横，令人厌恶的精神无所依归笼罩着整个社会。社会主义思想在国内和全世界遭到战后苏维埃实践的可怕的破坏。

在经济领域，马克思主义的教条主义超越了一切界限。在 60 年代初期，甚至禁止行业性合作社。在后来，各种所有制形式依旧转变到一种国家所有制。整个建立了没有回溯关系（政治领域同样如此）的退化的市场体系（没有货币和交换怎么行？）。货币形式的国内生产总值不符合商品实物形式的国内生产总值，成了"短缺经济"形成的主要原因。换句话说，在非市场实体所占的份额（其产品不在市场上出售），这是武装力量，实际上大部分的军工综合体，大量的官僚机构和毫无用处的科研院所和设计局等，它们与商业（市场）实体的条件相比，好得不成比例，这些项目对拨款实行"坐吃山空"的原则——"大炮代替了黄油"，加之无数的"开沟挖渠"项目，北水南调工程，难以记数的烂尾工程，对所有"进步人类"的无偿援助等。原则上健康的宏观经济调控（调整）明显地被唯意志主义的决定（人类自由意志的行为的负面效应）弄得威信扫地，好像是"破坏分子"、隐蔽的"人民公敌"在干这种事。苏联的全部经济政策事实上促成了强大的"影子"经济的形成和当局及大部分群众（"隐性经济人"、"倒卖货物者"、"外汇倒卖者"和"地下经纪人"等）的道德堕落。共产主义思想（60 年代民间最短的一个段子——共产主义，最长的段子是赫鲁晓夫在苏共中央 20 大上的报告）在人们的心目中日益减退。虚假的意识形态专政制度变成了说谎的意识形态专政制度。事态的进一步发展完全证实了早在 1918 年 Л. 吉霍米洛夫在著作《历史的宗教哲学基础》所做的预测："除国家外，人民自己将鼓励消灭自己所处环境的各种力量，当他们还能鼓动自己的时候，似乎全能的国家——这是他们自己。他们不停地工作来奴役自己，直到对他们说："对不起，你们这样理解不对。全能的国家——这不是你们，而是我们"。那时人民试图暴动，但是已为时已晚，因为他们为行动所必需的道德和物质动因已经消失。"恰好最精细地描述了90年代俄罗斯的"剥夺私有化"和暴动！俄罗斯的"共产主义"就这样结束了。试验已经做过，消极后果已经产生，"科学共产主义"和各种各样的"新马克思主义"没有未来。这是一条死路，其重复只会将俄罗斯完全置于死地。

这样看来，"苏维埃社会主义"当时应通过国家制订合理的劳动组织，把工业、技术基础与永恒的"道德绝对命令"结合起来，为基督教（伦理）社会主义开辟道路。然而，非道德和蜕化（伪资产阶级）的政权借助于历史上的邪恶势力和不信神及失去方向的人民选择了对西方资本主义的模仿。

西方资本主义的转型

我们不仅把资本主义视为经济商品的生产方式，而且视为一种社会存在的制度，在历史进程中，它经历了四个体制转型阶段。这四个体制转型阶段是：（1）精神的转型；（2）社会文化的转型；（3）社会经济的转型；（4）经济技术的转型。西方资本主义的转型可以用以下模式来表现：（1）早期资本主义——清教徒的宗教资本主义（A）；（2）经典资本主义——世俗化的资本主义（B）；（3）当代资本主义（消费社会）获得了神秘多神教的反基督教资本主义的特征（C）（在无关宗教的纯科学文献中，它被称为超级金融帝国主义）；如果这种趋势还保持，那么我们最终将得到魔鬼般凶残的资本主义（D）。

这样，在资本主义框架内的精神堕落可以用如下形式表示：从在尘世的劳动活动中（清教徒的伦理）为上帝服务（A）到为自己的财神服务（B），从对肉体的服务（C）和为反基督和魔鬼服务（D）。今天的"游戏般"的资本主义经济——这是"最近时期"的经济。为了这一切，站在其背后的是脱离实际的超历史玩家，为了体现自己的魅力（令人"头晕目眩"的自命不凡），他可以用全世界的历史来冒险。

显然，轻一点说，这个体系不会有利于基督教徒和那些还没有定性的寻求拯救灵魂人们的主要事业。

因此，存在体系和经营体系是需要的，它有利于实施尘世人类社会的主要目标——通过人的精神意志的胜利从永恒的死亡中得到拯救。这里产生的问题是，为什么尽管多次预言资本主义的死亡，但它仍然继续存在甚至作为社会制度占优势地位？

卡尔·马克思在"资本主义积累的普遍规律"中看到了资本主义的末日，该行动最终将导致群众一贫如洗，阶级斗争尖锐化和无产阶级积极的

第二章
社会主义在俄罗斯的前景

政治活动。在我们四个层次的模式中，这应该在社会制度的（社会经济）第三个层次上发生。

然而，在经验论的历史中，这没有发生。约·熊彼特得出结论认为，资本主义危机的产生不是因为无产阶级的贫困化，而是由于技术的发展和生产的专门化达到高水平所致。根据熊彼特的结论，资本主义建立了思维的批判方向，它有助于摧毁旧的封建等级制度和权威，但最终将反对私有制本身和资产阶级的价值观。对熊彼特来说，社会主义并不是技术上优越于资本主义的制度，而是另一种文化价值世界。他本人这样定义自己对马克思有关资本主义堕落的构想的态度："马克思在其对资本主义终结道路的预测上发生了错误，但是他对这种终结最终会发生的预测没有错"。在我们的模式中，资本主义的这个终结应该在第二个制度层次（社会文化）中发生。然而，这还是没有发生，资本主义借助于最新科技手段和意识操纵（约·熊彼特没有料到这点）顺利地使西方的所有反制度的表现中立化，把不满者边缘化。

根据我们的信念，资本主义的破产只有在第一、最高（精神）的制度层次才可发生。换句话说，为此，大部分人应该成为东正教基督徒。显然，对西方来说，这是太大胆的假设，在此必须克服目前在那里占统治地位的自由主义意识形态。

自由主义有宗教清教徒的根源，而在清教精神中有其历史真理，在与天主教的权威主义和滥用权威的斗争中，首先深刻地提出了一些人类个性中的基督教问题，它的个性和精神自由并从虚假的精神权威和神学统治中解放出来的问题。

然而，清教精神的精神弱点是西方世俗化和丧失宗教意识的主要原因之一，在自由主义意识形态中，开始了人的意志自由绝对化进程，首当其冲的是在道德伦理关系领域。在当代自由主义（新自由主义）中，逐渐消除了基督教的伦理道德禁忌，从而推翻上帝的法律，用人的法律来偷梁换柱。而人的法律可以逐渐修改，纵容人的激情和畸形现象，导致人的精神奴役（"肉体压制精神"）及其精神死亡。

在荷兰，不久前通过了卖淫完全合法化的法律，把它等同于一般的商业活动。这样，恶习和罪恶进程就制度化了。显然，在这样的"自由主义"背后站着同一个形而上的玩家，所以，新自由主义是魔鬼主义的隐性形式和"退却学说"的意识形态体现，并在其后是"无法无天的秘密"。所有的东正教信徒都否定这个新自由主义，把它视为死亡的意识形态。所有其他的人都面临着真理的时刻，因为在最高（世界末日）的层次上，人的自由是选择：或者皈依上帝，或者背他而去。

自由主义和社会主义在基督教中（俄罗斯的伦理社会主义——直接的）有其根源。合理社会主义在西方是作为资产阶级自由主义的对立面而出现的。正如上面指出的，迄今为止，"两个社会主义"还没有化合。但是，自由主义应该作为个性自由的意识形态（所有这些成分都包含在基督教中）与它们作为社会福祉和社会方式真理的意识形态来化合。换句话说，我们有黑格尔三位一体的两个阶段，但是完成化合是不够的，也许，从现有的成分出发，其结果只会是基督教的个性化的社会主义。

至于俄罗斯资本主义的"前景"，"亲西方方针"的初步结果——在最深刻的道德危机背景下的世界经济边缘上的债务经济，之前的道路是死胡同，这是显而易见的。

这样，大家应该心知肚明，俄罗斯对西方资本主义的模仿揭开了不信神的人本性中的"野兽面目"和它纵酒狂欢的开始及俄罗斯的瓦解。

参考书目

1. Л. 吉霍米洛夫：《历史的宗教哲学基础》，莫斯科，1997年。

2. В. К. 彼得罗夫：《什么妨碍俄罗斯资本主义的发展？——资本主义发展一百年》，Ю. M. 奥西波夫、О. В. 尹沙科夫、Е. С. 佐托娃，莫斯科—伏尔加格勒，1999年。

3. В. К. 彼得罗夫：《劳动生产力和市场经济条件下的科技进步》，莫斯科，1995年。

4. J. 熊彼特：《资本主义、社会主义和民主》，伦敦，1987年。

作为社会历史中人口—生态循环中一个阶段的"共产主义"与人类发展的前景

А. Г. 甘扎

我完全同意这样的思想,即作为生活的一个流派,共产主义、社会主义是一种古老的奇异现象,顺便说一下,就如同许多其它更晚的或者甚至是现代的奇异现象一样。无论是"左派"还是"右派"都一致把人类遥远的一个时期称为"原始共产主义",这也难怪。的确,这个时期承载着共产主义的主要特征:所有社会成员完全平等,他们同样对待生产资料,没有生产资料私有制,大家通过统一的方式得到社会产品份额,甚至这种产品相对富足(根据他们的需求)。然而,如果认真地审视人类历史,几乎在任何社会发展的一定阶段都可以观察到非常类似的特征或者其个别的重要成分,即从其初期到繁荣时期之间以及从一种形态到另一种形态的过渡时期。我们来研究这个过程。

任何人类(村社、人种、国家等)集团(共同性)在开发自己的地域(粗放式发展)过程中,用"尝试和犯错误"的方法逐渐积累了有关其周围的自然或社会知识(信息)。以这些知识为基础,这些集团形成了概念化的习惯和自然利用、行为、世界观和思维、语言及衣着等规则和体系,对每个具体的界别而言,都有自己的体系,这与它们的特点有关,因此,过去在此基础上就产生了"初期人类学的特征"。

这些习惯和规则在教习过程中代代相传,凭借日常生活的经验在青年人的意识中得到加强,因为遵循这些习惯和规则会满足该社会(传统——与"有生命"的自然界的继承性类似)的所有需求。随着时间的流逝,人们对它是如此习惯,甚至经常不会思考其意义("就应该这样","过去总是这样的","就是这样看的")。所以,该集团在这种习惯条件下所处时间越长,这些习惯条件就越强。在这种社会中,实际上不会有冲突,因为每个人根据传统及与传统有关的"社会共识",形成了潜意识中的内在控制,规范自己的行为（传统专政阶段）。所以，集团任何"正常的"成员破坏传统的情形实际上是可以排除的。如果发生这种情况，那么，他甚至经常作出自我惩罚或者因压力而死。当这些条件不变的时候，掌握某种新东西实际上是不可能的。少数个体成为例外——"异端人士"（"持不同意见的人"，在自然界类似的东西是"变异体"）和"离经叛道者"（来自其他种族、国家等），他们不按传统去思维和行动。后者会破坏已经习惯的生存条件，而"正常"的人们则千方百计地把他们隔离开来（首先是把他们与信仰还不坚定的年轻人相隔离），驱逐甚至是消灭他们。

然而，周围的条件不会是一成不变的，例如人口增长（自然增长、移民等）的压力，因为大多数人不愿意离开他们所熟悉的生存环境和条件（在新地域重新置业、害怕变化、失去舒适度和"先祖的坟墓"等），所以，在随着人口增长的地方，"人口压力"就不断增长（地域规模越小，增长就越迅速。这最终引起人口生态危机：地方性的生态群落遭到毁坏、饥荒、生命活动的产物过分充斥地域，流行疾病等）。危机的后果是造成社会的团结遭到破坏——"代际冲突"：老一代人把遭到的不幸解释为老天对明里暗里破坏传统的报复（自然界、历史等），并加强与破坏者进行斗争（围剿巫术）；而在大多数年轻人中，传统的权威逐渐下降，因为那些已经不能满足他们的需求，而意味着，在个人经验（经常是按照惯性和缺乏经验来否定传统，甚至这些传统在新的条件下也没有失去其意义）形成过程中，意识逐渐得到加强，因此，对更美好未来的希望越来越与外国人、其他的信仰者和异见认识的"思想"联系在一起。所以，现在后者在社会面前并不显得无能为力：为信徒所拱卫，"异教徒"的力量得到加强，以至于他们可以抗衡"传统派"，并相互竞争（革命、国内战争及其他"社会战争"）。

总体来说，不管发展的地点和阶段，在向新状态（制度、形态等等）过渡的这个阶段所使用的信息可以以这种形式体现出来：

（1）该社会过去不久的经验——越接近现代，可信性就越大，因为有关这个时代的情况还更多地保留在民间记忆中，文献等也保留得越多（例如，在现代俄罗斯，上世纪和本世纪初的思想家的政治学说，俄罗斯革命时期的政党和运动的纲领，"沙皇专制主义的幻想"等）；

（2）曾早已被社会推翻的社会组织的形式，因为它们几乎被忘却（这尤其对新的"思想操纵者"有利，因为这可以从自己的利益出发，随意"剪裁"它们），但是因为还具有某些神秘的吸引力（例如，在目前的俄罗斯，宗教情绪大爆发，包括原教旨主义、甚至多神教和邪教等）；

（3）从其他民族或国家借鉴的类似形式和类型（现在，如在俄罗斯，

欧洲资产阶级革命、各种各样的经济和社会主义学说、法西斯主义等的奠基者思想最为流行);

(4)本国独特的社会和其他创新。

甚至在某个阶段,上述情况中的一些不同形式的特征相互交织。

某些"异教徒"(创新者)能够向社会暗示如何战胜危机:或者借助于各种各样的"人口政策"(从吃人,暴力或自愿移民和战争直到现代时髦的绝育),来减轻"人口压力",因此地区性的生态群落在一定程度上得到恢复,就是说,老传统得到恢复("封存传统"和新的人口循环开始);或者依靠发展生产力(由于创新,类似于动物的易变性)来扩大地区的"人口容量"。随着"创新者"胜利,逐渐形成(在已经变成为新传统的创新和部分旧传统基础上)新的社会结构,直到国家和社会经济形态。这样,社会将完成"质的飞跃"——向新的开发自然的方式(类型、阶段、程度)转变,这种方式增加了区域的"人口容量"(在此过程中,过去的方式依然保留,但已经退居辅助地位)。这样一来,能够养活某些人口的地域面积在缩小(集约型发展道路)。例如,畜牧业所需要的区域比农业要大,但比狩猎业需要的地域要小,农民比市民需要的区域大,封建主需要的地比奴隶主小,但比资本主义的农场主要大等(这个过程经常为自然循环所"纠正":例如,由于气候湿润,"农场主"阶段可以延长,这得益于牧场区域的扩大;而在把半岛变成为岛的海水来临时,情况则相反)。

这样,创新者(经常是无私的)们在财产共有("宽宏"作为能够带给氏族财富一词的本意就来源于此)的基础上,根据社会平等的要求,为整个社会服务(在古代——所谓的"文明的英雄",在早期希腊和罗马,某些早期的"野蛮国王"等,他们是庶民利益的捍卫者)。由于这些原因,社会拯救者们的威望变得如此之高,几乎要把他们神化(超凡脱俗的能力)。他们的能力被看作是某种神秘的、"上苍"赐予的"洞见"。那些最与他们接近的人:亲戚、朋友、"同事"和仆人首先向他们学习管理社会和社会经济的经验。所以,领袖死后,他身边的某人就会取代他,将来转达"领袖的遗愿",并把"管理的权柄"交给自己的亲人等。因为在狭隘的"管理机关"产生出新的"创新"天才的概率不大,那么,思想家的权力随着时间的推移便被正统的模仿者、"职能人员"的权力所取代。后者有时可以在他们习惯的"价值体系"中有效工作,但是一旦周围所熟悉的条件发生变化,便不能创造出新的东西。

起初,作为助手和顾问,掌权者允许某些"来自下层"的能人升到上层。但是,对管理体制的归属感为其承载者提供了很多看得见的好处。所以，随着"全家老少"人口数量的增长，他们（不管能力如何）越来越在"掌权者"那里谋得"炙手可热的位置"。"从下面"来的有才能的人达到这些位置的越来越少。这样，权力体系就越来越"自我封闭"。所以，权力内部的选择更经常地不是根据有利于整个社会的特征来实现的，而是以狭隘的"掌权上层"（权力高层）的利益来进行。然而，当周围的环境和条件没有显著的恶化，"伟大先祖的遗训"对于政权的威望是足够的。由于"视野"的扩大和限制的缩小，"上层"的要求要比其他居民阶层的要求增长快得多。所以，人民被迫加强对区域的开发，这比人口的增长所要求的早得多。有利于整个社会的对自然开发的机器变成为有利于狭隘的掌权者的对自然和社会的开发。当局越来越漠视其社会职能。所有这些导致"掌权者"的智力和道德素质的衰退。他们不再感觉到自然界和人民救星的角色：因为所有必须的东西他们自动地可以得到，根据传统，如果需求扩大，他们觉得，提高税收就够了，问题就解决了！他们没有可能明白"另外的选择性"。但是，由于这个过程，其他居民的地位"尖锐到极点"。所以，现政权的反对派以新"异教徒"形式又出现了，他们的影响越来越扩大。经常是这样的"异教徒"有同共产主义接近的特征（如，当亚当耕作，夏娃织布的时候，谁是主人？）。共产主义的世界观依据的就是在财产共有基础上的社会平等的要求。15世纪捷克的胡斯运动（M. 胡斯）、16世纪德国的农民战争（T. 闵采尔）、17世纪英国（乔·温斯坦莱和掘地派）和18世纪末法国（巴贝尔和"疯人派"）的资产阶级革命激进的参与者提出来作为革命斗争的口号。

在转变到下一个生产力发展阶段（水平）所得到的信息促使人们开发以前被认为是不适于开发的周边区域（耕作草原的"坚硬"土地和山坡——"最高处的田地"，给沙漠浇水，把沼泽排干等），然后开发以前难以企及的地方（海外区域，目前所谓的"风险耕作区"），这把以前发展水平所"无利可图"的土地变成了将来完全有利可图。除了移民外，这将成为增加种族和国家之间接触的因素，因此，也加快了（在危机时期，传统的力量遭到削弱）他们的经验交流。另一方面，正是在这个时期，随着社会所习惯的团结遭到破坏，文明在外国征服和其他形式的外来扩张面前变得脆弱起来。从这个时期起，社会重组的图景变得更加复杂，因为由于不同的发展速度和相互接触的其他民族的生存条件，将产生出与更多样性特征结合的更多样化的新文明。同时，国家的领导人频繁更换。从埃及和巴比伦到亚述、波斯和亚历山大的马其顿帝国，从罗马到拜占庭和德意志的王国，然后到西班牙和葡萄牙，最后到大不列颠等。起初，能够拓展大片

第二章
社会主义在俄罗斯的前景

富饶殖民地的国家狂飙突进。但是，寄生于殖民地之上，他们实际上已经不需要创新者——宗主国的多余竞争者，因此想尽各种办法去摆脱他们，并迅速地教会其他的居民的懒惰和娇气。相反，在瓜分"殖民地馅饼"中遭受屈辱的国家被迫寻找"内部储备"，发展本国的生产力，直到确立更加先进的（即"人口容量"更大、与社会主义原则更加接近的原则）关系。这里，在人民群众与权力（同样的选择原则）的消极特征斗争的过程中，社会各阶层逐渐获得了更多的权利，产生了各种各样的对"当局"施加压力和监督的体系（法律、反对派、人民会议，随后是议会、权力分立体系、工会、社会民主党等）。因此，权力不断发展，竭力"绕开"这种监督，以便最大限度地利用自己的地位为个人谋利。在这种情况下，竞争的反对派势力力图夺取政权，不放过批评现在权力机关所犯的任何失误和罪行的可能性。在这种条件下，官僚更加难以"自我封存"。随着相当多经验的积累，这种权力已经很少允许"自发性的暴动"，更喜欢去妥协（越是当代，这种情况就越经常）。所有这些将保证实施各种各样的更加"柔性"的改革。其中最成功的就是谨慎和审缜地克服已经过时的传统，改善人们的生活，尽管过程有点缓慢，经常不太引人注目，但特别是不惊扰社会公众，不煽动激情。所有这些我们都可以通过西欧和日本的近现代历史的例证观察到。

换句话说，如果在相对固定的国界内国家的存在是持久和不间断的话，而其领土幅员小，资源不多——加速度的发展就会迅猛：资源缺乏使他们更加珍惜和更加"生态"地对待它，力求更"科技含量"地生产，更加合理地利用人力和资金；幅员不大减轻了对权力的监督，权力会有较大的"能见度"，有助于最无能、最外行和最自私自利的官员被迅速替换。这里，老套的用人形式——凭力量、关系和财富越来越让位于经验、知识、能力的竞争，作为结果，更迅速地转变到下一步，更加进步的发展阶段。相反，国家越大和越富裕，官僚就越容易自我封存，越容易躲避选民，越容易欺骗他们，越容易隐瞒错误和罪行，就越容易贿买某些地区的民众，甩卖其它的、没有人烟或人烟稀少地区的资源。在这样的条件下，寻求妥协的能力，遵循共同的、人人平等的法律的能力对当局来说就更加难以形成了（例如在俄罗斯、中国和印度）。但是，另一方面，在这些国家（因为已经习以为常的经营条件保留得更久）的民众中，特殊的"共同体"民族心理（被错误地当作民族特征，实际上，它是阶段性的，即整个民族在某个发展阶段所固有的）就更强烈，对社会公正更易接受。

这样，任何革命都可以把许多新的来自社会各个阶层的有才能的人推上政治舞台，但是他们中不仅有诚实和真挚的人，也有无良和狡诈的人。后者一般存活得更久，因为他们容易戴上面具招摇撞骗。所以，"众说纷纭的民主"经常引起破坏性活动。社会要求采取紧急措施：在这种条件下把所有剩余的社会力量、权力、资源和其他"综合实力"集中到一些人手中拯救国家，经常可能只是专政——左的或右的专政。但是后者通常由于它与前不久被推翻的剥削者有联系而在人民面前名声狼籍。所以，例如，在俄罗斯，"布尔什维克扶起了在街头跌倒的权力"。

"革命狂热分子"的能量，非凡的"异端分子"思想家的思想，以及国外人民的社会主义运动的经验使我国不单单延长了资产阶级革命的（例如，法国的巴黎公社就是如此）"无产阶级"阶段，而且增加了与社会主义建设实际有关的阶段的数量。当然，这曾经是试验，但是，由于这种试验，实际上不仅在一穷二白基础上相对快速地恢复了国家，而且建立了新形态的"实验样板"。

然而，布尔什维克最主要的错误也许是耽误了建立强大而独立的反对派——唯一不是在言辞上而是在行动上能够防止党的领导人"蜕变"（列宁曾对此忧心忡忡）的机制。所以，很快对国家机关的"选人圈子"又迅速收缩。在斯大林个人崇拜（类似于俄罗斯的拥有超凡能力的人）盛行的时候，当局的"选人圈子"只限于最忠实于领袖和最不能与他进行竞争的狭隘阶层。就如我们知道的那样，其他人被"废掉了"，有的则经常被从肉体上消灭了。显然，大多数这样选出来的"领导人"远不是总是具有他所占据的职位所必须的才能。这样的"选人方式"很快向"深度和广度"扩展——扩展到所有经济和社会生活的领域，扩展到各个层次：要知道每个官员倾向于挑选自己的下属，其他人也按照同样的原则如法炮制，就是说他们也有相应的继承人。所以，很容易就可想象到"停滞时期"末期相当大部分"领导人"的道德和智力水平，当时个人崇拜时期的"清洗"已经对他们不是现实，为任何罪行（从职务犯罪到刑事犯罪）受到惩罚的可能性已经完全消失。这种状态使继承人们——自己权力的接班人越来越胡作非为。但是，由于当局垄断"知情"权，任何经验、任何思想、任何社会和技术创新（自己的和国外的）都被漠然置之，不是利用它们来为国家谋利益。例如，欧洲"发明"并"运转"几个世纪的以反对派为代表权力制衡体系。相反，政治上层建筑的类似成分使西方国家借鉴苏联的正面经验："西方缓慢地，但自信地力求最大限度地使经济具有可操控性，即力求中央集权和有计划。我们这里大家都看到，再生产，经济中的自发因素——这是社会灾难，不得不白白地浪费资源和劳动。对所有制的观点也在发生变

第二章
社会主义在俄罗斯的前景

化，我们的企业家越来越倾向于集体形式"。随着某些官员"家里人"数量的增加，国家权力体系中给他们的"好位置"已经不够。"官僚再生产"的共同规律不断重复：为了保证"后代""没有困难地生存"，当局给现行国家体系中"加建"了越来越多的复制的"非国家"机构（以"社会组织"、各种各样的"自愿者社团"等面目出现的"闲差"，如果数量还是不够，"高官阶层的孩子们"就向从事政论工作、记者、其他媒体、社会学界、文学、艺术的"领导职位"接近，然后就"加建"到某些学术领域，起初就是这样的部门，在这里，他们的能力和"文化"程度的要求不是特别明显。

这样，苏联至少有两个趋势平行发展：一个趋势基本上是"自上而下"——为"高官阶层建设共产主义"，很快就蜕变为"国家资本主义"；另一个趋势是"自下而上"——建立真正的共产主义的基础（公有制，"社会成果"等）。如此一来，我们在这个时期无可争辩的成就多半可以视为"曾经置办的国家机器""按照惯性工作"的成果，以及激情的"狂热分子"和为数不多的思维健康的人们在管理机关体系工作的成果，他们的出现随着管理机关的增加而增多。换句话说，逐渐向资本主义复辟的运动基本上开始于勃列日涅夫时期，当时国家所有制与同时属于它的"职位"实际上已经变成为继承性的了。与此同时，实际上已经开始允许有目前的私有制：以大不动产的形式（带花园和公园的地块、住宅、别墅和房子）、个人交通工具（汽车、游艇甚至飞机）、资本（在苏联和国外的卢布和外汇账户、珠宝）（产生出寄生的金融资产阶级）。对普通公民禁止的"西方资产阶级文化"早已通过溺爱孩子的父母国外出差的礼物和通过他们自己组织的"国外"之旅使"高官阶层的孩子"道德败坏。换句话说，当局彻底蜕化变质（鱼从头烂起！）。这样的政权既不能视为是共产主义的，也不能是苏维埃的，也不能视为是人民的，更不能视为民主的政权，只该视为追求自己个人的自私利益的政权，为了这种利用，政权时刻准备换上政治光谱的任何色彩。现在，"共产主义"党的党员资格彻底成为了混仕途的敲门砖。

取消宪法中关于"共产党的领导作用"（事实上是高官阶层）的条文，对部分最无原则、残酷而善于钻营的高官阶层是快速转向资本主义的信号，其目的是保持自己的特权地位和把积累的财富变成现钱：用纯粹的暴力途径，来破坏许多已经存在和正在实施的法律和规定，一个大国成千上万的居民，不经他们的同意，被迫参与游戏，而其中绝大多数不知道游戏规则，而且在提供的期限内他们想掌握都不可能。的确，规则也在根据某些"高官阶层人士"的利益在快速发生变化。"凭证私有化变成了对过去和新的高官阶层的国有资产的瓜分,他们积极地利用自己在管理机构中的地位,以对自己有利的方式重新分配国家的资源和资金"。在那时的条件下,对于其组织者来说,闪电般的夹击(休克)成为唯一可能的策略:当他们在台上掌权的时候,当居民还没有"整明白"的时候,当那些"从下面来的"真正有才能的企业家——高官阶层危险的竞争者还没有"成熟"和壮大起来的时候,用非常便宜的价格"巧取豪夺(用买点糖的价格)。为此解散了所有现存的监督机关(甚至解散了议会),取消预算等。"市场本身会做一切"。作为"负面效应"——一场重大的犯罪革命!

从上述全部可以作出什么结论呢?

大多数人都不能够应对残酷的竞争性斗争,这场斗争使他们对未来没有信心,引起了心理和其他疾病,迫使他们去自杀和犯罪。但是每个人也能够诚实劳动,如果为此创造了条件的话。国家能够做这样的事。历史上的"国家机器"最初建立起来是为了整个社会的利益。但是,随着时间的推移,由于"管理者们"(因为当权总是有好处的)的亲属和后代僭用权力,它变成了为狭隘的"掌权者"阶层谋利而剥削自然和社会的"机器","掌权者"的自私自利也引起许多可能发生的危机。

在制定未来国家机构建设纲领时,新共产党应该遵循那些原则呢?

这里,对人类最重要的任务是,借助于其他的、首先是定期轮换的选举出来的集团(苏维埃——所有各级议会),学会选择诚实、有能力、有文化和有经验的人,最适合管理体系中每个具体职位的人,经常监督自己(约束他们人类的自私自利)的人。只有这样,我们才能够拥有结合了自己经验、职业精神,具有新鲜观点和年轻人精力的领袖班子。健康竞争的基础是人的各种各样的能力,而不是他们的财富。这样的竞争也可以在国家框架内进行。但是,由于自身不够发达,国家还无法保障社会的所有需求,在中小型生产领域,特别是小型生产领域,在"对自利主义实行监督"的条件下,也可以允许私人的主动精神。换句话说,国家应该抑制每个人的消极品质,鼓励为了共同的利益来运用他们的正面特点。大家都可企及的、对大家都"透明"的、统一的国家(未来是全球性的)知识银行可以帮助实现这些职能。

参考书目

1. А. Г. 甘扎:在《人种—周围环境》体系中的创新,人种生态学,理论和实践,莫斯科,1991年。

2. А. Г. 甘扎：《自然界和人类文明的演变——中世纪和近代的文化》，莫斯科，1987年。

3. А. Г. 甘扎、С. Г. 格沃尔克扬：《论社会中革命进程的持续时间的计算（第六届国际信息化论坛）学术会议论文集》，莫斯科，1995年。

4. К. 戈基尼亚：《我国有没有预言家》，《真理报》，1991年5月29日。

5. В. С. 斯杰平：《变革的时代和未来的脚本》，莫斯科，1996年。

6. В. Г. 维尔布里、К. Л. 戈基尼亚：《劳动的动机体系和俄罗斯经济的创新潜力的实现问题》，见 Р. М. 尼热戈罗德采夫主编：《俄罗斯的科技活力、技术、经济、工业政策》，莫斯科，2000年。

7. А. Г. 甘扎、И. А. 土加里诺夫：《世界知识库在 В. И. 维尔纳茨基的智力圈概念中的地位——俄罗斯的科技活力、技术、经济、工业政策》，Р. М. 尼热戈罗德采夫主编，莫斯科，2000年。

第三章

俄罗斯发展的社会参数

第三章
俄罗斯发展的社会参数

经济发展的主要趋势

A. 3. 谢列兹尼奥夫

任何社会都有社会属性

任何社会在其发展的不同历史阶段都具备社会属性。任何社会生产都有其社会针对性。生产力及作为主要（创造性）生产力的人，它们的发展不允许出现生产与满足人的直接需求之间的长期"脱节"。如果出现了这样的脱节，生产主要用于满足统治阶级的需求，那么就会不可避免地造成社会动乱。按照当前俄罗斯的模式窃取社会生产成果，必然导致社会发展的进步势头减缓，生产力水平下降和社会的严重退化。相反，在生产主要用于满足人们日益增长的物质和精神需求的各个国家，则积累了大量的社会进步的"突破性"力量。因此，关于社会导向型的市场经济的思想体系仍魅力不减，我们国家对过去的历史仍难以忘怀：使生产服从于人的全面发展并最大程度上满足人全面发展需求的社会主义理想很大程度上体现在了苏联人民的生活方式上。如今，在冗长的"改革"和"进入市场"的阶段过去后，显而易见的是，这种理想并不是空洞的宣传，实际上也不能把它与"改革"俄罗斯社会造成的社会"深渊"相提并论。

人们习惯认为，"有社会性的"意义就是"社会的"，因此社会中的事物都是具有社会性的，而违背社会发展规律的事物则是反社会性的。就本身内容来说，劳动和生活条件是社会性的——包括工作地位，劳动安全，居住条件，健康保障，教育、科学和文化发展的水平等。对不具备劳动能力的人提供财政或其它援助，保证社会秩序、国家安全和稳固的国防，维护社会再生产所必需的人与人之间联系的条件也是社会性的。

经济本来就是社会性的，因此没有必要在其前面加上"社会导向型"的定语，正如没有必要谈论"社会导向型的市场经济"一样。但这种冠冕堂皇的说法在一些欧洲国家却成为现实。在俄罗斯等国家"现代化"和经济体制转型过程中出现的反社会性的事实使这个概念的使用变得合理。如果跟踪 90 年代俄罗斯社会的发展动向,则不能不指出经济的社会化程度和公民的社会保障程度逐步降低。

历史上社会的"社会化"曾与占有体系的发展相关,但却将广大劳动人民对全部劳动成果的占有排除在外。

生产服务于资本的快速积累的过程。经过资本快速积累的历史之后,在阶级斗争的过程中实现了社会生产的"社会化"和人道化(使社会生产满足人的需求)。

在对与占有体系极端化相关的资本积累历史趋势理解的基础上,社会主义理论出现了,并经历漫漫长路,走向成熟。在社会主义理论牢固的地基上建立起了社会主义实践——整个 20 世纪的历史都是以社会革命为旗帜的。社会主义革命带来大量积极或消极的社会变革经验,总体上讲,这些经验是引人注目的。尽管历史上曾有过"波折",但这些经验仍是有意义的——苏联在很短一段历史时间内在教育、科学和文化领域实现了前所未有的跨越式增长,这是独一无二的事实。还可以举出中国和其它国家的例子。

全球的社会变革都以劳动过程的社会化和劳动生产率的提高为基础,以剩余产品使用的社会化和国家支出史无前例的增长(与世纪初相比)为表现。在某些国家,用于满足国家需要的再分配的国民生产总值比重达到60%(譬如说,瑞典)。在对需求满足实行"社会化"的基础上,相当大一部分不从事物质生产和从事非物质性生产的居民的活动范围得到扩大,这对人的全面发展(科学、教育、文学和艺术的发展)起到很大作用。

技术统治论和有限的社会性

在苏联等国家的现实社会主义实践中,尽管取得具有重要意义和巨大规模的社会进步,但经常对生产力技术因素的过分膨胀估计严重不足,有时甚至犯下愚蠢的错误。对社会进程进行技术统治的观点恰恰体现在,物质生产基础和生产力技术因素的发展被认为是经济"社会化"最实质的基础,而这些都"需要"更熟练的、更有知识和更高级的劳动者。但是对发展"非技术因素"优先作用的忽视造成了社会逐步丧失调节自我发展的机制。其结果是在对物质生产部门的投入明显浪费的条件下,对发展非物质生产部门的投入只能按照"剩余原则"进行。高效益的创造性劳动的动力被削弱,直至衰竭,其中包括在奠定科技进步和社会进步基础的一些部门。

社会的"社会化"并不是伴随着进步,而是它的"目标"或"结果"。

第三章
俄罗斯发展的社会参数

尽管实际上许多社会成就是伴随着生产的技术因素和人的成长条件的发展而取得的，"社会化"总是伴随着进步这种"片面的说法"时常出现。不仅生产会在技术的创造者和使用者——人的面前遇到障碍，生产的"个人因素"，不接受现代技术和信息体系的人，也会在自我发展的面前受阻。无论任何国家，如果在认识自然和社会规律时限制对世界成就的掌握，那么它进步的脚步都会放慢，并将重蹈其它国家历史的覆辙。在这种情况下，生产力发展的"突破"在最好的情况下也是极其有限的，而通常是不可能的。

新技术是对人的发展和人对自然规律认识的发展的反应，它强制性地要求"牵引"劳动者的技能达到自己的水平。但无论是大幅度的进步，还是在世界市场上占领其它竞争者的阵地，都无法达到这样的"牵引"。必须在人的发展上坚定地表现出社会的主导性，不断提高对"人的资本"的关注。80年代我们国家已经认识到这方面的空白，有人曾指出国家对"人的因素"重视不足。但随后在"向市场过渡的道路"上，在分割和分配全民财产的过程中，阶级对抗却逐渐占了上风。人们为掌握、使用和支配国民财富进行了血淋淋的争夺，有人把预算资产拿来犯罪，"保护"新财阀们的阵地。

即使在财产所有者发生变更，变形扭曲的市场关系被移植进来以后，生产的个人因素的作用也没有降低，而是不断增长。竞争关系越现实，竞争战略中的不确定因素的意义越大。事实上市场关系要求更加关注人及人的知识和技能的发展，就连"劳动力"商品的价值理论也承认在满足劳动过程的现代要求的基础上为劳动能力再生产创造条件的重要性；而我们曾违背这一理论，在社会"标准化"的基础上剥夺了满足个人需求的客观理由。对这一理论的忽视必然引起人自身发展的停滞和技术的止步不前。但俄罗斯"市场"的实际情况却是这样的：劳动力再生产的条件并没有实质性差异，但石油、天然气行业和机器制造行业的工资差别却很大——至少是四到五倍，国家公务员的工资比高级学者的工资高五到七倍，社会最高收入阶层的收入比最低收入阶层高出十三到十五倍。

国家的社会性作用

无论在何种情况下，国家除了执行本身固有的各种职能，同时还是管理有自己特色的物质财富和精神财富生产者的委员会和所有非物质生产部门的组织者。如果国家对社会的需求充耳不闻，它必然会成为官僚和财阀统治的国家。俄罗斯近年来的经历是个实例，其特征是破坏国家维持智力水平的作用，破坏生产领域有效劳动的各种刺激因素和从根本上降低调节社会和经济重大事务的制度——国家预算的作用。如果战后一段时期的主要成就是"克服"了中级劳动者和高级劳动者工资的差异和彻底取消了知识分子"过于集中在某个行业"的动机，那么90年代出现了有利于官僚阶层的、前所未有的工资差距，它成为一股直接破坏先前经济体制、对社会的物质和精神财富的真正创造者造成巨大危害的力量。如果说从明显有利于创作性、效益性劳动的劳动支付走上"平均主义"道路用了三十年（60年代到80年代），那么"转轨"整个价值体系只用了三到四年。劳动支付"改革"有利于流通领域和投机资本，而它们与生产毫无关联。缺乏对最高收入水平的立法限制加剧了在大批群众赤贫的同时却有人收入达数十亿的状况。

这样下去只有死路一条，社会无论如何也不会与令人触目惊心的不公正的现象相妥协，即使诞生能够从当局赚取的每个卢布财富中抠出一个戈比的社会民主政党也不可以。而出现这样的政党是不可避免的，它们是政权制度的"内部建筑"，更准确地说，是社会寄生的残留物。当局会容忍"争取人民幸福的斗士"，会喂饱他们，并造成在资本权力垄断所有时期的政权中都有这样政党制度存在的效果。社会民主党和"讲坛社会主义派"将是"政权党"模范的合法反对派。如今一些名誉扫地的政客们也打着社会民主派的幌子，他们最大的打算是建立自己的政权，他们是不谈生产人道化的。

不管对苏联和俄罗斯的现实社会主义尝试进行如何消极的评价，如今的社会民主派的模仿者们仍努力宣传那些"消极"的口号，它们在"过渡时期的成就"的背景下仍有吸引力。这可以理解——首先，多数同胞的生活水平有过很大提高，人们对国家和集体对人的社会保障产生过信心，集体的社会职能没有成为空洞的抽象概念。恶行昭著的新的伪社会主义运动的领袖们了解这种情况后，不断宣扬"关心同胞们的福祉"。而对积累的社会产品进行再分配和培养大财阀的逻辑促使他们对所谓的公共产品进行"截留"，这就意味着消灭所有的社会成就。一方面扩大对收入低于最低生活保障水平的同胞们的公开掠夺的规模；另一方面经常有人提醒我们，在拥有核电站和残酷的化学武器的国家出现任何社会暴动对于大家来讲都是危险的。但同时成千上万的人死于社会不适和压力、疾病、饥饿和寒冷。历史上为人民所乐道的"社会预防"之类的词汇被抛到耳后。

社会进步的绝对命令

为了发展经济，保障社会公正和维持经济增长的社会动力，需要认识到，经济的社会导向和社会公正不是政权的选举政策，而是各个社会的坚定需求，尤其是期望实现快速发展和经济竞争力的社会的坚定需求。在这样的社会中，全部的决定应当由劳动者在真正民主和人民当家作主的条件下制定。如果没有考虑到这一点，任何社会生产和生活条件的发展都不可避免地要出现巨大的"退步"。这样的情况恰恰在俄罗斯出现过。现在在俄罗斯连有关社会公正的报道都很难找到，下列事实变得"公正"起来：抢劫、以强凌弱、征收苛捐杂税和制定别有用心的秘密分配国民生产总值的方案，并利用这种方案为有钱人和那些没有用相应"劳动等价物"交换却暴富并不知羞耻地加以炫耀的人们服务。世纪末生产和消费水平下降到极点，这似乎在提醒我们，该读一下别尔维·弗列罗夫斯基的作品了。如果国家发展还与流通领域挂钩，货币贷款还在含糊不清的"加强"新制度和"推动"新事物的幌子下被用于购买办公设备或装修宫殿，而不是投资生产发展的话，国家经济还将进一步恶化。如果不提出切实的经济复兴的目标，不把社会导向作为发展重心的话，走出困境的时间还可能拖延数十年。要避免出现这种情况，就再不能不重视物质财富和非物质财富生产的发展。只有以人为导向的经济才可以避免社会退化的发生，人类的全部社会经验生动地证实了这种说法。在"向市场过渡"的条件下，更新后的社会主义思想逐渐成熟，但综合研究人的发展问题仍十分迫切。它不仅是"经济动因"（生产因素，生产力的活动元素）的问题，还是带有现代社会需求的"社会人"的问题。经济的"人格化"（或者"人道化"）指的不是仅仅赋予生产力再生产以相关的意义，它的含义要丰富得多，包括人类本性的各种活跃表现形式的发展，包括以人自身的变革为目标的创造性需求的发展，譬如说，获得新知识。以人自身的变革为目标的创造性需求永远是社会生态体系的构成因素，"净化"社会使其免受"有害"需求的影响，构建新的需求体系。

在不赞同社会分化加剧具有积极意义这个看法的同时，我想指出，这种趋势在各国都是经济制度反社会性的表现。遗憾的是，尽管俄罗斯联邦宣扬自己是具有社会性质的国家，但在宪法第七条中却没有表现出对解决社会分化问题的途径的理解。宪法第七条表明了对"社会领域非国有化"的前景的态度，结果怎样？大量的报告和报道已给出答案：民族的健康水平低下，无家可归和无学可上的孩子为数众多，军人和退休人员薪金微薄，社会设施从企业手中被转移到市政机构手中，而后者并不能保证设施的运行。

经济"符合社会性"的基本标准有三个：

1. 物质生产和非物质生产服从于人的发展，因为人是多方位的和迅速发展的社会联系和关系的主体。

2. 通过国家预算、国家预算基金体系和预算外基金体系落实国家对国内生产总值和国民收入的全面增长部分进行再分配的职能，投入资金满足人们各种形式的社会需求，对包括不具备劳动能力的社会成员在内的居民提供社会支持。

3. 落实所有企业和组织的社会职能，不论其所有制性质如何。

用以上标准可以区别美国、地中海国家、斯堪的那维亚半岛国家、英国、德国、东欧国家、日本、阿拉伯国家、中国、东亚国家（印度、马来西亚和印度尼西亚）、澳大利亚等具有社会型国家的模式。这些国家模式的区别在于国家对社会需求满足的程度、非物质财富生产部门和社会服务行业的就业比重、社会对失业居民和其他由于客观原因无法就业的居民的保障程度，以及满足群众社会需求的形式的发达程度也不相同。

从"符合社会性"的内容来讲，俄罗斯的经济和社会领域表现出各种严重扭曲的特征。

在目前的局势下，俄罗斯急需国家对改善劳动能力再生产的条件和改善人们的生活条件进行积极干预。要改变发展社会领域和生产（包括非物质生产）结构领域的方针和政策，同时必须制定有关福利标准或者生活质量标准（有人称为体面生活的标准）的国家理论。在这个理论中，对满足人们需求的最低要求也应当是有相对高度的，但是不能高于对参与劳动过程的要求，即不能高于对从事公益劳动的公民的要求。

学者们的建议

令人惋惜的是，科学思想常常不能指引社会，尤其是 M. A. 谢夫鲁克关于社会导向的观点并不能被所有人认同。他把社会导向型经济定义为对带有极少部分民用经济的军事导向型经济的悖反，建议将"国富民穷"的经济转型为"富民的经济并以此强国"。他认为，如果没有做到这些，那么唯一的原因就是"社会科学，尤其是社会经济学及其分支学科没有给出社会转型的机制。"显然，如果社会经济学缺乏关于社会转型机制相应的概念的话，对它提出这样的要求是不合理的。问题显然不在于受中央调控的经济和市场经济的对立，而在于社会导向型经济的概念。社会转型机制和社会导向型经济谈的都是一个对象，但衡量它们的"尺度不同"。但社会导向型经济也不能按照表面标准——公民权力和自由的标准，而不按生产的实际方向和结构的标准判断。生产的实际方向和结构不能从表面看出来，借助它们的力量可以对生产力的质量状况进行抽象，使社会避免出现阿联酋国家式的"靠开发自然资源"保障社会繁荣的现实可能性。现在俄罗斯对经济复兴问题的态度再野蛮不过。我还得指出，这份报告在分析经济的社会导向时，没有介绍判别生产结构和生产力状况的标准。而经济和作为经济标志的社会领域时常要借助于生产力的质量状况来加以判别。生产力的质量状况，尤其是人的质量，对再生产的整个过程起决定性意义。生产力和作为生产力主要的、创造性和建设性的因素的人，它们的质量由非物质财富生产的质量状况决定。这个观点在对非物质财富生产部门保障"社会免疫力"的基本功能的分析中得到明显体现。

我们需要借鉴数百年社会进化的经验，社会进化随着生产力发展的加速而加速已成为历史趋势。社会进化要求不能将社会需求归结为部分人的需求，用于满足社会需求、发展非物质生产部门和促进"社会免疫力"实现的"社会产品"比重增加。"社会免疫力"的思想是十分重要的，"社会免疫力"的职能在现实生活中表现出稳定的、快速发展的趋势（向下一代传授人类获得的知识，保障居民健康，对不具备劳动能力的居民提供社会援助，保护社会免受犯罪侵害等）。"社会免疫力"的职能还包括防止生产力及其主观和物质因素下降的免疫力。"社会免疫力"首先在发展生产，包括发展非物质财富生产的基础上得到保障。

社会的趋势——生活质量的提高

全球的经验都表明，先进的物质生产和非物质生产基础设施能保证人的能力得到维持、再生产和发展，并延续人的积极生活，而不会抑制居民社会素质的提高，更不会造成每年居民数量剧减、老化和丧失接受人类新成就的能力。鉴此，衡量社会"符合社会性"的基本指标是非物质生产的发展和非物质生产与物质生产的合成体——生活质量的提高。生活质量通常被国家表述为"过体面的生活"的标语。社会的历史趋势是鉴于"人对人的完善"，非物质生产部门的就业比重将越来越大。物质生产达到相当高的水平后，非物质生产为生活质量的水平加分，В. Л. 马卡罗夫院士在学术上首先提出过这个问题。在生活质量的概念和保障体面生活的国家目标中隐含着动力,因为它们的基础是人的崛起的高尚的目标。生活质量可以用以下指标来衡量:

1. 对于保持和提高人们健康水平有重要意义的多种食品的消费水平和物质基础的发展水平。而俄罗斯的广大群众却生活在贫困线以下。贫困和高水平的消费无法兼容。

2. 人均消费水平和消费有重要社会意义的财富和服务的比重。在收入严重分化的条件下,俄罗斯的消费者将预算支出主要用于购买简单的食物、衣服和支付基本服务。至于享受与个人全面发展相关的全面的服务,根本就无从谈及。

3. 居民的健康状况和平均寿命。对于卫生事业令人不满的投入使居民患重大疾病——内分泌和免疫系统疾病、血液和神经系统疾病、肺结核、性病的几率急剧上升。20世纪80年代末期俄罗斯居民的平均期望寿命为72岁,现在却小于65岁。而日本居民的平均寿命为79.9岁,加拿大—79.1岁,法国—78.7岁,瑞士—78岁,挪威—77.7岁,美国—76.4岁。在可预见的将来,居民自然增长率仍将不断下降,国民经济中就业人员的"老化"将引发劳动人员的职业性流动及他们在新的科技成果基础上参与物质财富和非物质财富生产过程的能力强弱等尖锐的问题。

4. 社会信息化水平。我们国家只在这方面取得某些积极进步,现代化的通讯方式得到应用。这还不包括使用让我们思维简单化的电视机。但是各个地区和社会团体信息化程度差异很大,尤其在利用国际信息渠道的机会方面。对于大多数居民来讲,购买书籍和杂志成了不可多得的奢侈。

5. 科学发展的水平和对科学发展的投入占国民生产总值的比重。俄罗斯在这个指标上是最落后的国家之一。俄罗斯对科研和实验设计工作的支出占国民生产总值的比例少于0.3%,而发达国家为2.5%—3.5%。

6. 环境的状况、对生态的保护程度和劳动条件。生产的下滑和预算的减少使社会处于危机的状态。卫生事业受到破坏,基因技术灾难频繁,数千公顷的森林发生火灾。

俄罗斯"市场改革"造成的最消极的结果是企业的劳动条件严重恶化,表现为生产事故频发,工人患病率上升,卫生所和公共饮食体制遭到破坏,企业手中的社会设施被剥夺。

7. 教育水平。由于教育理念的改变和国立教育与非国立教育关系的改变,高等教育水平的分化成为事实。实行水平和年限不同的教育标准(学士四年制和硕士六年制)使高等教育一方面实际上等同于中等专业教育

（技校教育），另一方面仍不超出世界规范的要求。由于非国立教育体制的发展，高等教育水平的分化进一步加剧。非国立大学在国立教育机构的干部和物质基础上起着"分散精力"的作用，导致高等教育干部整体实力下降。非国立大学不参与国民教育干部"土壤"的培育，但那里的三分之二的教师来源于国立大学的兼职教师。教育质量整体下降，对青年专家们的分配体制的破坏使职业教育的作用降到最低。教育质量下降和教育理念内涵缺失，引起社会对现实价值观和社会经济发展规律认识的扭曲。作为教育水平下降的后果，无知成为俄罗斯受宏观经济调控的文化的显著特征。"改革"的所有"战略"都是未开化的蒙昧思想的产物。按照莫斯科国立罗蒙诺索夫大学校长、俄罗斯社会科学院院士 B. A. 萨多夫尼奇的意见，"国家的威胁来源于明显被当局曲解的方针——国家富有、经济振兴，教育就会富强。当局应当宣传的正确的政策是依靠强大的教育振兴俄罗斯"。所有走过生产力不发达和贫穷的道路，取得生产发展的新成就，使公民享受到社会保障、过上富足生活的国家都了解这个政策。日本在二战后一直把教育当成最优先的发展方向，教育在英国始终是传统的根基，苏联在革命后也十分重视教育。全世界都清楚，教育决定商品市场的竞争地位，对"人的资本"的投入首先是对人的健康事业和对教育、文化的投入。

  所有的变革都是掠夺式私有化和确立犯罪统治的结果，没有其它原因。当前制定和贯彻"社会突破"战略是迫切的要求，而这个战略的基础只能是经过更新的、可以理解社会的社会化和人道化客观趋势的社会主义理论。

参考书目

1. M. A. 谢夫鲁克：《俄罗斯宏观经济社会学和社会导向型经济的发展现状和前景》，"经济社会学的发展现状和前景"国际学术会议（1988 年 11 月 11—12 日）报告提纲，莫斯科，1998 年。

2.《独立报》，1998 年 4 月 1 日。

从灾变论理论看俄罗斯的未来
（对妨碍国家摆脱危机的主要障碍及克服这些障碍的可能性的分析）

Б. С. 霍列夫

Г. А. 久加诺夫等政治家对妨碍国家摆脱危机的主要障碍及克服这些障碍的可能性问题给予很大关注。久加诺夫讲到"必须采取紧急措施以解决三个增长中的危机"。首先，机器设备和生产基础设施的严重老化，可能引起新的更大规模的技术基因灾难。其次，国债的迅速增长将导致国家无力支付。再次，人口危机、高死亡率、民众的社会心理失衡等问题恶化，有劳动能力的居民数目不断减少。

这里明确地指出了影响我们前进的三个主要障碍，现在我想从整体上讲讲这些障碍。

我们认为，俄罗斯人口危机趋于严重是首要问题，因为缺乏这种认识就不能科学地建立起国家的发展观。我们曾多次就这个问题发表看法。2000年我们国家首次就这个问题成立了专业的社会组织——俄罗斯人民反人口下降联盟，联盟的创立者当选为主席团主席（类似的联盟19世纪末在法国创建过，并且在社会和国家的支持下取得一定的成果），但工作到现在都没有启动。

人口的下降，极高的死亡率和极低的出生率成为俄罗斯的公式。尽管有移民迁入，但俄罗斯人口仍不断减少，有人预测，这一进程会进一步恶化。俄罗斯族和国内其它民族的命运令人深感担忧，但同时国家却拒绝采取积极的人口和家庭政策。

2000年7月公布了关于1999年俄罗斯人口形势的最新结果。

2000年1月1日，俄罗斯联邦的常驻人口为1.456亿人。仅1999年俄罗斯人口就减少了76.84万人，或者减少了人口总数的0.5%。这是从1992年起人口下降得最为严重的一年。八年来国内人口共减少了280万人，或者减少了人口总数的2%左右。

1999年人口下降的进程加速是由于人口自然流失的增长和迁入移民数

量的大量减少，只有16.7%的自然人口流失在移民的跨国流动中以顺差形式得以补偿。

与1998年相比，俄罗斯89个联邦主体中有82个出现人口下降的情况，而目前在这82个联邦主体中居住着1.429亿人（国内人口的98.2%）。

由于人口下降进程和移民迁出速度的加快，造成人口减少最严重的地区是楚科奇自治区——人口下降了5.4%，人口下降速度较快的地区有科里亚克自治区、埃文基自治区、马加丹州、堪察加州和犹太自治州——人口下降了2.9%—1.8%。

1999年俄罗斯联邦只有7个行政主体实现了人口增长，其中包括达吉斯坦共和国、阿尔泰共和国、图瓦共和国、乌斯季奥尔登斯基布里亚特自治区和阿金斯基布里亚特自治区这些奉行多子女传统的民族地区，还有人口增长主要依靠强制性移民迁入的贝尔格莱德州和北奥塞梯—阿拉尼亚共和国。

绝大多数地区人口减少的主要原因是自然流失。总的来说，八年中共流失了590万人。1999年死亡人口多于出生人口92.96万人，或者是出生人口的1.8倍（上次的"记录"是在1994年，死亡人口多于出生人口89.32万人，或者是出生人口的1.6倍）。

去年普斯科夫州、伊万诺沃州、图拉州的登记死亡人数是出生人数的3倍，而在俄罗斯欧洲部分的其它23个州，登记死亡人数是出生人数的2倍左右。

1999年只在15个多民族地区实现了人口的自然增长——卡尔梅克、达吉斯坦、印古什、阿尔泰、图瓦、萨哈（雅库特）、卡巴尔达—巴尔卡尔共和国、涅涅茨、汉特曼西斯克、亚马尔—涅涅茨、泰梅尔、埃文基、乌斯季奥尔登斯基布里亚特、阿金斯基布里亚特和楚科奇自治区，还有秋明州——居民年轻化程度最高的地区。

但当局仍对我们的声音充耳不闻，企图回避认真地讨论问题，国家统计局的声明就足以说明问题。尽管到2000年上半年，俄罗斯居民人口数量在改革时期共下降了300多万，但当局说服我们相信，只有在人口普查的基础上才能做出比较。按照最近一次人口普查的结果，俄罗斯人口为1.47亿人，而下次人口普查将在2002年进行，这之后我们才会知道结果。目前国内人口为1.456亿人（这是2000年1月1日的数字，而7月1日为1.451亿人）。这样就可以得出结论，人口总共"只"减少了150万。但这显然是不正确的，因为人口在1992年较1989年有所增长，到1991年底达到1.487亿人，这之后才开始出现人口下降的过程，这也是战后人口首次出现下降。

仅在 2000 年上半年的人口流失达 42.5 万人（1999 年达 76.84 万人，是最高记录）。国家统计局的声明接下来的内容是在混淆视听，"将人口流失仅仅与最近十年发生的事件联系起来是错误的"（指的是资产阶级官僚阶层的反革命行径。——Б. Х.）。声明中还说，人口下降是我们国家最近 90 年实行的政策和战争、革命及经济动荡的结果，此外，还有向发达国家所特有的独生子女或双子女家庭模式过渡，妇女成为社会的积极成员，妇女的活动范围不再仅限于培养子女等等原因。

这份声明一半在造假，这比全部都是谎言还要可恶。看来是将人口发展的悲惨结局归咎于妇女解放，由于妇女解放，国家将不可避免地濒临灭绝。难道要停止对妇女的解放么？没有人给出答案，也不需要答案。声明从世界经济和人口发展的背景中勉强找出一个原因。对于战争、革命及经济动荡（当前的反革命活动造成的）的因素，没有人提出质疑；至于"国家政策"的因素，则是不加掩饰的谎言。苏联时期国家政策的目标是促进家庭稳固，鼓励提高出生率和优生，维护居民健康，著名的 1981 年苏联政府决议众所周知。

没有人只将人口流失与最近十年发生的事件相联系。但请注意一下我们的报道，只在最近十年人口才开始急剧减少，死亡率迅速攀升——这是一目了然的事实。最近十年居民酗酒现象和伴随酗酒出现的吸毒的新现象也日趋严重。国家统计局的评论掩盖了问题，将亟待解决的问题转变成永远无法解决的问题。按照国家统计局的观点继续下去，俄罗斯将提前走向灭亡。我们永远不会同意俄罗斯出现这样的结局，而其它"发达国家模式"的问题自有别人去关心。

同西欧国家相同，俄罗斯人口减少进程的历史根源确实在于流血战争，但同时也有长年大规模移民的因素——西欧国家移民迁往海外，而我们国家移民先是从俄罗斯中部迁移到荒凉的草原（蛮荒之地），然后再迁移到庞大帝国的各个边陲地带。苏联时期曾试图纠正这种现象，但是反革命的活动中断了这个进程。

不应当把所有原因混为一谈。我们把人口危机的尖锐，尤其是 1999—2000 年趋势加强的人口危机尖锐的问题放在第一位。这个问题预示着，俄罗斯人口到 21 世纪中期将减半，而到世纪末将灭绝。

第二个主要障碍是在世界市场上明显缺乏竞争力的现象，至少在"改革"后俄罗斯经济的现代状态下，所有加工工业部门都呈现出这样的现象。我们在一些文章、宣传册和专著中多次谈到这个现象（最终，在 2000 年，Н. В. 阿利索夫和 Б. С. 霍列夫的大学出版了一本教科书，书中用整整一章的篇幅阐述这个问题)。А. П. 帕尔舍夫在自己的《为什么俄罗斯不是美国》这本书中以科普的形式发展了关于这个现象的观点,这本书在社会上流传很广,在作家界也很知名。但是工作再次没有取得任何进展。

被卡西亚诺夫政府当成执政基础的、注定要失败的 Г. 格列夫的经济纲领,鲜明地证实了俄罗斯经济缺乏竞争力的事实。价格构成和经济分析中心主任、经济学家 С. 乌兰诺夫在新出版的、非常不错的、但不定期发行的《工业消息报》上评价这份经济纲领时,公正地写道,能源、农用机械、铁轨、城乡的热力管道和供水系统即将衰竭,并把原因归咎于改革家们实行的全部价格政策和货币贷款政策,"将有支付能力的需求缩减到了极致,这从价格中挤出了再生产费用:从石油价格中挤出了地质勘探和购买石油工业设备的费用(霍多尔科夫斯基在接受电视采访时说,他公司的石油加工工厂的设备老化率为98%),从粮食价格中挤出了更新拖拉机和康拜因停车场地的费用,从所有商品的价格中挤出用于劳动力生理恢复及支付其技能的费用"。格列夫认为,这些情况是不利于发展的起始条件(原来,经过十年的"改革",仍然是起始条件)。如果价格进一步提高,高于世界市场的价格,那么国家竞争力将完全丧失。

根本问题在于俄罗斯自然地理条件的特点。俄罗斯是个接近极圈的国家,距离便捷和便宜的海运航线遥远,这些特点使她在加入"自由"的世界市场和自主地参与世界经济时失去了某些竞争力。按照国际上对竞争力的评估,在竞争力指标量化方式复杂的国家中,俄罗斯处在最末位(这样的国家有五六十个)。竞争力低下带来各种落后的结果:大批设备老化,外债过多并不断增加,国家经济不具备再生产能力,大型加工企业停工和企业商品不适应世界市场体系的需求。

我们将干部和智力资源的流失问题摆在第三位。在过去的十年中,大批专业干部、高级技工和工程师从我们的各个工业部门消失,专业技能教育体制滑坡,高等院校教师流动到西方。这是难以弥补的损失。

第四,可供加工的矿产资源原料基地减少,这主要是由于地质勘查工作迅速萎缩。即使我们同意屈从于做西方的原料附属国的地位,我们也要面对原料领域的重大危机。

正如原苏联地质部长 Е. 科兹洛夫斯基所分析的那样,大多数开采企业感到已探明矿产的供应严重不足,各产地的多种战略储备资源的储量不容乐观。国家在这种情况下仍大量出口重要原料,而这些原料无法补偿或很难补偿。出售具有战略性意义的资源成为腐败的重要源泉之一。近年来的经验显示,外国公司的主要关切集中在俄罗斯和其它独联体国家的矿产资源方面，尤其是石油、天然气、金和铀。

从另一方面讲，问题还涉及到具有国防意义的铀以及与之相关的铀和钚的储备。

以"用俄罗斯原有的武器为美国生产电能"为特色标题的欧洲核学会通报的正式文件中指出，"华盛顿核能研究学院宣布，美国购买的从苏联核弹头上拆卸下来的铀足以保证5000万家庭的用电量"。从这里可以看出，B.切尔诺梅尔金签署的条约"每年为美国增加500多亿美元的预算，而为俄罗斯增加的预算则要少几千分之一。"这难道不是对俄罗斯国家利益的背叛么？

在俄罗斯的西西伯利亚地区、沿乌拉尔—伏尔加地区、科米共和国、阿尔汉格尔斯克州和萨哈林地区成立了50多家与外国合资的石油公司。在马加丹州库巴克的大型富矿有与美国公司合资的采金企业，与外国公司共同开采雅库特共和国的涅日丹宁斯克和库丘斯克、伊尔库斯克州的苏霍伊洛格和克拉斯诺雅尔斯克边疆区的奥林匹亚金斯克金矿的计划正付诸实施。在以上这些产地中集中了俄罗斯已探明金矿储量的70%，国家采金工业发展的重要基础现在将长期被外国资本所控制。

向外国企业出售本国仍在有效运作的采矿企业的股份的做法令人质疑，另外还有人向国外转让（或出卖）大量有关矿产产地的信息材料，这意味着俄罗斯采矿业实力的削弱和商业交易的复杂化。不出售黄金，不出售石油！

在文章的结尾我想强调，目前俄罗斯当局在政治方面采取了一些积极的新举措，但其社会经济方针经不住任何批评，原因就在于自由市场经济学派仍在对国家起着破坏性作用。

"彼得堡帮"的经济学副博士和法学副博士们，以及普京总统本人表现出对经济和社会问题的极度外行，这事实上瓦解了国家。

当前的灾变论最能决定俄罗斯的未来。令人惋惜的是，这是当前诸多"主义"中最重要的一个。

参考书目

1. 《真理报》，2000年9月15—18日。
2. Б. С. 霍列夫：《反市场》，莫斯科，1994年。
3. Б. С. 霍列夫：《将俄罗斯据为己有》，莫斯科，1996年。
4. Б. С. 霍列夫：《地球学和地缘政治学概要》，莫斯科，1997年。

5. Н. В. 阿利索夫、Б. С. 霍列夫：《世界的经济和社会地理》，莫斯科，2000 年。

6. А. П. 帕尔舍夫：《为什么俄罗斯不是美国》，莫斯科，2000 年。

7.《工业消息报》，2000 年，第 6 期。

8.《欧洲核学会通报》，1994 年，第 3 期。

社会主义理论在后工业化转型时期的变化

Н. Д. 叶列茨基

在谈论俄罗斯等国家的社会主义发展前景时，首先必须强调，苏联模式的前社会主义和伪社会主义的社会形态不能完全证实社会主义社会的效率低下，更不能证实社会主义理想的覆灭。一些高度发达国家生产公有化和经济社会化速度加快的明显趋势和中国的经济成就都显示出现代社会的社会主义社会经济形态的发展和强化，现实社会主义作用提升，其继续发展的前景广阔。

同时，最近数十年发生的事件显示，需要对社会主义的理论模式，尤其是对关于世界文明向社会主义社会过渡的原因和机制的理论做出实质性修改。关于以工业生产为技术基础的社会向社会主义社会过渡的可能性和必要性的观念与世界革命等理论体系不符。按照社会形态理论的学说，由于生产力发展的质变，在新的技术和工艺基础上可能出现崭新的生产方式及与其相适应的社会经济形态。在生产的技术发展出现结构性转折之前，一些新出现的生产关系只能是处于第二位的，它们的地位可能受到限制和排挤，而先前存在的社会经济形态可能复辟。与原有占主导地位的、体现生产作用方式的基本社会经济制度相比，在经济制度竞争中出现的新的生产形式原则上不具备优势。譬如说，市场经济在前工业时代的作用。封建社会晚期时出现的资本主义制度的特点是劳动只是表面上服从于资本，直到机器工业产生后，先前的社会形态才不可能出现体系上的复辟。机器工业产生前，曾多次出现"封建制度复辟"、"农奴制度的再版"和"资产阶级贵族化"等现象。资本主义制度天生是与工业生产相适应的社会形态。在工业技术基础仍占主要地位的条件下，以自然的方式向后资本主义社会形态过渡是不可能的，而人为强加的社会形态则可能引起消极的社会现象，在与跟工业化时代相适应的资本主义制度竞争中失败。苏联社会，尤其是苏联的经济，与西方受市场调节的资本主义经济对抗的历史证实了这一点。

后工业化转型时期体现了资本主义技术基础和社会体制的历史极限。

向信息化经济过渡，取之不竭的信息财富，智力资源作用的根本转变使得数千年占主导地位的劳动和所有制，生产和消费的社会职能分配的对抗性矛盾得以解决。历史的客观进程证实，走社会主义道路必然是生产力发展的质变及由工业化技术基础向后工业信息化技术基础过渡的结果。历史哲学领域社会主义的本质特征是：社会主义作为一种社会现象，首先表现为世界文明在后资本主义阶段的发展。社会主义是资本主义历史继承者，继承了资本主义社会的所有文明成果并克服了资本主义社会的矛盾。向社会主义过渡的标志是取得与传统资本主义相比更高的生产效率、社会经济一体化水平和物质水平，达到生活方式的根本转变和社会关系的人道化和和谐化。

当代社会形态的质变不仅意味着世界文明向发展的新阶段过渡，同时反映了社会前进方式的根本变革。如果早期的科技革命被称为"第二次工业革命"，那么在20世纪末，这样的比喻还不足以形容它的作用：现代的生产力革命使社会存在不再过分依赖于自然资源，将生产变成"第二个大自然"。卡尔·马克思有关人类由史前文明向现代文明过渡和由人类社会第二形态向第三形态过渡的论述直到现在仍然是最具有说服力的。前者反映了社会克服自然资源的限制，在此基础上社会形态开始发展变化，后者则反映了人类战胜由社会阶级分化造成的社会矛盾。

正如所有的社会新现象一样，社会主义不能一蹴而就，不能是"现成的"。出现不成熟的、早产的社会主义形态，社会主义的进化趋于停滞，这样的事实不可避免。许多事件首先在俄罗斯发生，酿成了俄罗斯20世纪历史的悲剧。但与此同时，在俄罗斯也产生了规模庞大的、客观的、必要的社会化趋势——宏观经济的稳步发展、国家调控、经济体制改革和建立社会保障体制等。苏联的这些实践经验被一些高度发达的国家所研究、借鉴和完善。现在我们清楚，俄罗斯向更高水平的文明过渡只有在经济的后工业化转型的基础上才能实现，在最近十年的动荡中遭受很大损失、但仍被保留下来的强大的教育实力和智力资源为过渡提供了前提条件。将国家变成世界经济的殖民地和原料附属国，放任"野蛮资本主义"的罪恶行径肆虐，放弃民族国家的独立地位和引发无法逆转的人口危机与生产的后工业化转型和与其相适应的社会化经济形态和上层建筑相悖反。在历史实践中，"社会主义"这个术语曾受到过很多诋毁，这是由于人们常常将社会主义制度与苏联模式的专制社会相联系。尽管苏联提出了后资本主义发展的任务，但实际上却只表现出上面提到的一些发展趋势，没有达到系统的后资本主义发展的水平，此外，还重现了形形色色的前资本主义社会的现象。在意识形态领域，用"社会主义"这个术语描述后资本主义社会会引起美国及其盟友的不快，因为这需要承认俄罗斯文明在建设新世界的努力中的优越性。因此在国外的社会学理论研究中，"自由世界"、"开放社会"、"全民福利国家"等字眼仍然是十分抽象的、没有具体历史内容的。

尽管"社会主义"这个术语曾由于苏联早产的后资本主义转型的尝试的破产而蒙羞，但历史的公正需要用它来描述后资本主义社会的形态特征。这是因为，首先，在世界文明"增长点"出现的新社会的基本社会经济参数确实符合科学社会主义模式的预测和分析；其次，苏联在发展某些后资本主义社会的趋势方面确实有优越性；再次，尽管某些后资本主义社会发展的趋势在其它国家得到更有效的发展，但这些国家都借鉴了苏联的经验或受到过苏联经验的影响，它们的成就是对苏联经验的反应。

需要强调的是，当代社会化和人文化的趋势把"富有"国家从地理上隔离起来。与此同时，世界上其它地区社会冲突激化，经济、政治和军事动荡威胁上升。经济的后工业化转型和全球化引起的消极和积极后果极化的趋势加强。一些地区经济的后工业化转型和其它地区经济的非工业化、原始化和殖民化趋势增强意味着，生产的后工业化和信息化方式远没有达到全球化和系统化标准，这也引起了现代社会的社会形态各异。新生产方式及新社会形态的社会化趋势、文明作用和特色暂时只表现为在已有的社会形态体系资源的背景下的"增长点"。

在后工业化技术转型基础上发展的全球社会主义的实践指明了马克思主义传统社会学现代进化的新方向。事实显示，无论是苏联官方经济学的消失，还是社会民主派对"思想体系人道化"的遗弃，都没有消灭马克思主义学说对世界经济学和社会学现代进程的理解。相反，卡尔·马克思的部分思想得到切实贯彻，为研究人员确立后马克思主义思想提供了基础。如果说布尔什维克——苏维埃方案和社会民主派方案的社会主义学说可以被看成"新马克思主义"的话，那么作为一种理论现象出现的后马克思主义，则明显是与后工业转型和后资本主义转型时期的客观进程相适应的。当然，现在还不能将后马克思主义看成是完整的理论体系、学说或指导方向，后马克思主义观点更应当说是方法论的组成元素或是带有现代科学方向的理论集合的共性之一。

总的来说，后马克思主义的经济思想建立在对卡尔·马克思有关下列问题的学说的现代解释的基础上：关于世界文明向后资本主义转型的客观必要性，关于在后资本主义转型的过程中向崭新的社会运转形态过渡，关于消灭逃避劳动、剥削、社会经济不平等和不公正的现象，关于加强社会

第三章
俄罗斯发展的社会参数

对自身发展的自觉的管理作用，关于战胜物质需求和物质生产的主导作用并改善创造社会财富的环境，关于经济的国际化。全球主义学说的方法和理论基础时常被人们解释为"全球的历史的物质主义"，而对于向后工业经济转型的理论来说，卡尔·马克思有关自由时间是财富的一种形式和真正的自由只有在摆脱物质生产的局限后才能取得的思想有着特殊的意义。

还应当指出，许多关于转型经济的现代理论观点实际上具备后马克思主义思想的方向。显然，可以将以下关于转型经济的理论看成是后马克思主义思想的观点：关于将生产力及其基础关系作为中心的，关于"野蛮资本主义"、经济犯罪和将俄罗斯经济变成外国经济体系的殖民附属无法被大众接受和没有出路的，关于所有制关系的客观性质和不容许将无效的、过时的私有经济形式人为地、教条式地强加给国家的，关于必须在社会民主化和人道化的条件下寻找有自己特色的、向社会主义市场经济和后工业经济过渡的道路的，关于取消社会不公和阶级对抗现象的，关于坚持社会改革的后资本主义客观方向的客观必要性的。

显然，以上理论观点会引起一些"势力代理人"的强烈不满，他们的任务是帮助他们的外国主子实现消灭俄罗斯经济和国家体制的目标。因此，"抛弃"马克思主义和社会主义理想和将庸俗的伪自由主义和拜金主义强加给大众的做法（在传授经济学理论时的教条主义做法）都不过是为达到这个目标而使用的手段。对马克思主义的放弃时常伴随着对政治经济科学的放弃，这从保护买办罪犯们的利益这个角度来看是合理的，因为他们在"靠私有化发财"的过程中并不关心对所有制关系的发展做出真正的科学分析。但与此同时，改革措施的科学理论基础是保证其有效性的必要条件，后马克思主义学说提供了这样的理论基础，它侧重于对经济改革的技术体制、组织体制、政治体制和社会体制之间的相互联系进行研究，侧重于必须对在全球社会的后资本主义转型背景下的转型经济、社会化和人道化趋势、向新的社会形态和社会运转形式过渡等问题进行分析。

形成社会导向型经济模式的历史种族前提

Л. А. 安东年科

最近20年，经济学、政治学和社会学领域越来越多地讨论对社会经济模式的探索，该模式要满足21世纪的基本要求：

减少各地区、各国家，乃至全球范围内人类活动对生态环境造成的压力；

降低社会中种族、宗教间冲突的可能性；

没有扩大社会财产差距；

提高社会发展指数。

我们认为，现在仍然有人相信这样的童话——与中东欧进步的国家相比而言，似乎乌克兰市场经济改革的消极后果是因为没有执行好新自由主义方针的优良方案。不论是乌克兰国内时常代表少数富人意见的媒体，还是国际金融组织，都大力支持这个观点。他们的目的一目了然，通过他们民主选举出来的政府的力量实现后社会主义国家的非工业化，然后再宣布，是政府自己的责任，他们完全没有按照我们的建议行事。

我们认为，国际货币基金组织欧洲二部主管约翰·奥特林—斯米的话十分典型："如果最近几年国际货币基金组织支持的经济纲领得以全部落实的话，那么当今俄罗斯的经济完全是另外一种局面"。

外国投资者出于以下目的到其它国家投资：

—减少费用和实现利润最大化；

—开发新市场和扩大销售规模；

—打压自己的竞争对手，包括在其要进入的国家里；

—得到新的资源条件，甚至获得特殊的工业技术"间谍"，但绝不是出于提升国家出口实力的目的——引入投资方，将国家技术水平提升到新高度，解决国家首要的经济任务。

罗曼在1988年得出结论，经济增长的速度直接取决于新知识获取领域所集中的人的资本的大小。

第三章
俄罗斯发展的社会参数

科研和实验设计作业领域不仅直接通过新的实用和研发思路作用于经济，它本身的存在就是经济增长的必须（但不是全部）条件，因为它保证了人的资本的积累。

全世界都已承认，既然发达国家生产的产品88%的增长与科技研究相关，那么科学已成为主要的生产力。

后社会主义国家和发达国家、发展中国家对社会主义态度的评价截然相反——从否定社会主义是可以带给多数社会成员体面的福利水平、精神自由和社会稳定的社会理论体系，到坚定地树立只有俄罗斯、乌克兰和其它国家的社会主义才有未来的思想。在向第三个千年过渡的门槛上，世界上还没有一个国家存在这样的经过实践检验的市场经济经济模式：各个社会阶层都对其运行的结果感到满意，学者们找不出理由担忧日益增长的人口、社会、法治、生态和其它全球性矛盾，而这些矛盾不仅威胁着个别国家，还威胁着地球上所有生物的生存。

我不讨论这两种关于社会主义的极端观点论据是否充足，只想引用一个离本人最近的作者的观点。我们认为，这个观点也可以成为方法论分析的出发点之一。按照 B. H. 阿法纳西耶夫教授的意见，"正是在逐渐萎缩的资本主义的土壤中出现了非理性的'苏维埃'、'人民民主'、'英国'、'瑞士'和其它模式的社会主义。在经济关系的结构性压力下，这些模式社会关系中的社会性导向间断性地占据周期性优势——资本主义国家对12%（日本）到28%（瑞士）的国民收入进行再分配，用于国家对居民进行社会扶持的专门计划。

按照这位学者的观点，我们处于第四形态期第八社会周期的第七阶段（活跃阶段），处于新的生产方式产生前夕。因此，"在批评已在社会中占有一席之地的'极权政治'或'社会主义模式'状态的基础上否定社会主义是实际的或理论上的社会体系是没有道理的。这一复杂时期人类全部积极的历史经验将是必需的，将在社会发展新阶段得到应用"。

作者在资本主义规律性的周期进化背景下对俄罗斯社会经济发展规则进行了研究，并在此基础上得出结论，"任何"社会主义的扭曲在苏联都没有发生，因为作为社会关系全面占主导社会形态阶段，社会主义还完全没有出现。在后帝国主义的"极权政治"和"社会主义模式"社会周期中，资本主义自身出现了扭曲。这一进程不是俄罗斯所独有的，它涉及到所有发达国家。B. M. 维利切克同样得出这样离奇的结论，即当代俄罗斯属于资本主义生产方式，尽管他在自己的分析中使用了与 B. H. 阿法纳西耶夫的社会形态发展周期论完全不同的论据。

我们认为，尽管这个结论的立论复杂，但它包含了一个公理式的论点：发达国家对借助于推行对居民进行社会扶持的专门计划加强国家对国民收入进行再分配的职能的认同感越来越强。因此，如果社会主义经济模式的本质基础是其提高人类发展指数的指向，将财产差距由1∶12—1∶15（在俄罗斯、乌克兰）降低到1∶5（在斯洛文尼亚、捷克等），那么社会主义就不会是乌托邦，而是所有发达国家市场经济进化发展的实际未来。我们认为，这是我们研究问题的关键的方法论出发点。至于社会主义模式的名称——"英国的"、"瑞士的"、"中国的"或者其它的，这是形式的问题，而不是内容的问题。相应的，科学分析的客体和领域是对经济模式内容部分的论述，其基础可以是1992年6月各国家在里约热内卢达成的协议，协议中将作为综合的一体化指标的人类发展系数看成国际上比较和评价的主要标准之一。

众所周知，1990年联合国实行了一体化指标——由三部分构成的人类发展指数：寿命、教育程度和居民生活水平。教育程度是社会知识实力的基础。教育程度越高，国家经济和生产力就越发达。由于教育形式多样化发展、信息的传播和高水准的专家人数增多，知识实力一代接一代地累积下来。遗憾的是，向市场过渡使独联体国家落在了发达国家后面。譬如，如果说50年代初乌克兰的知识实力在世界上处于第三位，那么现在则处于50位以外，尽管15岁以上人口每1000人中有850人受过高等和中等（初、高中）教育，就业人口中有989人受过高等和中等（初、高中）教育。类似的情况在俄罗斯也出现过。造成这种情况的主要原因是对教育和高科技含量领域的投入不够（主要是预算投入）。

现在我想用最简要的语言论述一下本人关于有利于俄罗斯和其它国家发展社会导向型经济的条件的观点，按照著名的英国学者 А. Д. 汤因比的定义，这些有利条件构成了东斯拉夫文明。

著名的德国学者、经济学家米勒·阿尔马克写道："马克思共产主义在一些基本要求中采用了圣经的形式，我们不应对此感到奇怪。'他们的一切都是共有的'（in kommuni—共有的，共产主义这个术语正来自 in kommuni），他们那里没有穷人，因为每个人都能得到他所需要的东西，他们把所有的东西出售并交给信徒。不管信仰无神论和马克思主义的共产党人们愿不愿意承认，这些目标成为共产主义的基础。"

我们认为，随着以极端的、非黑即白的态度评价世界的后社会主义症候明显减轻，独联体各个国家对经济急剧滑坡和人们福利下降的原因的理解自然成熟，人们应当去注意一些信息，而这些信息不能说是众所周知的和常见的——我们指的是西方和东斯拉夫哲学思想传统中对贫穷和财富的态度。

在古罗斯时期,人们认为贫穷不是被施舍者的经济负担,也不是社会秩序的毒瘤,而是对人民进行精神教育的主要手段之一。"爱人实际上就意味着爱贫穷",Л. Н. 托尔斯泰在与奥普京纳荒漠的阿姆罗西老人的谈话中说道,"贫穷就是完美"。

这种道德思想的精神起源来自古希腊—罗马时期和早期的基督教,当时作为历史哲学现象的整个"欧亚文化"有了初步的、不为人们所见的发展。譬如说,拜占庭耕作法(公元5到7世纪)对东斯拉夫民族的法律和道德标准的进化起到直接作用,它在第61条中清晰地规定了应对穷人采取的态度。这是它的内容:"走进别人的葡萄园或无花果树林的人如果想吃东西,那么不要惩罚他,如果想偷窃,那么就用痛打惩罚他并剥掉他的衣服"。这与西方的原则形成对比:"我的家是我的城堡",与"别人"的需要无关。

因此,经济模式的社会导向是21世纪的总体特征,我们文明的历史种族特点形成了各具特色的争取平均分配生存手段的形式。

参考书目

1. Р. С. 格林贝格:《中欧、东欧国家和俄罗斯市场改革的十年——经验与教训》,《俄罗斯经济发展前景及其在全球经济空间的地位》,Ю. В. 雅科韦茨审校,莫斯科,2000年。

2. В. В. 佩尔斯卡雅:《在世界经济全球化趋势发展的背景下对外经济因素在俄罗斯转型过程中的作用》,《俄罗斯经济发展前景及其在全球经济空间的地位》,孔德拉季耶夫第八课选材,Ю. В. 雅科韦茨审校,莫斯科,2000年。

3. А. А. 达加耶夫:《经济空间全球化及其在经济增长新模式中的表现》,《俄罗斯经济发展前景及其在全球经济空间的地位》,孔德拉季耶夫第八课选材,Ю. В. 雅科韦茨审校,莫斯科,2000年。

4. В. И. 科瓦廖夫:《俄罗斯在全球经济空间的战略》,《俄罗斯经济发展前景及其在全球经济空间的地位》孔德拉季耶夫第八课选材,Ю. В. 雅科韦茨审校,莫斯科,2000年。

5. В. Н. 阿法纳西耶夫:《俄罗斯在历史潮流中社会经济发展的规则》,《圣彼得堡大学学报》,第5卷,第3辑,1994年,第19期。

6. В. И. 维利切克：《告别马克思：历史的规则》，莫斯科，1993年。

7. Г. 布拉斯科：《社会市场经济简介》，基辅，1992年。

8. 伊古曼·安德罗尼克（特鲁巴耶夫）、圣阿姆罗西·奥普京斯基：《生命与创造》，普列奥布拉任斯基·瓦拉姆斯基救世修道院出版社，1993年。

9. Л. 安东年科：《拜占庭耕作法》，1984年。

10. Л. 安东年科：《世界经济的软构成》，《世界经济与国际关系》，1997年，第1期。

从对社会需求的
宏观调控进程看社会主义梦想

Г.В. 法杰伊切娃

众所周知,"社会主义"一词具有多重含义。例如,在描写某些当代经济体制时常常用到这个词("瑞典式社会主义"、"中国式社会主义",等等)。在所谓的民主媒体上,在使用"社会主义"这一概念时候,总是特别强调它的空想性。同时,社会主义还被人们用来指20世纪80年代中期以前曾在我国存在了几十年的一种经济体制。

为了避免引起术语上的混乱,应当进行以下区分:纯粹作为一种学说的社会主义;把这个学说变为现实的尝试行为;现代经济生活中出现的社会主义化的客观趋向。作为一个特殊的哲学—经济学思潮,社会主义学说经历了很长的历史发展过程,尽管有着科学社会主义和空想社会主义等诸多分支,但其中心课题都是研究社会公正问题。然而在实现社会公正的方式上,它们之间有着本质的区别。在经济学思想史上出现的首个社会主义方案是,1516年出版的名为《一本关于最佳国家制度和新的乌托邦之岛的如此有用又有趣的金典》的书。

在有国家以来的相当长时期里,一直存在着以建立社会主义为定向的进程。在资本主义国家尤其是发达国家,生产的社会化和发展的计划性(尚不完全)这一客观进程有助于普遍地推进社会主义。在这一社会化进程中,社会保障、社会保护乃至对部分社会阶层的优待机制的形成并不断巩固是可以理解的(后者,比如在美国,规定为少数民族在国家一级机构保留一定数量的工作职位)。但是,应当对社会化趋向(通过社会化手段来局部解决经济矛盾的模式)与形成社会主义制度(通过建立特殊的非经济模式制度来实现社会主义)进行清晰的区分。

社会主义学说总是宣称反对生产资料的私有制。但在我们看来,这个问题就其重要性和争议性而言,尚未触及到作为哲学—经济学学说的社会主义的根本问题。这个根本问题是一个人道主义课题,即社会公正问题。并且,理解社会公正问题的现代方法是,从对社会有重要意义的个体的立场出发来理解这个问题，这些个体包括从事各领域再生产的人，也包括以前或者将来的劳动人民。在社会主义思想发展的第一阶段，对社会有重要意义的个体指的是无产阶级。

要实现有关社会公正的人道主义理想，必须具备符合全民族利益的、能够对社会的系统需求进行调控的体系。社会需求包括以下方面：

——社会发展需求（它与新产生的生产关系及适应这种生产关系要求的法律直接相关）；

——结构性需求（在经济技术和经济组织尤其是生产关系领域的需求）；

——实现社会再生产的需求；

——作为一个人的个体需求，而不仅仅指劳动力的载体[①]。

我们发现，对社会需求的宏观调控经历了一个漫长的演变进程，在当代世界经济中正在积极形成一个全球的宏观调控机制，它无疑涵盖了社会需求的各个方面。在这种情况下，在我们看来，社会主义作为对社会需求实施宏观调控的一种特殊方法，是全球宏观调控的必然选项之一。为了弄清楚对社会需求的全球宏观调控进程与社会主义宏观调控进程的本质区别，我们可以借助表1来追踪一下经济宏观调控的演变进程。

表1 作为模式核心课题的宏观经济调控

经济模式演变的阶段	模式的核心问题	宏观调控的最主要对象	宏观调控的类型	宏观调控的主体	对社会需求体系实施调控的界限
第1阶段 经济学的形成	作为经济体系内再生产条件的平衡问题	国家间因商品交换而形成的经济联系，社会再生产的各部分比例	实现自主调控的内部机制（"看不见的手"，亚当·斯密）	国家及其实施的确保经济体系内部平衡的保护主义政策	对社会需求的调控没有明确的范围
第2阶段 新的经济模式产生	平衡问题	社会再生产的比例；生产资本的流动	非直接干预的调控类型，仍倾向于自我调控机制	国家，出现的大资本（最初以股份公司为代表，然后是垄断组织）	现实经济范围

---

① 详见 [1]。

第三章
俄罗斯发展的社会参数

第3阶段 建立在不平衡基础上的经济模式的形成	不平衡问题	总需求与总供给	符合国家垄断资本主义需要的十分严格的调控	作为最主要的调控主体的国家；垄断资本家	民族经济体，世界市场
第4阶段 建立在不平衡基础上的经济模式的确立	不平衡问题	国家内部的大量资金与供需一道成为宏观调控的对象	从凯恩斯主义到货币主义调控的多样性	居主导地位的跨国公司和多国公司；各种国际经济组织	在世界经济范围内实施调控
第5阶段 新的现代经济模式的形成	平衡发展问题，它是下述问题间的平衡器：1. 人类共同生存环境与建设这种环境的技术体系之间；2. 个别国家的经济发展利益与全球经济机制调控对象的经济利益之间。	财政杠杆，首先是全球资金流动；个别一些国民经济体和一些经济区。	全球宏观经济调控	在这一进程中具有主导作用的并将国家及其内部宏观调控主体排挤至第二层次的全球宏观调控主体	事实上缺乏全球调控的进程，覆盖全球经济空间

应当注意的是，目前，在全球化的影响下，最具功能性的民族国家经济空间正在发生本质性的改变。全球宏观调控机制的形成可以通过下述图表进行图解（图1）。

我们假设有 N 个民族国家经济体（为了方便，我们假定这个数字不变，用 3 个图表来概括其功能空间变化的几个主要阶段）。民族国家经济体制在第一阶段（图 1a）的情形如下：

——通过国民经济内部的特殊主体来实现宏观调控；

——民族国家之间的经济联系是不稳固的；

——每个国民经济体都是在极度封闭的功能经济空间内的自我发展；

——不同体制国家间的经济关系未融入统一的法律空间；

——对民族国家经济的上述历史描述，符合集团化之前的资本主义和经济生活之前所有发展阶段的实际情况。

为了看得更为直观，我们用小黑圈来标注不同的宏观调控主体。在图 1a 上，每个圆圈上都有标记，代表每个国民经济体，它们在对外经济空间

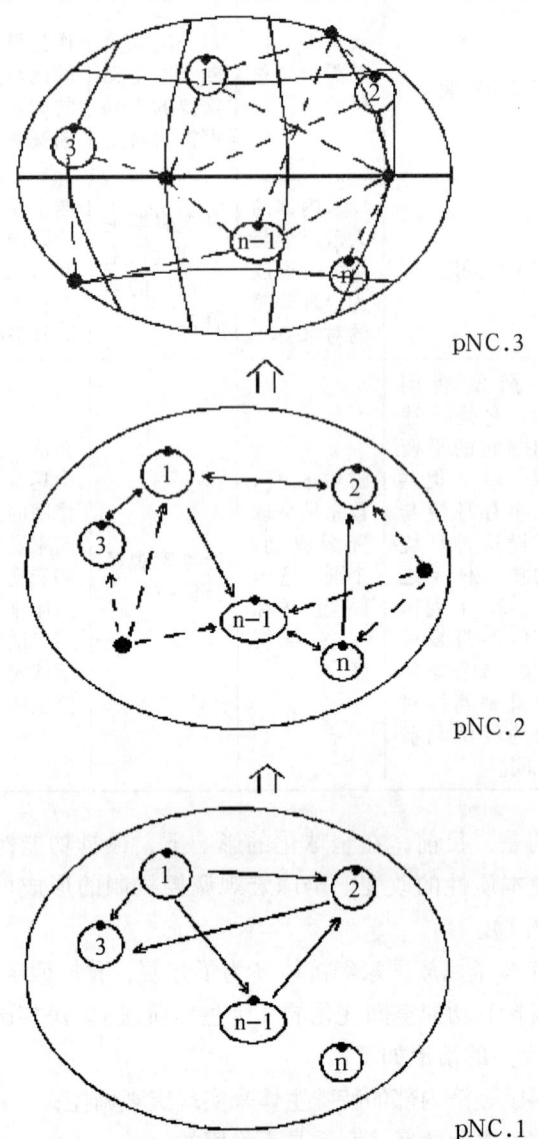

图1 经济体制演变过程中国民经济体功能经济空间的本质变化

是不存在的。民族国家国民经济体向功能经济空间第二阶段的演变首先跟其内部宏观调控主体的强化有关,其中居第一位的是大公司,它们无论对整个社会的经济生活还是社会需求机制都施加着非常重要的影响。

第二,在世界舞台上,各种国际性的宏观调控经济主体开始出现,它们对社会需求的生成进程开始发挥重要作用。这其中既有新发展起来的跨国公司，也有超国家的制度制定机构，它们拥有对这个或那个国民经济体施加影响的现实杠杆。

第二阶段（图16）描述了国民经济体的下述情形：

——通过内外部主体实现经济宏观调控；

——不同民族经济体之间的经济关系具有了稳固性；

——为全球经济空间的形成建立了必要的前提；

——国民经济的空间扩大；

——不同国家间的经济关系受到统一的法律调节；

——对国民经济体的上述历史描述符合成熟的经济文明现状。

现在，统一的全球经济空间的形成进程正在展开。金融主义是其得以建立的理论基础。

功能经济空间向第三阶段的自然转变反映了现代经济生活的现状：

——正在形成全球调控机制；

——相对于全球宏观调控主体，"弱的"经济体的内部宏观调控主体正在退居次要地位；

——经济生活在越来越大程度上按照全球宏观调控主体制定的"脚本"来运行；

——国家之间通过密集的资金网络实现经济联系；

——全球经济空间正在吞没民族经济空间且扩展到整个经济社会；

——全球经济空间自身的发展要求建立统一的法律空间；

在这里我们想指出，当今全球调控正在往以下方向发展：

——发展全球统计机制，作为实施全球调控的信息来源；

——规定生产产品的技术标准，首先是知识密集型和批量生产产品；

——制定销售条件，以有利于最强大的"金十亿"国家（译注：指发达国家或经济合作与发展组织成员国）占领销售市场；

——咨询性调控；

——对全球市场的劳动力流动及其功能进行调控；

——金融调控未来将具更大的作用；

——宏观经济调控成为对某些民族国家经济体（或者说整个集团，比如独联体）的"生命保障"的调控，其最高表现形式就是全球经济的无性克隆。

作为对社会需求进行宏观调控的方法之一，以及保护民族经济免于受全球调控主体操纵的途径，当前世界的全球化进程使得对社会主义进行研究具有紧迫性。全球调控依赖金融主义的力量，它甚至超过物质需要占到第一位。金融需求是经济需求的最高形式。无论是社会还是个人,其经营活动思想归根结底都是要获取金钱上的成就。

只有当社会意识拒绝金融主义思想,并且在社会和经济生活中开始寻求精神源泉,也就是努力实现旨在社会公正的人道主义理想时,社会主义思想及与其相宜的经济制度建设才可以抵御金融主义。我们认为,只有在这种情况下才可以推断社会主义的前景。对社会需求体系中的精神部分估计不足,显然是现实社会主义发生危机的本质原因之一。社会主义作为对社会需求进行宏观调控必择其一的方法之一,其总体上的特点可以通过表2来描述。

表2 对社会需求进行宏观调控的全球化进程和社会主义进程间的比较分析

	全球化宏观调控	社会主义宏观调控
对象	整个世界（这是其"主导思想"）	统一的民族经济体,首先是社会再生产过程。
主体	金融中心、跨国公司、多国公司、各种国际组织、个别一些政府。	统一的民族经济体中心,国家。
目标	扩展宏观调控主体的财富,控制经济空间,建立金融经济。	建立最适宜国民经济发展的模式。为实现人与社会的全方位发展,首先是精神发展,奠定物质基础。
经济活动的指导思想	通过各种方式首先是通过资本金获取利润	作为一种社会理想,努力在社会生活各领域实现和谐
与精神财富的关系	只重形式,一切都用金钱衡量	培育精神财富;人的自身是衡量一切的标准

我们想再次强调,宏观经济调控在任何经济体制中都是固有的,只是其对象、主体、目的和方式不同。社会主义作为一种特殊的对社会需求实施宏观调控的方式,它具有以下特点:

——协调经济主体的社会再生产过程,国家在其中发挥着重要作用;

——宏观调控的对内目标表现为,努力在经济活动的各个层次对所有主体实现社会公正的原则;

——为每个个体的劳动需求创造平等的机会,甚至为其在社会生活各方面的自我实现创造平等机会;

——尤为重视实现整个社会及其每个成员的精神需求;

——经济和谐发展,即从技术进步与保护生态环境之间平衡的角度建立最适宜的发展模式；

——对社会再生产的手段和结果的社会所有制体系具有多样性；

——社会公正的原则不仅体现在分配过程中，而且体现在社会和经济生活的各领域。

因此，社会主义作为一种哲学—经济学学说，其核心课题是社会公正这一人道主义问题。通过对整个社会需求体系的宏观调控，其能够得以实现是可以理解的。社会主义发展道路的命运在当今世界在很大程度上取决于全球化进程的力量和深度，而后者很可能导致确立新的世界秩序和金融主义的胜利。当今时代唯一可以与金融主义抗衡的是建立以社会公正原则为指导的社会需求宏观调控机制，它与金融主义是对立的，二者必择其一。

参考书目

1. Г. В. 法杰伊切娃：《社会需求是一个体系》，《莫斯科大学学报》第 6 期、《经济》2000 年第 2 期。

现代俄罗斯的社会发展概念
和改革意识形态

Г. Ю. 伊弗列娃

在非资本主义的发展年代里,"意识形态"和"社会主义"这两个概念在前苏联人民的集体意识中非常接近。对社会主义制度的破坏相应地导致了社会主义思想乃至意识形态的松动。对洗脑和调查持不同政见者的指控等压倒了意识形态的一体化倾向,压制了其推动和指引社会力量、发展社会自我反省意识和培育社会发展观念的能力。

在后社会主义改革的最初年代里,伴随远离社会主义这一目标的是毁灭的激情,与之相应的是群众运动,但这些运动并没有辅之以某个新的精神道德依据。稍后,在确定国家的长远发展方向和试图展示其定位的正当性时,忽视了改革的意识形态依据,代之以日益增长的社会虚无主义进程,在社会内部自发形成了旧的社会关系和相互分立的团体利益。

大家知道,一个割裂的社会是难以推出重视探寻民族思想的国家领导层。这个事实为意识形态平了反,说明意识形态是国家政策不可或缺的元素,是人类活动的调节器。那么,余下的问题就是少数人要负责解决的了:确定什么样的意识形态应当成为当代俄罗斯改革的意识形态。

毫无疑问,这个意识形态应当能够团结整个民族,调动社会力量的积极性,并引导其走正确的方向。同样毫无疑问的是,这个意识形态应当具有某种爱国主义的主题,唤醒人们对国家的自豪感和对社会制度及历史进程的参与感。但尚有最主要的一点不清楚:俄罗斯人凭什么有这种自豪感?如何把这种自豪感转化为发展的动力?

在"社会主义—资本主义"的坐标上审视当今的俄罗斯,很难再能发现什么正面的成果。怀着"回归"愿望的俄罗斯,由于无望地落后于发达资本主义国家,只能滋生民族悲观主义情绪和追赶或超越式发展的意识形态,但这两者在当今对于我们来说都是接受不了的。

为了成功实现追赶式发展的目标,将不可避免地使人们的现实利益服从于未来某个整体目标。在当前发生社会——经济危机的情况下,这等于

第三章

俄罗斯发展的社会参数

放弃私利。我想，很难找到为了祖国富裕而准备抛弃个人生活的爱国者。

而超越式发展的思想则随着与先进国家差距的拉大在不断强化。要实现这一思想就需要大量的资源，以便寻找有效的方式，同时还会导致产生国民经济"新"与"旧"部分的不平衡。同时，一个危机中的改革国家能否允许自己拿出资源来进行试验，并进而加重宏观经济的不平衡？半工业化的经济在仍然存有快速粗放发展空间的情况下，是否需要最新工艺技术？很显然，当远处在实验室阶段的新事物和尚在打磨的草案不能取得进展时，后工业生产将成为新的装点门面的形式。

在这种形势下应当记得，这种使得俄罗斯处在不佳地位的"阶段"观念，不是社会发展的唯一概念。人类完全有能力认清自己的前进方向。在特定的体系内可以在思想中划定自己的坐标，不应当追赶任何人——俄罗斯已经居于整个地球的前列。要知道除了人均国民生产总值、经济自由度指数、富裕水平等指标外，还有许多其它可以用来评价社会发展的方法，其所依据的指标从意义上讲并不小，还有自由支配的时间数量、交往沟通的质量、精神的愉悦度等等。

为了建立一个客观蓝图，必须关注当今已经形成的社会发展的一些基本概念：除上面提到过的阶段概念外，还有文明方面的、进化论上的、制度上的、存在主义的和协同学上的概念（参见表1）。

表1　社会发展的概念

概念	阶段论	文明论	进化论	制度论	存在主义论	协同学论
时间；形成或促其形成的原因	19世纪中期，马克思主义——工业革命及其导致的小商品生产者破产、失业者增加和大规模贫困化使得要求进行社会改革、建立公正社会的呼声高涨；——进步的、向前发展的思想和相信可以对人进行改造的信念居于社会思潮的主导地位。	历史科学和历史哲学中的传统学说——在社会文化领域权威人士主导下对社会进程的综合研究；——实践主义，满足现行社会制度的需要。	19世纪中后期，达尔文主义和边际主义——受自然科学的影响，希望给社会学赋予客观性和政治中性色彩；——经济契约当事人间相互竞争和联系的意识形态。	20世纪初期，制度主义——希望把经济和社会—文化因素作为一个整体联系；——仿效自然科学传统，发掘社会的最简单元素和内核，研究它们的发展。	传统哲学中的一种——把人当成所有进程的中心来研究。	20世纪初期和中期，自然科学——随着系统方法和控制论的发展，出现了信息模型，把其当作探究信息流动的可包罗万象的方法；——试图客观概括对社会进程的认识。

概念	阶段论	文明论	进化论	制度论	存在主义论	协同学论
发展目标	自由和谐发展的个体；带有合理实用主义的、以社会文化需求为主导的公正社会。	保持社会的有组织性和世界多样性。	作为隐含的目标，提出保全人类社会。	建立有效的、有行为能力的制度，使人与人之间联系的花费降至最低。	把人变成万能的人，提出了人—神、不朽的概念。	总是能超越平均信息量。
机制，发展的基础	发展的源泉和动力——生产力与生产关系之间的矛盾。发展的基础——劳动社会分工的发展。方法论基础——把人从各种各样的从属地位解放出来。	发展的源泉和动力——历史的要求和人类长远发展的问题。发展的基础——人类活动，导致生存环境复杂化的人口数量增长。方法论基础——人类及社会做出的决定，它们具有有效性且符合历史要求。人类精神的跃升，能够创造新事物。	发展的源泉和动力——自我保全的机制。发展的基础——自然选择法则。方法论基础——活的有机体复杂化并适应周围环境。	发展的源泉和动力——运作的花费的增长。发展的基础——使交易的花费最低化的法律。方法论基础——制度体系运作花费最低化是一个长期过程。	发展的源泉和动力——人的精神和意志。发展的基础——在自我发展、自我认识和战胜死亡中满足人的需求。方法论基础——人的自我实现，人存在的各方面表现。	发展的源泉和动力——平均信息量的增长，信息处理体系不具备有效处理信息的能力，对存在的基本参数的破坏。发展的基础——自组织，克服信息处理的混乱无章。方法论基础——体系由混乱和涣散的增长向有序性和有组织性增长摆动。
社会发展的阶段	原始（完全依赖自然）奴隶制（无条件的个人从属）——封建主义（有条件的个人从属）——资本主义（经济从属）——共产主义（人的自由）	历史上出现的文明，能够有效应对时代的要求，将其它国家团结在自己的周围，指出了历史发展的方向，集中了该时期的主要资源和财富（埃及—印度—中国—希腊—罗马—西班牙—英国—美国等等）。	由最简单的社会形式向最复杂的社会形式转变，向专业化和多样性转变。	由最简单的、同质的、不变的制度向复杂的、多样的和有效的制度转变。	人—动物，人—创造者，人—神。	由混乱无序向具有稳定复杂体系的秩序摆动。

第三章

俄罗斯发展的社会参数

概念	阶段论	文明论	进化论	制度论	存在主义论	协同学论
适用范围	——在经济社会框架内；——在社会中具备进步思想，努力改革社会的情况下；——在辩证唯物主义的哲学模式下。	——在国家间发展不平衡的情况下，在具备国际劳动分工的情况下，在非等价交换情况下；——在人类的发展和独立国家的形成受到限制的情况下；——在归纳研究方法的吸引下。	——在社会科学和自然科学一体化的模式下。	——在具备效率概念的情况下；——在社会思想一体化的模式下。	——在人道主义模式下主要在实现人的精神和意志方面，亦即社会文化领域。	——信息模式。
优势	——直线性、因果性、简单性、清晰性。——人道主义的方向性。	——具有具体性、特定的民族性；——将发展不是解释为斗争而是创造力。	——具有客观和包罗万象的性质。	——分析社会—经济发展的综合性方法。	——包罗万象的和人道主义的方法。	——可以使进程体系化和数学化，即赋予其客观性和可预测性；——以信息流的形式描绘一幅包罗万象的相互联系的世界图。
不足	——对进程的描述使得被研究对象简单化，有获得不客观认识的危险；——经济斗争作为发展的推动力量只是相对于矛盾社会而言，而在和睦社会里发展的推动力则是别的；——意识形态—政治的方向性是随局势而变的，在社会经济形势发生变化的情况下它不起作用。	——该观点并不能提供认识的方法，只是提供信息、概念而非认知；——很难发现国家发展的全部和人类的长远发展的方向。	——要对未来进行预见很复杂，因为没有以清晰的形式指出目标，必须对进程进行模拟研究，这有可能使事情简化，也有可能产生错误。	——各种联系和制度的多样性，以及其行动交织错杂，使得难以弄清楚发展的方向。	——没有考虑到自然的影响和限制；——认识受到人类认知能力的局限。	——没有考虑到社会体系的主观性及其可能存在的非理性。

这些概念对俄罗斯在世界上的地位、其存在的目标、落后的原因及发

展前景给出了不同的理解。

如果从社会形态概念的理论基础即劳动分工、交换、价值关系和私有制的发展程度来看，则现今的俄罗斯处于走向资本主义的某个阶段。从实质上讲，它面临着资本的原始积累问题、国家的工业化问题、将国家转变成一个在国民经济各领域都拥有发达工艺的机械工业综合体的问题。这些问题在改革这么多年来终究也没有得到解决。

俄罗斯的一个独有特性是，看待劳动就像看待美德、看待道德行为那样，把它当成是上帝交给的一个重负，因此在复杂的自然—气候环境下本能地导致了劳动的无效率性（由此形成了集体管理经济活动、村社成员间相互包庇现象）。对于繁重劳动的神圣的尊敬使其成为了挣得生活必需面包的终极手段，不用体力劳动而获得的一切都被看成是不道德的、罪恶的。因此就财富本身来说，缺乏对其应有的尊重，它被置于俄罗斯人价值体系的底层。相对于获取更多财富和福利，人们最终更看重的是道德的自我完善、自我约束和悠闲。

金钱在俄罗斯从来就没有成为过一种独立存在的势力。俄罗斯人常常是小富即安，他们不愿为积聚财富而"折磨自己的灵魂"。支持这一说法的理由，除了上述把亲自劳动当成符合神明旨意的行为，当成道德的自我完善方法外，还有财富在权力面前是不设防的这个原因。在俄罗斯从来都是权能生钱，而不是钱能生权。

此外，由东正教所确立的劳动节奏乃至劳动伦理道德从一开始就决定了诚实的劳动不可能发财，财富被视为罪恶。这在很大程度上是以东正教为前提的，与天主教不同，东正教善于保存封建社会的精神和意识形态，它不拒绝农民的世界观。西欧的改良主义派创立了"经济人"宗教和有关企业主活动的劳动伦理道德，旧礼仪派（译注：17世纪俄国东正教会分裂后产生）本有可能发展成为与它具有某种相似性的教派。可是在农业居于经济统治地位且主导人的行为准则的情况下，具有开创性和独立性的经济个体没能够发展壮大。

工业化以前，经济的典型特征是劳动带有不可分割性，专业化程度很低。而专业化是开创性劳动所具有的特性之一，它是后工业社会的基础。这一特性具有反射作用，表现为国家竭力去推动知识密集型工艺的发展。但在工业总体不发达和市场不成熟、不会运用知识产权、新事物和科技成果的情况下，上述努力不但不会带来经济的增长，反而是损失：所制定的科技政策不符合国民经济的要求，培养出来的科技干部纷纷跑到国外等等。只有随着经济主体的发展及其投资能力的提高和市场竞争的强化，应用科

第三章
俄罗斯发展的社会参数

学研究才能进入到再生产循环领域并对其从本质上进行革新。

因此，从阶段发展概念的角度看，俄罗斯仍处在工业化和资本主义发展的最初级阶段，其不可避免地带有前工业化时期典型的社会经济模式特征，非常容易产生超越发展的空想。就阶段发展而言，比较现实的战略是推动垂直的、一体化的康采恩的发展，为技术投资创造有利的环境（如降低税收，提高折旧的标准等）。可以有选择性地支持应用科学研究，促进其成果的出口（比如像印度在促进计算机程序出口上的做法）。

在这里比较积极的一点是，俄罗斯已经认识到并尝试建立发达的社会组织形态，并且反对以一种价值世界占领一切的萌芽。目前我们还没有最终变成消费型社会的奴隶，尚存在引导合理消费路线的可能——随着未来后工业社会的出现，以及全球生态问题的尖锐化，这是一个非常有前景的路线。

文明论断定，每个国家都具有自己的某种独特性，这种独特性迟早都会被需要。该论点扎根于国家科学中。它认为不同的发展水平不是一个落后与不落后的问题，而是文化独特性的结果，是发展的方式与速度的结果。这一观点拥有大批的支持者。在这方面，俄罗斯被视作一个完全独特的文明，它有自己的价值和定位体系，与其它社会具有不可比拟性。

大多数俄罗斯的思想家认为（这是自罗斯时代就开始有的传统），我国有一项特别的宗教使命——是世界的救世主，是世界力量与宇宙的交汇处，是产生统一的地方。在这方面不应当为自己在世界发展的圆周上所处的位置感到羞辱，并抑制自己和自己的独特性，只需要等待号召国家走向建立宗教功勋的号角，而在现实生活中应当保留自己的宗教独特性。

俄罗斯人民为了完成某种宗教功勋在11世纪形成和选择了救世主思想。当时这种思想成了俄罗斯作为一个国家的鉴别符号，成了她有别于西方国家的宣言。就好像是保护它既作为欧洲基督教国家受到承认，同时也免于遭到天主教同化的勋章一样。

在15—16世纪，俄罗斯的"上帝的选择"思想具有现实意义。俄罗斯中央集权国家的建立需要有意识形态方面的依据。"延伸的罗马"理论使罗马在其国家存在期间拥有无限影响，在欧洲各国人民的社会思想里这一理论被用来证明自己国家与"罗马教皇"的"血缘关系"。俄罗斯也不例外。君士坦丁堡的崩溃也在一定程度上促成了作为真正信仰的支柱和对东罗马具有独立性的第三罗马思想出现的因素之一。起初这一思想只体现在理论上，其主要是为了确立俄罗斯教会在基督教世界的新作用，并赋予这一思想国际性。后来重点发生转变，俄罗斯国家被指定成为真正信仰的管理者，并且把这与俄罗斯国家的强盛和伟大联系在一起,与俄罗斯沙皇的特殊使命联系在一起。开始建构伟大的俄罗斯理想。

19世纪上半叶俄罗斯军队对拿破仑的胜利强化了俄罗斯的救世论思想,使之有了推动力。形成了这样一种思想,即俄罗斯是连接东西方的特殊环节,肩负拯救欧洲的使命,它有能力推动世界宗教的进步,将宗教信仰向各国人民传播。

斯拉夫派则给"俄罗斯思想"的发展和现实意义以新的推动力。按照这一思想,俄罗斯应当为人类的真正友好和统一——同心同德(如自由和统一)指明道路。

"一切统一"的概念是一个信仰和认知的综合体,在这一概念中的救世论动因到19世纪末至20纪初进一步膨胀。它认为,离开上帝后,世界应在经过一轮自由运动后以纯净的有机体形式复兴。在每个人的身上都隐藏着一个完美的、纯净的人,且每个人都只表现出后者的一部分。但是由于人类对服从统一还是混乱无序的态度不同而分裂(穆斯林和欧洲)。需要第三股力量把前两者从片面性中解放出来,使他们接受含有自由多数个体的最高统一。被上帝赋予上述责任的人民(斯拉夫人),其行动不是代表自己,不是为了实现自己的利益。关于这一点,B.C.索洛维耶夫曾写道:"对于人民——第三上帝力量的载体的要求只是摆脱各种局限性和片面性的自由,要求他们不必用追求某个私人的、低层次领域的活动和认知来证实自己,要求他们平淡看待生活及生活中的小私小利,而是应当完全相信最高世界的正面的真实性,并对其采取顺从的态度。民族思想不是它总是想着自己,而是上帝永远在为其着想。"

欧亚主义这一概念的提出是对俄罗斯独特性的确认和颂扬,它称俄罗斯拥有独特的文明,既不倒向西方,也不倒向东方。

因此俄罗斯肯定有东西可以向世界提供,只是这个东西现在还没有人需要。在这种形势下俄罗斯自身内部的上述潜力不再发展。出路可能在于宗教潜力商业化,将其转化为商品,就像在价值形式占支配下应当做的那样。如果那样的话,妨碍俄罗斯整合成为经济社会的东西将变成专业化的对象和发展的因素。

进化论没有为发展规定目标。在人道主义缺失的情况下自然选择法则意味着能够存在下来的只是那些证明了自身有效性的活动形式。

我国的特殊性在于自然选择机制较弱,存在以中央集权者—改革者的调控来代替或压倒自然选择机制的传统。发达国家认为必须完善自然选择机制并在长期自然发展的基础上引导进化方向。社会经济活动规划反映了

第三章

俄罗斯发展的社会参数

人对其生存环境的成熟态度。为了增加行动的有效性，需要有发达的自我反思机制，需要具有与经济的自然发展机制间反向联系的机制。

从进化论的观点看，俄罗斯的所有不幸在于国家的不正确行动，它们不能有效地调控经济，所做出的决议不适当，同时也缺乏内部自我调控和选择机制，不能无须付出特别代价就可以对不正确的行动进行修正，甚至警告或不允许犯这样的错误。这种内部机制建立在广泛的主观性基础上，是随着经济的发展而形成的。最初拥有这种主观性能力的是少数人，他们能够成为历史进程的主体，推动历史的发展方向，这些人成了领袖、领导和统治阶级。随着市场关系的发展，整个社会拥有了经济权力和做出决定的权力，具有首倡精神的、能够做出决定的个体数量增加了。竞争的结果是在能够做出决定的人中，能够做出正确的、有效的决定的人突出出来。正是他们富裕起来并拥有了权力。在俄罗斯没有类似的广泛选择和淘汰机制，也没有能够做出有效决定的训练练习，村社的权力都被国家拿走了。

因此，俄罗斯有强大的、在意识上习惯于政府指令的机制，而自发的、建立在广泛主体意见基础上的机制在实践中不起作用。

制度论认为国家的富裕依赖于制度结构的有效性，这种制度结构应当保障经济主体间的联系，不容许其做出非建设性的行为。经济体系是什么样无所谓，关键是它的结构、规章和制度能否为发展进程提供保障。

具体到俄罗斯，制度结构的作用首先指的是国家的能力和效率。

俄罗斯的制度体系内部驳杂而矛盾，实际上是各种不同的社会经济规范并存（传统的、市场的、行政计划的），导致在人们的行为中经常存在不确定性和不定向性。

俄罗斯至今不能解决宏观和微观层面机制间的断裂。俄罗斯人的家长式作风很容易使其与国家疏远，将国家当成外部的敌对力量，把其与自己的狭隘利益——家庭、家族、劳动集体——相对立。

由于缺乏机制的统一和个体存在于封闭的小群体之中，使得在俄罗斯调节各种关系优先使用非正式方法。当然，交往中的人情化比没有人情味的接触要有效率，但同时它也难以扩展为具有广泛的共同性，最终还是会导致对统一制度环境的破坏。

要解决这个问题，可以将"小圈子"的交往标准——信任、尊重、平等权利、给予帮助等等——推广至整个社会。

存在主义论通过人在世界上的地位这个棱镜来研究人类的发展。该方法具有多义性。可以判断人在总体上对自然、对其他人和社会的依赖程度。可以发现他的需求增长得越来越大。可以评价人的最重要方面的发展——

其身体的、精神的和社会本质的。但是这其中有多少会是客观的？过去我们总是从自己的喜好和习惯、从自己在这样或那样条件下的感觉出发来进行评价。有没有对下述问题进行客观评价的依据：谁更幸福，而谁活得很艰辛——为了糊口而耗尽心血，把每天都当做上天的恩赐，或者说，我们被放置在劳动社会分工的指定位置上，平时的消遣只能是看电视？在哪里对生活的感受更强烈？各种可能性的增加使得人常常变成自己的奴隶。

俄罗斯在这方面有某个优势：倾向于克己，倾向于否定我们已经发达的感觉，这既是由于消费落后，也因为东正教的特殊性，人们把宗教上的业绩更得更重。至于如果说这是因为经济发育度不够，个人主义的发展不够，人们习惯于生活在村社中，在如此情况下上述倾向还能保持多久，则这是另外一个问题了。但目前这种倾向还在，还能感觉得到。在对唯心主义和对世界的形象感知方面合理的欧洲思维准则预期将被取代的情况下，在不久的将来与其它国家相比这仍是俄罗斯的一个优势。

协同学论尽管有着非拟人的、机械的外表，然而它是十分人道的，完全可以证明自己的基本思想，无论是作为经济学方面的，还是有关世界的——恶与善——两个相反的方面。战胜混沌将促进增长。劳动分工增加了人身上的人为的成分，消灭了自然的成分。外部的有序平衡了内部的混沌，外部的混沌则有内部的有序相伴。

俄罗斯是一个混乱的、危机中的改革国家，但它恰恰具有特殊的劳动储备，这种劳动能够克服混乱，因而是创造性的劳动。这种劳动从本质上讲是不可分割的，在正常的经济体系中效率低下，但在不断加剧的混乱的条件下和在过渡时期，它却是摆脱困境和发展的唯一途径。

因此，劳动社会分工发展的不足、倾向于非经济性质的价值定位、内部选择和淘汰机制的缺乏、驳杂分离的制度空间、喜欢以唯心主义方式对世界进行形象的认知，以及巨大的创造性劳动的潜力，这一切构成了俄罗斯鲜明的独特性。这些特性使得俄罗斯在社会发展的一些概念中显得既无行为能力，又独具优势。

这些特性构成了俄罗斯重建发展模式的基础，其实质在于唤起自我调控与发展的自然机制，将民族特性由落后因素变成进步的、前进的基础。不要摧毁和消灭旧的社会经济模式，而是要明确其有效发挥作用的界限，促使其发挥最大潜力。相应地，改革的口号应当是，俄罗斯不要去追赶发达国家，而是要在它们面前重建自己的优势。

参考书目

1. В.С. 索洛维耶夫：《俄罗斯的思想》，2 卷本第 1 卷，莫斯科，1988 年。

关于社会主义的命题

Ю. М. 奥西波夫

1. 流血建不成社会主义。这样能建立国家、帝国、甚至是各种类型的资本主义，但不是社会主义，它们是舍己的、非社会主义的和不坚固的。革命、夺取政权、即使是不流血的也不能建立社会主义。暴力根本就不是为了社会主义。社会主义或者是自生而成，或者它根本就不该存在。

2. 社会主义——不是按规律产生的某种事物，而是能够实现的期望。起初不现实，后来是现实的。社会主义化比社会主义更现实。试一下吧，参加一些自由人的自由协会?!

3. 社会主义——思想、理想、梦想。这其中没有任何坏处，实质上就如同对社会主义宗教般的期望没有任何坏处一样。人间天堂！很容易推翻这个梦想，但不能取消。对社会主义的追求—好！

4. 但是出现了历史社会主义——新时期和近期的社会主义（历史学通常称之为分期或分类）。这里所谈的社会主义曾试图并还在继续尝试成为实际的。俄罗斯也曾有过这种社会主义。历史社会主义作为学说（作为极其合理的科学社会主义）只不过是某种体制形成的崇尚精神的表现方式，没有也不能最终拥有正确的标准。只不过是信仰而已！实用社会主义要么是社会化的（不明显的）资本主义（欧洲主义，西方主义），要么是社会化的（也是不明显的）国家主义（亚洲主义，"东方主义"）。无论是西欧通向社会主义的和平演化（通过改革）运动，还是俄罗斯通过军事和革命手段建设的社会主义都没形成一个真正意义的社会主义。

5. 社会主义——先验哲学！

6. 值得吗？值得。目前，人们头脑中还没产生其他想法。人应当追求社会主义——作为超越人本身的追求，作为另一种存在的潜能，作为真正的人类实践。

7. 由此，社会主义——更应该是一种文化，甚至不是传统意义上的文化，而是内在的文化财产。不是社会主义把人变得更好，而是人在自我完善的同时，实现社会主义。不是社会主义思想重要，而是人的思想重要——就人的崇高精神而言。

8. 乌托邦？是的，乌托邦。这又有何不好呢？

9. 无论如何转换，资本主义（商业主义、经济主义、金融主义）不仅仅比社会主义更现实，而且比社会主义更符合人的本性。因此，资本主义是现实，而社会主义是梦想！

10. 社会主义不是资本主义的小兄弟、儿子，也不是它的亲属继承者。不能将资本主义和社会主义联系起来。资本主义所必须的条件对社会主义而言则是胡言乱语。资本主义不通向社会主义，即使是通向什么地方，也绝对不是通向社会主义，而是通向其它什么地方。从资本主义口中"喷不出"真正社会主义。社会主义被认为是对资本主义的否定，同时也否认了社会主义出自资本主义。在资本主义中诞生的无产阶级实现的正是这样一条道路。极大的误解！无产阶级之所以是无产阶级，就不应有类似的行为。无产阶级中的某个代表向上走这条道路只能说明，他已不是无产阶级。无产阶级建设的社会主义……有什么比这更不现实的吗？

11. 资本主义为社会主义创造合适的生产力。那又如何呢？社会主义需要特殊的人，而不是生产力，确切说，特殊的人可能需要社会主义，就如同他们对纯自然事物的需求一样。这个本身具备生产力的人在哪呢？

12. 社会主义——不是小市民，不是实物财富，不是优越的物质生活。社会主义——是精神层面的生活方式。将人从精神和灵魂中解放出来，并以法律和利益取而代之的西方，不是引导人们通向社会主义，因为它正在失去（已经失去？）的正是人本身，也就是无人可引导，即使是引导谁，那么首先也不是人，而是某种"机器人"，其次也不是社会主义，而是虚拟主义——由相互作用的各种虚拟物组成的社会（这是社会吗？）。

13. 现实的社会主义所有社会成员（除……）都可自由参与，首先是，请上帝原谅，有高度自觉意识的主流精英。精英是何人，在哪？自然要问，精英引导的那些人是谁，在哪？不，没有精英行不通，完全行不通，就如同离开了对精英相当了解和认可的人行不通一个道理。无阶级性——不是无精英性，不是群众性。社会主义——是一种结构，但不是沿着"自上而下"的脉络，而是沿着"从前至后"的顺序。随处都是自觉、自我调节和自给自足。很剧烈吧？当想要社会主义时也别无它法。

14. 俄罗斯、苏联有没有过社会主义？现在没有，以前不曾有过，今后也不会有。有过社会主义化的国家主义，简单说就是社会主义化的帝国（这里指的帝国没有任何贬意）。大部分我们怀旧地将其归为社会主义的事物，都应归为国家、归为帝国（对帝国更合适，因为国家曾是帝国性质的）。如果想回到从前，应首先回到帝国，然后才是社会主义，确切说，回到有社会主义成份的帝国。这里不应当有幻想。重返帝国原则上是可以的，但问题非常多，实际上是不现实的。只能向前走——进入新社会。什么样的呢？国家—民主的（按照通用术语）。但已不是从前的那个社会了。完全不同！

15. 今天的社会主义是什么？今天的社会主义—后社会主义的社会主义。这很重要！不单是时间上的"后"，而是涵义上的。这比任何其它事物都难以把握。这不单是所有制问题，也不在于财富分配。两者都由国家来履行，由帝国来执行。公有制——不一定是社会主义特有的；平均分配财富也一样。问题主要不是在于所有制和分配，而在于文化。今天的社会主义——文化，还是文化！什么样的呢？虽不是拘泥于传统的，但也不是西方的。这要复杂得多，替代了前两者。完全是新文化！什么样的呢？精神的。还有什么可说的？现在无话可说。因为文化本身也要成长。在启示录的环境中，但是也在启示录的断裂中。这什么也说不出。时间。

16. 俄罗斯人处在争吵中，在灾难性的争吵中。可能这也并非偶然！在后帝国的和某种形式的后社会主义的争吵中。这有什么办法呢？俄罗斯人从各方面接受了形形色色带有负面烙印的先验性挑战。也在进行选择。而且是与上帝一起还是在没有上帝的情况下追求这个社会主义？故去的，但仍还是人。是面向人呢还是背离人？转向机器人？内心的选择和先验性选择。我认为，选择本身就很恐怖。

17. 做些什么？什么也不做。活着、想、在生活中选择和以生命来选择。社会主义——有时是友好聚在一起。所有人毫无例外地均有所上升。认识卑鄙行为，推翻它。审视财富，摆脱一些莫名其妙的事，自我净化。怎样做呢？亲身经历痛苦，没有别的办法。任何一个社会主义的政党、有知识的总统、受教育的预言家都帮不上忙。没有人能帮助我们！要么是召唤，要么什么也不是。问题不在于学者，而在于我们——俄罗斯人。

18. 追求社会主义的运动——追求新的社会主义，这是可行的。为什么不呢？但这是追求后社会主义的社会主义。也许，完全不是追求社会主义。为什么不呢？也许，需要新名词？这又有何不可？要知道新一代人在新的世界中处于新的思考起点。世界对于社会主义是不是太复杂了，是不是已变成另外一个世界？人类在地球上的生活是不是比纯粹的社会主义规模更大、更深入、更丰富了？问题、问题……很明显，应当承认，社会主义的科学理论不管讲的多专横，但讲的还是另外一个世界，另外一种社会主义。目前需要另外一种意识形态——后社会主义的社会主义。可能有些伤感，但又有什么办法呢？

19. 从各方面来看，人应当走向更联合的生活方式。是否走向社会主义还是个问题，而走向何种互为根据的非正式联合应当是可以肯定的。的确，应当并不意味着就要去走，更不能说正在走。生产力可能牵着人走向类似的联合，但为什么我们的人不停一下呢？要知道所有这一切都在人的掌握之中，取决于人。需要思想上的转变，而不是生产力的转变。而周围，很抱歉……周围都是什么呢？社会主义？或者是争夺，或许是最后的争夺？

20. 如果俄罗斯注定仍是俄罗斯，那么它就不能回避某种紧张的联合（"帝国"+"社会主义"，但是是新一轮的和以崭新面目呈现的——带有"后"的标识），——就让这种紧张的联合是自觉、自愿的吧。这正是当前俄罗斯掌握的启示录剧变所要促成的，从这种剧变中挣脱出对社会主义—新社会主义的痛苦追求！

我们的作者们

尤里·米哈伊洛维奇·奥西波夫

人文科学院副院长,俄罗斯自然科学院院士,经济学博士,教授,莫斯科国立大学社会学研究中心主任,哲学经济学学术会议主席。

谢尔盖·格奥尔基耶维奇·卡拉—穆尔扎

人文科学院院士,化学博士,教授,俄罗斯联邦科学部工业政策与科学分析中心,国家工业委员会和俄罗斯科学院教授。

维克多·亚历山德罗维奇·沃尔孔斯基

经济学博士,教授,转轨时期研究室主任,俄罗斯科学院国民经济预测所。

米哈伊尔·伊拉里奥诺维奇·沃耶伊科夫

经济学博士,教授,俄罗斯科学院经济研究所主任研究员。

亚历山大·格利耶维奇·杜金

俄罗斯联邦会议国家杜马主席下属国家安全问题评定—协商委员会地缘政治评定中心主任。

瓦西里·伊万诺维奇·科尔尼亚科夫

经济学博士,教授,全俄财政经济函授学院(雅罗斯拉夫尔分院)经济理论教研室教授。

费奥多尔·伊万诺维奇·吉列诺克

哲学博士,教授,莫斯科国立大学哲学系哲学人类学教研室教授;俄罗斯科学院哲学研究所主任研究员。

伊戈尔·罗斯季斯拉沃维奇·沙法列维奇
俄罗斯科学院院士，哲学—数学博士，俄罗斯科学院顾问，俄罗斯科学院 B. A. 斯捷克洛夫数学研究所教授。

尼古拉·米哈伊洛维奇·哈巴拉什维利
技术学副博士，副教授。

谢尔盖·尤里耶维奇·格拉济耶夫
俄罗斯科学院通讯院士，经济学博士，教授，俄罗斯联邦联邦会议国家杜马经济政策和企业经营活动委员会主席。

亚历山大·弗拉基米罗维奇·布兹加林
经济学博士，莫斯科国立大学经济系政治经济教研室教授。

鲍里斯·瓦西里耶维奇·拉基特斯基
社会科学院院士，劳动与就业研究院，俄罗斯自然科学院，经济学博士，俄罗斯自然科学院国家前景与问题研究所科研主任教授。

瓦西里·格奥尔吉耶维奇·别洛利佩茨基
经济学副博士，副教授，莫斯科国立大学经济系企业经济和经营活动理论教研室；莫斯科国立大学社会科学中心主任研究员。

列昂尼德·瓦西里耶维奇·列斯科夫
俄罗斯自然科学院院士，哲学—数学博士，教授，俄罗斯自然科学院理论与应用物理国际研究所副所长。

维克多·瓦连京诺维奇·卡希岑
经济学副博士，副教授，新罗西斯克国立海洋科学院经济理论和历史教研室主任；莫斯科国立大学经济系政治经济学教研室博士研究生。

米哈伊尔·伊万诺维奇·格利万诺夫斯基

俄罗斯自然科学院院士，经济学博士，教授，俄罗斯科学院经济分院国家发展研究所所长。

韦尼阿明·弗拉基米罗维奇·西蒙诺夫

经济学博士，教授，俄罗斯信贷银行副总裁、社会联系部主任。

弗拉基米尔·康斯坦丁诺维奇·彼得罗夫

经济学副博士，俄罗斯科学院世界经济与国际关系研究所高级研究员。

亚历山大·格里戈里耶维奇·甘扎

俄罗斯科学院自然知识与技术历史研究所研究员。

亚历山大·扎哈罗维奇·谢列兹尼奥夫

经济学博士，教授，俄罗斯联邦审计署顾问。

鲍里斯·谢尔盖耶维奇·霍列夫

地理学博士，教授，莫斯科国立大学经济系人口问题研究中心分散居住、地区人口学和生态学的经济问题研究部主任。

尼古拉·德米特里耶维奇·叶列茨基

经济学博士，罗斯托夫斯克国立经济学院公共经济理论教研室教授。

列昂尼德·阿尼西莫维奇·安东年科

经济学博士，哈尔科夫国立卡拉津大学经济与管理教研室教授。

加林娜·弗谢沃洛多夫娜·法杰伊切娃

经济学副博士，弗拉基米尔商学院市场经济理论教研室主任。

加林娜·尤里耶夫娜·伊弗列娃

经济学副博士，俄罗斯联邦政府下属金融学院经济理论教研室博士研究生。